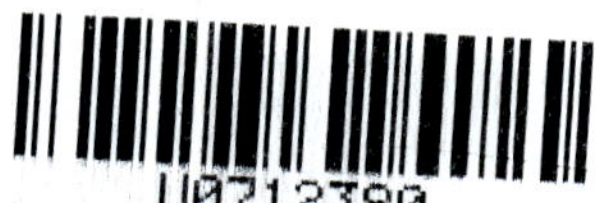
U0712380

主　編　賀聖遂　錢振民
學術顧問　陳先行

上海歷代著述總目·晚清新學著述卷（上）

欒曉明　著

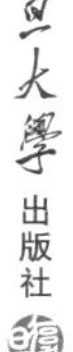

出版社

本書爲「十四五」時期國家重點出版物出版專項規劃項目
上海文化發展基金會圖書出版專項基金資助項目
復旦大學「九八五工程」三期人文科學重大項目（2011RWXKZD035）成果

《上海歷代著述總目》弁言

陳先行

庚子新春，獲悉老友賀聖遂、錢振民兩兄經年主編的《上海歷代著述總目》即將付梓，頗感欣喜。本人因忝爲顧問，於該書之編纂及其意義有所瞭解，乃趁防控新冠疫情偷閒之際寫此小文以表祝賀。

這是迄今爲止第一部歷代上海地方文獻專目，主編的初衷，是想在此目的基礎上，選輯出版一部大型上海文獻叢書，這原本是出版家賀聖遂擔任復旦大學出版社社長兼總編時的宏願，可惜未獲及時落實，計劃擱置。但令人感到慶倖的是，由復旦大學古籍所博士生導師錢振民直接指導的這部至關重要的目録畢竟編纂成功了，既然有了它，相信其他相關舉措一旦條件成熟就可以從容實施。

從目録學及史學史角度論，類此目録照理早就應當編纂並出現在上海史之中，因爲在我國史學界有一個傳統，即自《漢書》以降，正史、通史乃至地方史志中每設有「藝文志」（或稱「經籍志」）一門（正史中凡所缺者，清代、近代學者多予以補撰），後人將此類目録統稱爲「史志目録」。史志目録通常被認爲具有揭示國家或地方學術史的功能，歷來都很受重視。然而，在現當代史學界出現的若干種包括有政府支持背景撰寫的上海史著作，無論卷帙多寡，皆未列「藝文志」，即没人對歷代上海人的著述進行搜集編目，這樣的上海史其實是不完整的。人們不禁要問，難道那些編撰上海史的學者無視史志目録傳統、不識其重要意義嗎？恐怕不能如此貿然推斷，或許有種種主觀與客觀原因無法克服，纔導致他們對該選項的回避或放棄。譬如有一個原因不用多講大家心裏都清楚，即在當今作學術研究動輒以某種「工程」爲目的的氛圍之下，編纂「藝文志」是件吃力不討好的事情，如果嚴肅認真對待，一時半會難以弄出什麼「階段性成果」，達不到現時流行的「項目考核標準」，而經過長年累月、嘔心瀝血一旦搞成，也未必會獲得學術上的認可。因此，這種苦哈哈的差事是很難受到青睞的，即使真有憨憨之士想做，可能也是舉步維艱，阻力重重。如此這般，業已發表的上海史不設「藝文志」洵屬正常，明白人都能體諒。不過，話又要説回來，既然有關方面下足本錢編撰上海史，却又置「藝文志」於度外，無論從哪方面講，終究是一個缺憾：如果沒有一部反映客觀實際的上海地方文獻目録爲依據，不能瞭然上海歷代著述全貌，人們如何能够科學地認識與勾勒出上海的歷史文脉呢？而「傳承文脉」之類的詞語，今人又是那麼喜歡掛在嘴邊，總不能信口雌黄吧？因此，《上海歷代著述總目》編纂出版的重要性是毋容置疑的。

我們强調史志目録的意義，並不意味將這部《上海歷代著述總目》的價值等同于以往史志目録，僅僅視其爲對已出版的上海史的補缺，這樣的認識也未免太膚淺了。略相比較，它至少有兩方面的成就超過以往史志目録。

首先是收録求全，編纂得體。如果要做到客觀全面地反映上海歷史文化面貌，搜羅完備是第一要務。《上海歷代著述總目》通過對歷代地方志、各類綜合與專題目録以及相關文獻資料的抉剔爬梳、考辨釐訂，結合各藏書機構的實地艱辛調查，共輯得三千二百餘位作者凡一萬三千餘種著述，搜采之豐，前所未有，基本摸清了上海歷代著作的家底，以「總目」稱之，名副其實。由於所收録者，既有編纂者經眼的存世之書流傳之本，又包括有歷史文獻記載但已難尋蹤跡或已亡佚之作，編者以實事求是的態度纂輯爲《現存著述簡目》與《未見著述簡目》兩大部分（後者又具有待訪書目功能）；在《元代以前卷》中，更列有《存疑著述簡目》，並略述存疑緣由，充分體現了該目録之編纂科學合理的特點。而曩昔的史志目録，往往連存書面貌也未完整反映，佚書則更不會作考訂著録，也從來不作如此明確的交代。

必須指出，舊時學術界之所以對史志目録一直頗爲推崇，認爲史志目録（包括地方史志目録）反映了國家或地方學術史的脉絡，多半是人們將眼光聚焦於目録的分類及其演變之上的緣故，因爲從目録的分類可窺學術的發展。但大家似乎忽略了另外一個極爲重要的問題：歷代史志目録是否爲當時所存全部學術文獻的實録？如果不是，或因訪書困難而只能收録現成的政府藏書及根據某些公開的私家藏書目録著録，或出於撰史者的主觀意志只是編纂一個選目，那麽，在不能反映一代或歷代著述、學術成果全貌的前提下，如何能説這些史志目録客觀全面地反映了學術史的脉絡呢？

事實上，不管出於什麽原因，以前的史志目録可能多爲選目，或者説僅僅是部分文獻的記録。譬如首創的《漢書·藝文志》，班固除了對西漢末年若干名家著述有所增補外，大體框架是根據劉歆《七略》「删其要」構成，而《七略》本身之著録對象主要是朝廷政府機構的藏書，鮮有涉及與利用各地方政府機構與民間的收藏，因而不太可能反映當時學術成果的全部。或以爲《漢書·藝文志》是一部記録上古至西漢圖書的完整目録，並不確切。再如相對晚近的《明史・藝文志》，係由王鴻緒、張廷玉輩依據黄虞稷初撰之《明史藝文志稿》删削而成。黄氏之志稿雖已不傳，但它是根據自撰《千頃堂書目》稍加增損編就。若將《千頃堂書目》與《明史・藝文志》相較，可知前者所收明人著作多達一萬二千餘種，而後者著録僅四千六百餘種，删削六成有加。因是之故，凡欲瞭解明人著述及其相關學術動態，我們首先想到要檢覽的是《千頃堂書目》而非《明史・藝文志》。由此可見，無論出於什麽原因，過往的史志目録（包括地方史志目録）所記録的文獻缺失頗多，其所反映的學術，很可能只是編目者的主觀認識，是否客觀反映、科學概括了整個時代或某一地方的學術面貌與特點，是要打問號的。然而，後人由於對史志目録的編纂情況（諸如卷帙篇幅的確定、著録物件的選擇標準以及對不同編纂意見的定奪等）不甚清楚，往往是被動接受其成果，並没有作深入思考，於是學術界便有諸如「把正史藝文志和經籍志、各種補志、《清史稿・藝文志》進行整理彙編，就構成我國自古以來一部比較完整而正規的圖書總目」，從而「構成一部完整的中國學術史」之類簡單片面的説法。

在此，我們不妨再以當前正在編撰的《清史》爲例，或許對史志目録能有更直接的認識。《清史》遵循傳統，也設「藝文志」一門（據説現在改稱「典籍志」，尚未正式發表），因編委會考慮到與其他各門類卷帙篇幅的平衡，故《清史・藝文志》一開始的定位就是一個選目（這種考慮卷帙篇幅平衡的因素，恐怕過往的史志目録都會存在）。關鍵在於如何選，依據何在。爲此，編纂《清史・藝文志》的專家以嚴謹的態度，先花大力氣編纂了一部《清代著述總目》，著録多達二十二萬七千種，清人著作幾乎搜羅殆盡，通過分類編次，清代學術面貌可謂一覽無遺，據其選編一部切合實際的《清史·藝文志》想必没有太大問題。然而，當編纂者提交選目初稿時，各路專家意見不一，争論甚至還有點激烈。看得出來，專家們多基於不同的研究背景，從各自的治學專長與愛好出發臧否選目（參見二〇一三年八月第三期《清史研究》刊載的《〈清史·藝文志〉編纂及審改工作實録》一文）。這種見仁見智的學術討論固然很有必要，但有一點似乎應該達成共識，即對選目收録對象的討論，不能無視或偏離《清代著述總目》這個基本前提，只有對一代著述作全面瞭解，纔能對一代學術的特點（包括繼承與發展）作合符客觀的揭示。倘若人們的視野與認知到今天仍然停留在《清代著述總目》出現之前，甚至凝滯於《四庫全書總目》之上，或者只是略作新學方面的補充，那麼這部《清史·藝文志》的意義與作用就不會太大。

不知遞經壓縮篇幅的《清史·藝文志》最終會是一個什麼模樣，但説句實話，我們更期待的是《清人著述總目》的早日出版，因爲該目避免了主觀局限，反而更具實用價值。同樣道理，由於這部《上海歷代著述總目》於著録對象力求客觀，不事斧鑿，其所反映歷史上的上海學術面貌全面完整，堪當信今傳後，一經問世，以往的上海地方史志目録不足論矣。

《上海歷代著述總目》另一個令人矚目的高光之處，便是著力於版本的考訂著録。由於古籍在流傳過程中往往出現多種版本，形成不同的版本系統，而人們所見所聞的每一種書，很可能只是該書的某一種版本，鑒别其版本面目，辨識其版本源流，判斷其版本優劣，是歷史發展到一定時期必然會出現的需求，由是而産生版本學與版本目録，這是一種學術進步。

當然，由於版本學晚至明代中後期纔發端，故明代及以前的史志目録不著録版本可以理解。但到了清朝乾隆時代，版本學的演進得到了官方的有力推動，隨着第一部官修善本書目《天禄琳琅書目》的問世，著録版本流行於各種藏書之目，版本目録形成風氣。而這時開始出現的補撰史志目録却未能與時俱進，仍然墨守成規不著録版本，不得不説，人們在肯定其于史學、目録學所作貢獻的同時，不能無視其於版本學的滯後。據説《清史・藝文志》也因篇幅太大而被要求删去版本之項，那麽之前所花功夫便白費了，編目者或許會有一肚子的委屈，我聞之則並未感到奇怪，因爲看到專家們提出的有關編目的意見，都集中於分類之上而忽略版本著録。他們習慣性地以章學誠所云「辨章學術，考鏡源流」爲要旨，視分類爲編目重點，這當然没錯。但時代在發展，學術應進步。自從四庫分類得到認可並普遍施行之後，出於古籍研究深入的需要，能否準確地鑒定著録版本，已成爲古籍編目必須解決的主要問題，倘若版本的來龍去脉未明，其文本面貌不清，「辨章學術，考鏡源流」又從何談起？如果章學誠活在當下，應該也會持此發展眼光而不是固執陳見。故放棄著録版本，《清史・藝文志》的功用將會減弱是可以預料的。

有人以爲，當今古籍編目著録版本並不煩難，因爲有《中國古籍善本書目》與《中國古籍總目》等成果可以利用。誠然，這些目録尤其是《中國古籍善本書目》頗具權威，足資參考，但若一味坐享現成，徑自抄撮，則並不妥當。須知當年《中國古籍善本書目》之編纂，雖然也先事普查，但受歷史條件限制，加之各地編目人員的水準參差不齊，普查的品質不能盡如人意，而後來任事彙編的專家每每連書影都看不到，遑論檢覽原本，故存在鑒定著録問題難以避免。至於《中國古籍總目》，雖然有的參與單位與編目人員也花了不少心血以敬其業，但就整體而言，它是從目録到目録的產物，大部分的著録未能與原書校核，錯誤自然更多。《上海歷代著述總目》的編纂者正是對此有所認知，故力求對所著録的每部書、每個版本都過目核對，從而避免了重蹈《中國古籍善本書目》《中國古籍總目》之誤現象的發生。最值得稱道者，《上海歷代著述總目》並不是一部單純的簡式版本目録，其立意於版本學發展的高度，從實用出發，對現存上海各時代衆多的善本要籍以藏書志體式撰寫成經眼録，從形制到文本進行了詳細著録與考訂，辨識其版本，闡述其源流，發現並揭示了一批具有重要價值却被前人所忽略的珍貴文獻，同時又糾正了不少《中國古籍善本書目》《中國古籍總目》以及其他專門目録的著録訛誤。尤其要指出，編纂者爲了對一部書的版本能有全面的認識，不惜花費巨大的心力，四處搜羅不同的印本，比勘其異同，揭示其優劣。竊以爲，考察一部書的版本，不論同版與否，只要印本不同，形式和内容都可能存在差異。不目睹各本，作仔細觀察、認真比較，就難知其詳。然而囿於識見，或限於條件，或憚於煩難，歷來編撰古籍目録、撰寫藏書志者於此鮮有身體力行。因此，這部《上海歷代著述總目》不僅遠優於舊時上海地方史志目録，即便置之當今各家編撰包括藏書志在内的各種古籍目録，也是處於前沿地位。

最後想談談編纂這部《上海歷代著述總目》的來龍去脉。該目録按時代分爲元代以前、明代、清代中前期、晚清傳統及晚清新學著述五個部分，作者多爲曾經就讀於復旦大學古籍所中國古典文獻學專業的碩士、博士，他們各自所承擔的部分，實際就是以其畢業論文爲基礎修改而成。由於他們對版本目録學頗有興趣，作爲復旦古籍所的兼任教授，我曾多次給他們作有關版本學的講座，或請他們到上海圖書館來，由我就館藏古籍實物講版本鑒賞知識。這樣做雖取得些微效果，但他們終究因缺乏實踐經驗，一時難成氣候。振民兄遂結合教學，委諸生參與編纂《上海歷代著述總目》，使之理論聯繫實際，不數年學得真正本領。我先後參加了該目作者楊婧、杜怡順、曹鑫等同學的論文答辯，看到他們於版本目録學方面所具有的良好素養與追求，不禁爲之擊節叫好。我很清楚，類此古籍編目能否作爲碩博生的論文，在教育界是有争議的；甚至連圖書館界也有人認爲古籍編目不是學問。但振民兄力排異議，矢志於是，最終獲得成功，令人欽佩——這難道不是可資借鑒的一條大學培養版本目録學人才的有效途徑嗎？

庚子二月，於海上學思齋

總序

賀聖遂　錢振民

一個多世紀以來，上海作爲一個國際大都市矗立於世界東方。當我們從文獻學的視角審視其歷史時，會發現它（以現行政區域回溯）不僅僅是一般人心目中的近代新興魔都，亦具有悠久而燦爛的歷史文化。其文化源頭可以追溯至數千年前的馬家浜文化、崧澤文化和良渚文化。就其歷代産生的著者與著述而言，可謂著者林立，名家輩出，著述豐富多彩，影響深遠，爲中華文明建設作出了突出的貢獻。

西晉時期，作爲一代文學名家的陸機、陸雲兄弟，開啓了上海著述的精彩序幕。

元末明初，産生了一批頗有影響文學名家、著名學者與著述。如：文學名家袁凱著有《海叟集》，王彝著有《王常宗集》。文學大家楊維禎（寓賢）著有《鐵崖古樂府》、《復古詩集》等，著名學者陶宗儀（寓賢）著有《南村輟耕録》《説郛》等。

明代中期，隨着社會經濟的發展，這一地區進入了教育與文化繁榮的時代，産生了一大批名家與名著。如文學家、書法家張弼著有《張東海先生集》，文學家、學者陸深著有《儼山集》《儼山外集》等，文學家、名宦顧清著有《東江家藏集》《松江府志》等，學者王圻著有《續文獻通考》《三才圖會》等，文學家歸有光（寓賢）著有《震川文集》等，何良俊著有《四友齋叢説》等。

晚明時期，名家名著湧現，聲名遠播。如書法家、名宦董其昌著有《畫禪室隨筆》《容臺集》等，文學家陳子龍著有《安雅堂稿》《陳忠裕公全集》，編有《皇明經世文編》等，文學家、書畫家陳繼儒著有《陳眉公全集》，文學家「嘉定四先生」程嘉燧（寓賢）、唐時升、李流芳、婁堅著有《嘉定四先生集》（謝三賓合刊）等，農學家、名宦徐光啓著有《農政全書》，譯有《幾何原本》《泰西水法》等。

進入清代，著者激增，大家輩出，巨著疊現。中前期，史學家王鴻緒與張玉書（江蘇人）等共纂《明史》，自纂有《明史稿》；陸錫熊任《四庫全書》總纂官，與紀昀（河北人）等共纂《四庫全書》；史學、漢學大家錢大昕、王鳴盛分別撰有《廿二史考異》《十七史商榷》等考史名著；王昶編撰的《金石萃編》，則是清代金石學史上繼往開來的一部巨著。

晚清以降，西風東漸，新學日興，上海地區的新學著述與傳統著述並駕齊驅，成就了上海作爲中西文明融匯的重要視窗。

如上所述，上海古代著者林立，著述甚富，而到底産生過多少著者和著述，却一直缺少一本明細帳目。現行各種古籍目録，主要爲各圖書館的藏書目録，其體例一般不著録著者籍貫，難以窺見上海地區的著者與著述概貌。全面系統地考察著録這些著者與著述，對於研究整理與保護這些珍貴歷史文獻，對於上海的學術文化乃至全國的學術文化研究，無疑都具有重要意義。

有鑑於此，在初步考察的基礎上，筆者與復旦大學出版社一起於二〇〇九年九月以「上海古籍總目」

之目申報並於二〇一一年四月獲批列入「十二五」時期（二〇一一—二〇一五年）國家重點圖書出版規劃（新出字［2011］93號），此後又獲列入復旦大學「九八五工程」三期人文科學重大項目（2011RWXKZD035）。

項目主題部分設計爲五卷，即《元代以前卷》《明代卷》《清代中前期卷》《晚清傳統著述卷》《晚清新學著述卷》。

項目自二〇一〇年春啓動，先後有復旦大學古籍所中國古典文獻學專業的六位青年學人加盟。《總目》五卷共著録各類著述近一萬三千（其中現存約五千九百）餘種，作者三千二百餘人。對存世的九百五十餘種主要善本、稀見本撰寫了書志體式的經眼録。

《元代以前卷》，楊婧編著[一]。該卷著録了上海元代以前（含元代）各階層著者（含本籍、寓賢、仕宦）撰、注、纂、輯的除單篇以外的各類著述。共考得著者約一百三十四人、著述約三百四十二種。

《明代卷》，孫麒、陳金林、張霞編著[二]。該卷著録了上海地區明代各階層著者（含本籍、流寓、仕宦）撰、注、纂、輯的除單篇以外的各類著述。《現存著述簡目》著録二百二十八人，約一千三百種著述、二千四

[一] 楊婧，復旦大學古籍所中國古典文獻學專業博士，現任上海通志館館員。

[二] 孫麒，復旦大學古籍所中國古典文獻學專業博士，現任上海師範大學圖書館副研究館員； 陳金林，上海師範大學圖書館館員； 張霞，復旦大學古籍所中國古典文獻學專業碩士，現供職於上海歷史博物館。

百個版本；《未見著述簡目》著録七百三十人、約一千五百種著述；《經眼録》對約三百種著述、四百個版本撰寫了書志體式的經眼録。

《清代中前期卷》，杜怡順編著[一]。該卷著録了上海地區清代中前期各階層著者（含本籍、流寓、仕宦）撰、注、纂、輯的除單篇以外的各類著述。著録著者六百四十人、現存著述一千六百餘種、未見著述三千八百餘種，爲二百六十三種善本或稀見本撰寫了書志體式的經眼録。

《晚清傳統著述卷》，曹鑫編著[二]。該卷著録了上海地區晚清時期各階層著者（含本籍、流寓、仕宦）撰、注、纂、輯的除單篇以外的各類傳統著述。著録著者一千二百餘人、現存著述九百餘種，未見著述一千四百餘種，爲二百〇八種善本或稀見本撰寫了書志體式的經眼録。

《晚清新學著述卷》，欒曉明編著[三]。該卷著録了晚清時期上海地區各類著者（含本籍、流寓、機構）使用漢語撰、注、編、譯的除單篇以外的新學類著作以及單幅或多幅地圖，報紙期刊上連載而未單行刊印者暫不著録。共著録著者約二百二十四人、著述一千八百餘種。

作爲一部地方文獻目録，本總目的注重點主要放在下述五方面。

[一] 杜怡順，復旦大學古籍所中國古典文獻學專業博士，現任復旦大學出版社編輯。

[二] 曹鑫，復旦大學古籍所中國古典文獻學專業博士，現任復旦大學圖書館副研究館員。

[三] 欒曉明，復旦大學古籍所中國古典文獻學專業碩士，現任上海市閔行區圖書館館員。

一、全面考察著録。首次對上海地區的著者和著述進行了全面而深入的考察著録。

本目各位作者既注重使用傳統的方法，又充分利用現代新技術帶來的便利條件，廣搜各種史料和已有的研究成果，全面考察著録了除單篇以外可以考見的全部著述及其版本。本目雖不敢妄言無所遺漏，但無疑可以説，上海地區的歷代著述有了一本可以信賴的明細帳目。

二、以書志體式經眼録、簡目、表格三種體式進行著録。

經眼録是學者閲覽古籍常用的目録學著録體式，其突出特點是靈活性；善本書藏書志是成熟於清代中期的一種目録學著録體式，其最突出的特點是注重著録的客觀性。限於我國大陸各圖書館現行的古籍管理制度，《總目》各卷的作者在查閲善本時，往往只能閲覽膠捲或掃描版，因而《總目》決定吸收善本藏書志和經眼録之長，爲上海歷代著述中的主要善本和尚未列入善本目録的稀見本撰寫書志體式的經眼録。各卷作者不辭辛苦，親赴各大圖書館察考原書，不能看到原書者，則查閲其縮微膠卷、掃描件、影印本，並搜集研讀學界有關研究成果，在此基礎上撰寫書志體式經眼録。經眼録客觀地著録所閲每一種善本或稀見本圖書的書名、卷數、著者（含籍貫）、版本、册數、行款、版式、牌記（含封面）、序跋、印記等，記述其文本構成，節録其與内容或版本有關序跋中的文字，考辨了部分著述的版本源流，並摘要著録其館藏現狀。希望這一部分文字對於研究、保護上海歷代著述中的珍品能發揮一定作用。《晚清新學著述卷》所著録的著述大多較易見，因而未撰寫經眼録。

簡目是古籍著録中常用的一種目録學體式，簡潔扼要，便於泛覽把握。本目以該體式著録了可以考見現在仍然存世的全部著述及其主要版本。對於每一種著述，著録其書名、卷數、版本、版式行款、依據及館藏等情況；不同版本，分别予以著録。

表格亦是文獻學或史志類著作用以著録圖書的一種體式，直观明瞭，重在統計。大量史料有記載曾經存世而早已亡佚或暫不能確定是否存世的著述，畢竟也是可以揭示曾經出現過的文化繁榮的寶貴資料，本目以表格體式著録之。簡略著録每種著述的書名、卷數、著者、出處等。

如上所述，經眼録、簡目、表格三種體式各有特長。《總目》酌用其特長，以便於更全面、系統、深入地揭示上海地區歷代的著述情況。

三、爲著者撰寫傳略。各卷皆盡可能地搜集史傳、碑銘、方志等資料，以及現當代人的研究成果，爲著者撰寫一傳略，略述其姓名、字號、生卒年、科名、仕履、主要成就等，並注明出處。著者籍貫具體到縣籍，流寓、仕宦類著者于其傳略中略述其流寓信息。凡著者須出現於多處之著者項者，將傳略列於所著録其第一部著述的第一個版本之條目中，《現存簡目》將傳略列於其著述之前，其餘情況採用互見法，説明該著者傳略所在條目。

四、規範體例，注重學術性著録。各時代的著者及其著述各有特點，各卷著録，不强求完全一致，但主要體例，如著録範圍、對象、體式等，則要求一致，注重學術性著録。如對於一些雖有上海地區舊志著録的著述，無論其著者是否名家，但經考辨，没有可靠史料證明其爲本籍或曾寓居過上海地區者，如唐代陸贄、陸龜蒙、元代趙孟頫、明代高啓等，一律不予著録。全目主要著録體例如下：

（一）著録上海地區著者（含本籍、流寓、仕宦）所撰、注、纂、輯的除單篇以外的各類著述。寓賢著述，著録從寬。仕宦者著述，一般僅著録其成書於上海地區之著述；其著述雖非成書於上海，而内容與上海地區有較多關聯者，則酌予著録；上海地區的史志曾經記述的著者，無論是否名家，但經考辨，沒有可靠史料證明其爲本籍或曾寓居過上海地區者，其著述一律不予著録。

（二）每卷主要由《經眼録》《現存著述簡目》《未見著述簡目》三部分構成[二]。《經眼録》以書志體式著録筆者所經眼的善本及稀見本，《現存著述簡目》以簡目體式著録可以考見現在仍然存世的全部著述及其主要版本，《未見著述簡目》以表格體式著録已經亡佚或暫不能確定是否存世的著述。

（三）《經眼録》以四部分類法編次，每一類下先本籍，後寓賢、仕宦，各以著者時代先後爲序；《現存著述簡目》以朝代或縣級行政區編次，同一朝代或縣籍的著者先本籍，後寓賢、仕宦，同一類著者以時代先後爲序，同一著者的著述以四部分類法編排。《未見著述簡目》略以著者姓氏之音序編次。

（四）《現存著述簡目》中各縣籍的各類著者首以生年爲序，生年相同或不詳者以卒年爲序，卒年相同或不詳者以科名年份爲序，復相同或不詳者以主要活動時間爲序，活動時間無考者列于該類著者

[二] 晚清的新學著述現在大多易見，因而《晚清新學著述卷》僅由《現存著述簡目》《未見著述簡目》兩部分構成。

之末。

（五）凡身歷二朝之著者，循陶潛書晉例或學術界慣例，酌予著録。

（六）《經眼録》撰寫主要以實際目驗的古籍刻本及稿抄本（一般不含《四庫全書》抄本）爲依據；部分條目依據縮微膠卷、掃描件、影印本撰寫，皆予以注明。所據個别抄本可以確切考知其所據底本者，僅於其底本之後附加按語，不另立條目。極個别近代才刊刻或抄録成書者，亦注意收録。同一版本，已目驗原書，又有通行影印本者，或影印底本與目驗原書分屬兩家收藏單位，或影印底本即目驗之書，皆以按語形式加以説明。

（七）《經眼録》著録的内容，主要包含五方面：一爲該版本外在特徵，二爲著者傳略，三爲該著述主要内容，四爲序跋中所涉成書及版本源流之文字節録，五爲館藏地信息。同一版本著述若多館皆有收藏，並且有兩種以上影印本者，則盡可能比較不同館藏本之差異。

（八）《經眼録》中描述的版本外在特徵包括書名、卷數、著者（含籍貫）、版本、册數、行款、版式、牌記（含封面）、序跋、目録、印記等項，根據各版本具體情況酌予增損。

（九）《經眼録》中所節録之序跋題記，皆有關於本書之形成原委、版本源流或主要内容等文字。

（十）《經眼録》《現存著述簡目》所涉之《四庫全書》本，若無特殊説明，均指文淵閣《四庫全書》本。

（十一）《現存著述簡目》著録之内容，除筆者實際目驗者外，主要依據近年編纂出版的各種古籍目録以及各藏館提供的目録。包含以下各項：著者、傳略、書名、版本及出處、館藏地。書名項著録書目的書名、卷數，同一種著述有異名者，於書名後加括弧列出異名。版本項著録現存版本的出版時間、出版者、出版地、類型、行款；叢書本只著録叢書名，其版本情況以表格體式列於附録中。出處項以簡稱列於每條目後之括號内，於附録中列出《出處全簡稱對照表》。

（十二）《現存著述簡目》中對於著述方式的著録依各目録著録或原書所題作相應處理：若爲「撰」，一律不著録；若爲「編」、「纂」、「輯」、「注」等，則於標題後加括弧注明。著述若有他人編、輯、注等，則於該書目卷數後空一格著録編、輯、注者之朝代、姓名及加工方式。

（十三）《現存著述簡目》中，凡某館藏本有殘存情況或有他人手書批校題跋，於該館名後加括弧注明。若同一館藏地有多部此類情況之本，其注文相互間以分號隔開；若同一版本含多種此類情況，其注文相互間以逗號隔開。

（十四）著者傳略概述著者生卒年、字號、科名、仕履、主要成就等，主要依據史傳、碑銘、方志等資料綜括而成，並注明主要資料來源。一般以一手材料爲准，部分生平資料較少的著者則適當參考今人研究成果。著者籍貫具體到縣籍，流寓、仕宦類著者于其傳略中略述其流寓信息。凡著者須出現於多處之著者項者，《經眼録》將傳略列於所著録其第一部著述的第一個版本之條目中，《現存簡目》將傳略列於其著述之前，其餘情況採用互見法，説明該著者傳略所在條目。

（十五）叢書編者爲上海著者者，其子目一併著録。

（十六）凡引用文字中的異體字、俗體字，一般轉换爲規範字。避諱字酌予回改。書名、著者姓名、字號及印文等專用名稱，則以宋體保留原字。序跋題記、印記、正文等模糊、破損等不可辨識之處，以「□」標記，疑似文字者，在□後用括弧注明。原爲墨釘或因個人能力不識之處，以「■」標記。題記、印記等多行分欄，以「/」標記。校勘文字，以圓括號「（）」標記删字、誤字，以方括號「［］」標記增字、正字。

（十七）《經眼録》《現存著述簡目》所考察的藏館以國内各大公共圖書館及高校圖書館爲主。對於藏館較多者，僅列五個主要藏館。《經眼録》中對於同一版本有多處館藏者，以筆者經眼而據以著録之本的藏館列於首位。藏書單位正文中使用簡稱，於附録中列出《藏館全簡稱對照表》。

（十八）凡是各館書目著録及各館檢索系統中收録者，《現存著述簡目》全部予以著録。但在實地調閲原書過程中，個别版本不能目驗，或已經散失，或未在架上，或因歷史原因已不在此館收藏，而原始資料尚存者，亦予以著録，並注明館方所回饋的原因。

考慮各時段的著述多寡不一、類型有别，因而要求各卷根據該時段著述的具體情況，在著録時略作調整，並分别於各卷卷首列一大同小異的《凡例》。

五、注重考訂，辨僞正誤。各卷作者在編著過程中，無論是撰寫經眼録、編制簡目，還是爲著者撰寫傳略，皆注重使用一手資料和吸收已有的研究成果，並注意對所用資料的考辨，力求言必有據，客觀準確。實際上在此過程中，發現並糾正了過去一些目録著作、藏書目録，以及史志著作中的記載之誤。例如：

在對圖書的著録方面：上海圖書館藏本王廣心《蘭雪堂詩稿》，《中國古籍善本書目》及該館書目皆著録爲康熙刻本，實際則爲道光間刻本；施何牧的《明詩去浮》，歷來都認爲是康熙四年刻本，實際則爲雍正間刻本；中國國家圖書館藏《三國志辨疑》抄本三卷，該館書目、《中國古籍善本書目》及《中國古籍總目》皆誤爲二卷。

在對著者的著録方面：《松江府志》著録李先芳，字茂實，萬曆己丑進士，撰有《讀詩私記》《諫垣疏草》《李氏山房詩選》。按明代有兩位李先芳，均有名聲。一爲嘉定人，字茂實，萬曆己丑進士，《江南通志》稱其「爲給事中，屢有建白」。此李先芳並無著述傳世。另一爲湖北監利人，其祖遷居濮州，字伯承，號北山，嘉靖二十七年進士。此李先芳以詩名世，其著述有《東岱山房稿》《李氏山房詩選》《江右詩稿》《來禽館集》《讀書私記》《李先芳雜撰》《清平歌集》《十三省歌謡》《周易折衷録》《醫學須知》《急救方》等。本目已將這些誤署嘉定李先芳之書剔除不收；《山暉稿》著者王度即是王鴻緒，《自知集》著者姚廷謙即是姚培謙，《清人別集總目》及《清人詩文集總目提要》皆作爲二人著録；董俞生年諸説不一，本目確定爲天啓七年，並證明諸家説法皆誤。

在本總目各卷的成稿過程中，上海圖書館陳先行先生鼎力相助，提供了寶貴指導性意見以及個人擁有的珍貴資料，並幫助審閱了傳統著述目録的各卷稿件；復旦大學古籍所陳正宏先生、復旦大學圖書館吴格先生多次提供了寶貴指導性意見，並幫助審閲了部分稿件；上海大學孫小力先生，上海古籍出版社高克勤先生，華東師範大學嚴佐之先生，山東大學杜澤遜先生，浙江大學徐永明先生，南京師範大學江慶柏先生，（美國）佛羅里達大學王崗先生，復旦大學蘇傑先生、韓結根先生、楊光輝先生、眭駿先生、季忠平先生、王亮先生、樂怡女士，以及至今尚不知尊姓大名的多位盲審專家，都曾幫助審閲了部分稿件，提供了寶貴意見。復旦大學陳思和先生、上海社科院熊月之先生亦對本總目的編纂出版提供了有力支援。復旦大學出版社責編杜怡順、顧雷兩位先生爲本總目成書亦頗費心力。值此出版之際，謹向以上諸位先生致以誠摯謝意。

本總目雖然收獲良多，而遺憾亦不少。如尚有一些著述的重要善本未能撰寫經眼録；對有些著述的多種版本撰寫了經眼録，而未能理清其版本源流；有些條目的著録項待進一步完善……祈方家不吝賜教。

目録

前言

由上海市現轄範圍回溯至晚清，恰好以吴淞江爲界，以南爲原松江府，以北爲太倉直隸州。其建置淵源大致爲：唐天寶年間首置華亭縣，元至元年間析華亭縣東北境設上海縣，嘉靖年間由華亭縣和上海縣析設青浦縣，順治年間析華亭縣西北部設婁縣，雍正年間分華亭縣東南境建奉賢縣，又分婁縣及華亭縣部分建金山縣，析上海縣設南匯縣，嘉慶年間析上海縣近海地置川沙撫民廳。嘉定縣始置於南宋嘉定年間，下轄從昆山縣劃出的春申等鄉，有清雍正年間又析嘉定東境置寶山縣，崇明始置州於元、復降縣於明，以上三縣清末皆劃歸太倉直隸州[一]。

自道光二十三年（一八四三）開埠以來，伴隨着西人的通商貿易及其裹挾而來的「西學東漸」，上海

[一] 一九二七年，《上海特别市暫行條例》辟上海、寶山兩縣所屬原有之淞滬地區爲特别市，逐漸形成以「上海市」爲中心的「一市十縣」，相沿至今而略有變遷。上海文獻展覽會一九三七年編輯《上海文獻展覽會概要》，所列「一市十縣」含松屬七縣（華亭縣、婁縣合併爲松江縣，川沙撫民廳改置川沙縣）以及嘉定縣、寶山縣、太倉縣，不含崇明縣。

由原先的「東南壯縣」〔一〕一躍爲「光耀遍乎寰區，梯航聚於蕞爾」而「五洲萬國莫不知地球上有此」〔二〕的國際都市，成爲全國經濟、文化的中心。學者謂：「晚清上海六十年間的學術文化，既承續着傳統，又始終與時代的脈動、外來文化的輸入緊密相關，呈現出傳統學術餘勢仍在，而新的學術氣象已初見端倪的頗爲複雜的面貌。」〔三〕

這一時期的新的學術著作，相當一部分已經超軼出傳統四部範圍之外。早在乾隆時期，纂輯《四庫全書》吸納明末清初西學傳入的學術成果，傳統四部分類與「西學」扞格不入的矛盾初已展現。據艾爾曼統計，在《四庫全書》的四十四個分類之中，與自然研究相關的領域只有七個〔四〕。降及晚清，「風發雲舉」的譯書十九爲傳統四部分類的方志藝文所失收，其數量「由千萬册以至於無窮」〔五〕。

昔日附庸，蔚成大國，這其中既有從西方迻譯而來的著述，又有伴此衍生的大量本土人士著述、新式教

〔一〕語出張之翰《上海縣學之記》，見上海博物館圖書資料室編《上海碑刻資料選輯》，上海人民出版社，一九八〇年。另據林達・約翰遜主編《帝國晚期的江南城市》（上海人民出版社，二〇〇五年）引述施堅雅的研究成果：「至少有一項研究表明，一八四〇年之前，上海應該是中國二十大城市之一。」

〔二〕李鍾珏《論上海》，載姚文枏總纂《上海縣續志》卷三《建置》下。作者自跋：「右《論上海》三篇，脱稿於前清光緒三十三年（一九〇七），當時曾登《上海日報》。」

〔三〕張敏《晚清上海地區學術史述論》，載《史林》一九九七年第三期。

〔四〕艾爾曼《科學在中國（一五五〇—一九〇〇）》第七章「探求真理與盛清數學」，中國人民大學出版社，二〇一六年。

〔五〕陳洙《江南製造局譯書提要叙》，載《江南製造局譯書提要》書首，清宣統元年（一九〇九）製造局本。

科書、翻譯小説〔一〕，如果繼續沿用「西學」一詞來總括這類著述，似乎已不足敷用。戊戌（一八九八）以後，因爲日籍中譯更爲簡便，翻譯「東籍」成爲主流〔二〕，這種通過日本轉譯的西方學術被稱爲「東學」。於是，有用「東西學」者，有用「譯書」者，以取代原來的「西學」一詞，歧見紛呈〔三〕。相形而下，採用最早爲李提摩太〔四〕、沈毓桂〔五〕所拈出，復經張之洞〔六〕揄揚而風行天下的「新學」一詞，似乎更爲妥帖恰當。

處於南北要衝的上海與新學及其前身西學關係匪淺。前人有言：「上海一隅，非所謂文明發軔之邦而新學輸入之孔道乎？」〔七〕其實，這兩者的聯繫足足可以追溯到明朝萬曆年間，一部「弁冕西術」〔八〕的《幾何原本》，將肇始於明末、復興於晚清的這兩段西學東漸的時間連綴起來：「《幾何原本》原書十五卷，前六卷利瑪竇譯而徐光啓所筆受者。今偉烈氏亞力既續譯其後九卷，海寧李氏善蘭爲之筆受，而《幾何原

〔一〕例如《東西學書録》附録有「中國人輯著書」，《譯書經眼録》以「本國人輯著書」單獨爲一卷。

〔二〕公奴《金陵賣書記》卷上：「自志士東遊以來，譯本書如風發雲舉。一切學科日見進步，政法諸書尤闊渾茫，歐西鉅子之學説滔滔焉，飛渡重洋，競灌輸吾同胞之意識界矣。」見《金陵賣書記及其他》，海豚出版社，二〇一六年。

〔三〕例如蔡爾康謂：「或曰西學，或曰新學，或更曰時務、洋務，皆不通之尤者也。質而言之，實學而已矣。」見蔡爾康、林樂知編譯《李鴻章歷聘歐美記》之《聘英記・英軺後論》，湖南人民出版社，一九八二年。

〔四〕《〈新學〉序》，載《萬國公報》第二册，一八八九年。

〔五〕《廣學會大有造於中國説》，載《萬國公報》第八十六册，一八九六年。

〔六〕《勸學篇》序，兩湖書院刻本、北京同文館鉛印本、上海圖書集成印書局本等，一八九八年。

〔七〕惜誦《論上海書業之變遷》，載《時報》一九一一年七月三十一日。

〔八〕見《四庫全書總目提要》。錢寶琮《戴震算學天文著作考》考證爲出自戴震之手筆。

本》原書遂全。夫徐、利俱精天算家言，李、偉烈亦俱精天算家言。徐居吴淞，李亦寓吴淞。」〔一〕提起在翻譯《幾何原本》的過程中與李善蘭合作的偉烈亞力，不得不提及其所在的「墨海書館」，也即倫敦傳道會印刷所。早在一八四三年十二月，倫敦會教士麥都思在比較上海、寧波兩地後，決定設址上海〔二〕；而在此稍前的一八四一年，耶穌會派遣法籍南格禄、艾方濟神父搭乘「埃裏戈納」號來華，嗣由教友駕小船接到上海浦東金家巷〔三〕。短短兩年間，上海成爲新、舊兩教的共同選擇。雖然西人意在傳教，但在客觀上起了啓牖學人的作用，使得嚮慕者如徐壽「屢到上海，搜求西國新理新法」，以致最後「決意久居上海，以便與西士考證西學」〔四〕。

然而在新學的傳播過程中，上海不僅僅是一個地理上的概念。王先明引述梁啓超的觀點，認爲「『新學』實乃西學與中國傳統『經世之學』相結合的産物」〔五〕。巧合的是，在這一點上，葛士濬的《皇朝經世文續編》同樣遥遥呼應了作爲經世學代表的晚明陳子龍的《皇明經世文編》，葛士濬爲上海縣人，陳子龍爲華亭縣人，

〔一〕韓應陛《續譯原跋》，《幾何原本》同治四年金陵刻本。
〔二〕蘇精《初期的墨海書館（一八四三—一八四七）》，載《印刷出版與知識環流：十六世紀以後的東亞》，上海人民出版社，二〇一一年。
〔三〕史式徽《江南傳教史》（第一卷），第一部分第二章，上海譯文出版社，一九八三年。
〔四〕傅蘭雅《江南製造總局翻譯西書事略》。其他如鄭觀應「十七歲，由廣州北上滬濱，先從英教士傅蘭雅學習英文，不久即在滬經商。」馮桂芬「罷官後，究心西學。避兵至滬，當事延主敬業書院，士林奉爲矜式。」俱見本書所引小傳。
〔五〕王先明《「經世學」與近代「新學」的發端》，載《社會科學戰綫》二〇〇〇年第四期。

同屬當今意義上的上海人。葛氏開創了在「經世文」中獨闢「洋務」一門〔一〕，一舉打通了「西學」與「經世學」的聯繫。在纂輯過程中，與陳書彙集雲間諸子類似〔二〕，葛書也鳩集了當時衆多上海士人：「鄉里同志若姚君子讓、于君醴尊、艾君譜園、張君心一、項君蓮生、秦君硯畦、沈君肖韻，或商榷義例，或分任校録。」〔三〕足以窺見一時本土學人之風氣。主持一時壇坫的人物往往也出入傳統與新學，爲之彌合溝通。例如擔任《幾何原本》「覆校」〔四〕的張文虎「同光以來，江左學者推爲祭酒」〔五〕。其學「博大宏達，既以經學、小學、曆算、樂律立其本，泛濫以及其他……溯自惠、江、戴、錢諸家而後，可謂集大成也已」〔六〕。天主教

〔一〕于鬯建議葛士濬於「書中六政之外，別立洋務一類」。見于鬯《皇朝經世文續編・跋》，清光緒十四年（一八八八）圖書集成局印本。

〔二〕宋徵璧撰《皇明經世文編・凡例》云：「此集始於戊寅仲春，成於戊寅仲冬，寒暑未周，而披覽億萬，良由徐子、陳子博覽多通，縱横文雅，選輯之功十居其七，予追隨逸步，間有選輯，十居其二，若溯厥始事，則周勒卣立勳、李舒章雯、彭燕又賓、何慤人剛、徐聖期鳳彩、盛鄰汝翼進及家伯氏子建存標、家季轅文徵輿，咸共商酌。」另參見見陳寅恪《柳如是別傳》第三章《河東君與「吴江故相」及「雲間孝廉」之關係》之「第二期」，上海古籍出版社，一九八〇年。

〔三〕葛士濬《皇朝經世文續編・例言》，清光緒十四年（一八八八）圖書集成局印本。

〔四〕李善蘭《續譯原序》：「顧君尚之、張君嘯山任校覈，閲二年，功竣。」《幾何原本》同治四年金陵刻本。

〔五〕見徐世昌《清儒學案》卷一百七十二，民國二十八年（一九三九）北京文楷齋本。

〔六〕繆荃孫《州判銜候選訓導張先生墓志銘》載《藝風堂文續集》卷一，清宣統二年（一九〇九）刻本。

中的馬良更是號稱「熟讀孟子，精研拉丁」〔一〕。譯述數量驚人的李杕「自幼誦讀經史，不但精邃古文，拉丁文，哲學，神學；且旁及儒、釋、道三家之説」，「能以古文輸入歐美之新思想、新學説」〔二〕。馬建忠著作《文通》「因西文已有之規矩，於經籍中求其所同所不同者，曲證繁引以確知華文義例之所在」〔三〕。在聯結外來與本土學術方面，上海士人「據舊學之基礎，展新學之鑽研」〔四〕，充分融入了上海本地學術特色。套用費南山的定義：新學「不是從一個狹義的意義去論述科學，而是論述來自西方和關於西方的學術領域的科學知識和大衆普及知識兩個方面」〔五〕。

「一入黄歇浦中，氣象頓異。」〔六〕王韜這段描繪一八四八年上海的話，恰好也預示了新學在近代上海的發展。佔據地利之便的上海肇啓了諸多新學上的開端，例如譯書方式由華洋合作轉變成華人獨力翻譯。早期由於華人不通西文，譯書主要採用西人與華士合作的方式：「譯書之法，必將所欲譯者西人先熟覽胸

〔一〕見姚明煇《近代上海學術文化漫記》之二「天主教學風」，載《上海地方史資料》（四），上海社會科學院出版社，一九八六年。

〔二〕見張若谷《古文家李問漁傳》，載《聖教雜誌》一九三八年二十七卷六期。

〔三〕馬建忠《文通·後序》，見《馬氏文通》，商務印書館，一九九八年。

〔四〕見姚明煇《上海的書院》，載《上海地方史資料》（四），上海社會科學院出版社，一九八六年。

〔五〕見費南山《導論》，載朗宓榭、費南山主編《呈現意義：晚清中國新學領域》，天津人民出版社，二〇一四年。

〔六〕王韜《漫遊隨録》卷一，《漫遊隨録·扶桑遊記》，湖南人民出版社，一九八二年。

中，而書理已明，則與華士同譯。乃以西書之義，逐句讀成華語，華士以筆述之。」〔一〕這個現象首先在上海被打破，由黃伯祿翻譯自J. Fr. Barelle所著法文原本的《聖女斐樂默納傳》（一八七九），由顏永京翻譯自Herbert Spencer的《肄業要覽》（一八八二）以及由姚文棟翻譯自日本「明治八年官撰地書」的《琉球地理小志》（一八八三），成爲由華人獨力譯出的第一部漢譯法語、英語、日語書籍〔二〕。以内容而言，一八九七年，由南洋公學師範生陳懋治、杜嗣程、沈慶鴻等編纂的《蒙學課本》爲我國人自編教科書之始〔三〕。一九〇三年，周桂笙的《新庵諧譯初編》是我國最早的童話譯本〔四〕。同年，鈕永建的《統計學》第一次把統計學譯介過來。一九〇四年，沈慶鴻的《學校唱歌集》〔五〕是近代最早的音樂教科書。從形式上來說，一八四四年，麥都思的《祈禱式文》是中國境内最早的石印本。一九一〇年，陳冷血的《俠客談》中第一次使

〔一〕傅蘭雅《江南製造總局翻譯西書事略》，原載《格致彙編》第三年（一八八〇）第五—九卷，轉引自張靜廬輯注《中國近代出版史料初編》，群聯出版社，一九五三年。

〔二〕姚譯經譚汝謙《中國譯日本書綜合目録序》中揭出，顏譯經謝洪賚《顏永京先生事略》揭出。

〔三〕見蔣維喬《編輯小學教科書之回憶》，本目没有找到一八九七年的這個初版本，只發現一八九九年的印本以及一九〇一年的《新訂蒙學課本》。另，《鍾鶴笙徵君年譜》：「光緒廿四年戊戌（一八九八），公（鍾天緯）手編教科書十二册爲課本……實開小學教科書之先河。」與此幾乎同時。

〔四〕孫毓修的《無貓國童話》出版于一九〇八年。

〔五〕谷玉梅《沈心工年譜補訂》：「這是我國近代最早的學校音樂教材。」另見張靜蔚《論沈心工、李叔同》：「《學校唱歌集》是我國最早出版的一本音樂教科書。」

用了西式標點[一]，等等。

新氣象同樣也體現在主流士人身份的改變，道光年間以沙船業起家的上海王氏，以商致富，由商而學，學優登仕，最後轉向新學，創辦新式學堂，族人中大量參與譯介新書，可以説是晚清上海士人文化轉向的一個典型代表[二]：「族父老崇尚新學，提倡於滬瀆，柳生族叔祖就家祠創辦王氏育材學堂，教授外國文字。」[三] 主張「實用」[四] 的上海學風與新學結合在一起，使得上海士人既有立志以著述爲干城者，也有投身事功者如李鍾珏[五]、鈕永建、吴馨。投身實業者如陸熙順[六]、穆湘玥[七]、童世亨[八]。投身教育者如楊保

[一] 見摩西《中文創用西式標點的鼻祖》，載《電報》一九四六年第七期。

[二] 參見易惠莉《從沙船業主到官紳和文化人——近代上海本邑紳商家族史衍變的個案研究》，載《學術月刊》二〇〇五年第四期。

[三] 見王裕修《先嚴雲閣公事略》，載王師曾纂修《續修王氏家譜》卷三。王氏族人中有新學譯著傳世的有王維祺、王樹善、王建善、王宰善、王納善、王兼善等人。

[四] 例如徐光啓「生平所學博究天人而皆主於實用」，見《農政全書》「凡例」，見《農政全書校注》，上海古籍出版社，一九七九年。

[五] 劉紹唐主編《民國人物小傳》第八册：「鄉邑士庶追念先生不能忘，公議立謚，稱曰通敏先生。又醵資鑄像，植市區通衢，以永紀念。」

[六] 主持或創辦上海南市電力公司、大通航業公司、和興碼頭堆棧公司、閘北水電公司、上海南市内地自來水公司、大成内河輪船公司。

[七] 創辦厚生紗廠、德大股份公司紗廠，協助創辦紗布交易所。一九二〇年，由北洋政府總統徐世昌聘爲名譽實業顧問。

[八] 創辦中外輿圖局、浦東電氣股份有限公司。

恒、賈豐臻、黄炎培、顧樹森等人。有些人畢生提倡新學，影響甚鉅，但并無著述傳世，非本書所能牢籠，這是需要指出的。

自偉烈亞力《一八六七年以前來華基督教傳教士列傳及著作目録》、傅蘭雅《江南製造總局翻譯西書事略》以迄徐維則《東西學書録》、顧燮光《譯書經眼録》，囊括了上海開埠以來至一九〇四年絶大部分的新學著述。一九〇四年至一九一一年的部分，本書通過《涵芬樓新書分類目録》據以補充，復以上海圖書館編《徐家匯藏書樓所藏天主教圖書目録稿初編》補充天主教部分，雷振華《基督聖教出版各書書目彙纂》以及上海圖書館編《徐家匯藏書樓所藏基督教圖書目録初稿》補充基督教部分，據樽本照雄《新編增補清末民初小説目録》補充小説部分，據《民國時期總書目·中小學教材》附録《清末中小學教材》補充教科書部分。最後，以民國時期館藏目録《江蘇省立第二圖書館書目續編三編》《浙江藏書樓乙編書目》《國立中山大學圖書館新編中文書目》等查勘補漏。依以上所列諸目録爲範圍，對其中屬於上海新學著述者加以搜剔尋討。

由於新學著述者不受傳統史家重視，史志失載，造成人名訛誤、里貫失考，本書通過搜輯行狀、家傳、祭文、墓志銘等一手文獻來考證人物生平里貫。例如本書徵引的陳三立《李一琴先生家傳》、章宗祥《任闕齋主人自述》、葉瀚《塊餘生自紀》等文既展現了傳主生平，又體現了傳主所親歷的新學發展史。其他如海門放眼達觀人《古愚龔公小傳》、修院全體《蔣邑虚大司鐸七秩壽秩》、《黄斐默司鐸傳》提供了以往幾乎全然忽略的天主教新學撰述者的史料，彌足珍貴。以撰述者爲中心的考察，有别於以往輾轉鈔寫的目録，例如本書通過作者别署等信息，將顧有信（Joachim Kurtz）誤收録進李杕著作目録里的《斐洲遊記》一書剔除出來。又如當今關於陳景韓的研究文字不少，可是幾乎無人提及他撰述的《地學始教授本》〔一〕，可能因爲該書使用了他早期的姓名「陳脩琦」「陳橋」而無人識荆。

身處承上啓下的變革時代，新學著述包含了雕版、木活字、石印、鉛活字等多種版本形式，并在版本上形成了自有特點。例如書名、出版社不固定，以致一種書誤爲多種書。例如卷端題名作「天下五洲各大國志要」而封面則題作「三十一國志」，卷端題作「中西汽機名目表」，封面則作「汽機中西名目表」，此類幾乎不勝枚舉。晚清出版與現今一個較大的區别是出版者、印刷者、發行者可以完全不相同。而一些著名的出版社往往也是其他出版社的承印者，例如廣學會校訂的書籍，多由上海商務印書館或上海美華書館代印，一本廣學會的書可能會被著録成「廣學會版」「商務版」或「美華版」而被誤認爲有多個版本。研究者徑從目録抄入，極易滋生誤會〔二〕。

「和文迻譯，點竄便易成書，然瞬息已成故紙，此所著録迄今求諸坊間堙没殆將半矣。」〔三〕由於不受重

〔一〕光緒二十八年（一九〇二）八月十五日初版，泰東時務譯印局印刷，上海育材學堂藏板。

〔二〕例如陳景韓的《俠客談》一書，宣統二年（一九一〇）九月初版本由秋星社總發行，時中書局印刷。李志梅博士在其學位論文《報人作家陳景韓及其小説研究》附録《陳景韓小説編年》中即將其誤爲兩種書。

〔三〕見顧燮光《譯書經眼録述略》。

視和大量的率易之作，新學著述堙没相當嚴重，可謂其興也勃焉，其亡也忽焉。揆以時勢，作者本人對此類譯作常常不自收拾。例如黄炎培譯有《世界百傑略傳》《世界發明元始家略傳》，光緒二十八年（一九〇二）杭州史學齋石印，俱經《涵芬樓新書分類目録》著録，年譜、傳記中却没有相關記録，《世界百傑略傳》經《中國古籍總目》著録，尚且存世，《世界發明元始家略傳》已經找不到館藏。此外，後世的保藏不當也造成了新學書籍的佚失。新學中的宗教類著作大都是在上海出版的，據游汝傑考證，上海本來有一個基督教著作「樣書間」，每一種圖書收藏五本，原藏上海香港路三號聖書庫，但毁於「文革」。現在僅有一小部分散見於上海、北京及東南沿海的公共圖書館、高校圖書館和基督教圖書室，且保管不善，日漸損壞〔一〕。新學書籍散見世界各地，甚至僅存一册，例如范約翰翻譯的《尼虚曼傳》，爲光緒二十三年（一八九七）中國聖教書會本，當屬晚近，然而查遍國内各大圖書館，均無館藏，唯一的藏本在日本同志社大學，因爲傳主尼虚曼〔二〕爲該大學的創辦人。

「皃蠹畸蘽，慮多遺逸。吉光片羽，有待爬搜。」〔三〕將上海的新學書籍歸集編目，當爲遴出保存、傳承的第一步。雖然，與校書相似，編目如掃落葉，旋掃旋生，寡陋所及，遺漏必多，尚待不斷搜討之勤。

〔一〕參見游汝傑《西洋傳教士漢語方言學著作書目考述》，黑龍江教育出版社，二〇〇二年。

〔二〕即新島襄。

〔三〕見饒宗頤《潮州藝文志序》，上海古籍出版社，一九九四年。

凡例

一、本目著録晚清時期上海地區（以現今行政區域回溯）著者（含本籍、流寓、駐在上海機構）使用漢語譯、述、撰、注、纂、輯的除單篇以外的新學類著述，報紙、期刊上連載而未單行刊印者暫不著録。

二、跨時代之著者，以其著作初版時間爲準，上限爲一八四三年上海開埠，下限爲一九一一年。考慮到書籍譯、撰與出版的延滯情況，對一九一二年的著作酌情予以收録。一九一一年前逝世的著者之著作則全部予以收録。既有新學著述又有傳統著述的著者，本目僅著録其新學著述。流寓類著者，一般僅著録其成書於上海地區之新學著述，其新學著述雖非成書於上海，而内容與上海地區有較多關聯者，亦酌予著録。

三、本目以「現存著述簡目」爲主，附以「未見著述簡目」。「現存著述簡目」以簡目體式著録可以考見現在仍然存世的新學著述及其主要版本，「未見著述簡目」以表格體式著録已經亡佚、未刊刻或暫不能確定是否存世的著述。

四、本目依著者爲次予以著録，著者分爲本籍、流寓、機構三部分。

五、本籍著者以縣邑爲序，即原松江府華亭縣（含婁縣）、上海縣（含川沙撫民廳）、青浦縣、金山縣、奉賢縣、南匯縣；原太倉直隸州嘉定縣、崇明縣、寶山縣。流寓著者以國内、國外爲序。籍貫以卷端署名或文獻來源爲準。個别著者如李維格、章宗祥、沈恩孚，現存文獻表明出生於今上海市轄地，徑將其歸爲上海本籍人。機構著者以創立年份爲序。

六、依上述分類下，各著者以年齒排序。年齒不詳者，依首著述出版之年份爲序，復相同或不詳者以主要活動時間爲序，活動時間無考者列於該類著者之末。同一著者下以其著述出版時間爲序，出版時間不明者附後。

七、每著者名下附列其小傳，略述其生卒年、字號、科第、居址、仕履，主要依據自叙、行狀、碑傳、年譜、志乘、史傳、序跋或今人研究成果等資料綜括而成，并注明主要資料來源。機構著者則考訂其史略。

八、現存著述分五項著録，即書名項、著者項、著述方式項、版本項、藏館項，未見著述相機著録除藏館項以外的其他四項。

九、書名項、著者項著録書名（含副標題或他名）、卷册數、撰著者姓名（以卷首爲準，參照封面或版權頁）。該著者使用别名者照録，著者姓名前有國别、籍貫、職官者，亦予照録。著述方式項以原書卷首所題或據文獻來源資料予以著録，如「撰」「輯」「筆述」「類稿」「纂輯」等；缺省者則暫空缺。凡題「鑒定」、「校訂」等者，一般不作爲著者立目，依據現有文獻可以確定著作權者除外。

十、版本項著録該版本的出版時間、出版者（或出版地）、版刻形式（刻版、石印、鉛印）及叢書名（如有）。書籍有牌記的，依牌記著録；書籍有版權頁的，按版權頁著録。個别著作印本較多，難以一一著録，本目僅著録其初印本。叢書如正續《西學大成》《西學富强叢書》《中西新學大全》《格致叢書》等輯録新學書籍較多，然原版俱在，此間不再作爲版本之一著録。删减原文的叢抄如王錫祺《小方壺齋輿地叢鈔》等，本目亦不收録。版本項後注明文獻出處。

十一、藏館項據著述所在藏館館藏目録注明藏書單位或電子書庫名。所考察的藏館以國内各大公共圖書館及高校圖書館爲主。對於藏館較多者，僅列五個主要藏館。近代教科書凡經《民國時期總書目·中小學教材》著録者，視爲現存，其藏館以「民目」字樣揭示；凡在「孔夫子舊書網」可以查見者，亦視爲現存，其藏館以「孔網」字樣揭示。

十二、凡正文中所用文獻出處、藏館概用簡稱，書後附録「書目出處全、簡稱對照表」「藏館及電子書庫全、簡稱對照表」，俾便讀者查閲對應。

現存著述目録

一、本籍

華亭縣（含婁縣）[一]

韓應陛（一八一五—一八六〇）

字對虞，一字鳴唐，號緑卿，一作淥卿。住松江府西門外南埭。道光甲辰恩科舉人。少喜周秦諸子，篤志好學，爲文古質深奥，兼善畫梅。既而從同里姚椿遊，得桐城派古文義法。工曆算術，與金山顧觀光相研討。咸豐初年，入上海墨海書館，尤究心西洋算學，校刊李善蘭續譯《幾何原本》後九卷，反覆審定，授之剞劂，偉烈亞力以爲泰西舊本弗及也。外若新譯諸重學、氣學、光學、聲學諸書，每手自校録，復爲之推極其致，往往出西人所論外。咸豐十年（一八六〇），太平軍陷松江郡城，所藏與

[一] 陸錫熊纂修《婁縣志》卷八：「婁縣學附華亭縣學，在婁治西南徐家橋東華亭界内。」因將婁縣部分併入華亭縣。

屋俱燼，倉皇走避，觸暑鬱鬱發病，卒於道。遺稿多散失，所存止《讀有用書齋雜著》二卷[一]。曹君直館於韓氏，歸述其收藏善本亞於瞿楊，尤多士禮、藝芸故物。即如藝風之賅博，所輯《蕘圃題識》録韓氏所藏黄跋不及半[二]。（張文虎總纂《重修華亭縣志》卷十六《人物五》，《清史稿》卷五百七《列傳》二百九十四《疇人》二，《疇人傳三編》卷五《國朝後續補三》，《清代硃卷集成》第一百三十八册）

讀有用書齋雜著二卷[三]　一册　**華亭韓應陛鳴唐　男載陽校字**

稿本

上圖

同治庚午（一八七〇）春季古婁韓氏刊本（書録）

國圖　上圖　復旦　華東師大　北大

[一] 見張文虎《讀有用書齋雜著序》。

[二] 見上海圖書館藏《讀有用書齋韓氏藏書目》鈔本後朱筆跋。

[三] 書中如《質點凹凸生聲》《風氣能減小聲分》《聲無盡境》《質點》《極説》《氣火説》諸篇均涉及新學。

龔柴（?—一九一四）〔一〕

號古愚〔二〕。幼穎悟絶倫，讀書過目成誦，年十四，肄業於蒲西徐匯公學。監理敬莊晁公見公英姿爽邁，落筆成文，語多驚絶，以奇才目之。公於弱冠時，即淡名利，慕真修，進耶穌會繕靈修德，維日孜孜。旋攻哲學及神律學，探奥抉微，多心得。七載畢業，晋學位，登鐸品，擁皋席。從遊中有自西土來者，於公哲學，初不免乎藐視，往往舉難題相質，公條記剖解，語語中肯，聽者皆動容，衆始心服，蓋華鐸之教授哲學者自公始。公除哲、神二學外，於科學亦講求有素。嘗著《五洲圖考》問世，旁搜博採，考核精詳。又云今讀外國文者，或先引申乎中文，而後會其命意之所在，似此層累曲折，卑不足道。公雅好中外學問，而輔助人靈，更如饑如渴，在長上前，再三致意。講學數年，遂往遠方敷教，若嘉定、寶山，若上海、南匯以及南通掘港等處，所過者化。（海門放眼達觀人《古愚龔公小傳》載《聖教雜誌》一九一五年四卷二期，《追悼龔古愚司鐸》載《善導月報》一九一四年第十二期）

〔一〕《東西學書録》以爲「法人」，《小方壺齋輿地叢鈔》題「寧波龔柴」，今據《古愚龔公小傳》：「江蘇松江（舊屬華亭）人也」訂正之。

〔二〕法文名作 Simon Kiong（龔西滿）。

聖母月新編一卷（一題省慈編）　一册　**雲間耶穌會士邑虛蔣升、固愚龔柴譯**

光緒三年（一八七七）上海慈母堂聚珍版（徐天、總目）

國圖　上圖　北大

聖亞爾方騷勞特理垓傳二卷　一册　**雲間耶穌會士邑虛蔣升、固愚龔柴譯**

光緒三年（一八七七）慈母堂活板（徐天、總目）

國圖　上圖　澳門大學

地輿圖考四卷〔一〕　一册　**前京龔柴古愚氏撰**

光緒九年歲在昭陽協洽（一八八三）旦月蒲西益聞館印（徐樓）

上圖　蘇州大學　北大　人大

〔一〕《中國古籍總目》著録作「地輿圖考一卷亞細亞洲圖考四卷」。按書前李杕《序》「惟龔古愚先生所著《地輿圖考》初集亞洲圖考爲美備矣」，知「亞細亞洲圖考」爲「地輿圖考」初集，《總目》著録誤。

臺灣小志（一題基隆淡水臺疆小志） 一册 **虛白主人著**[一]

抄本（總目）

天津

光緒十年（一八八四）菊月之吉管可壽齋刊印（徐樓）

上圖

斐洲遊記四卷 二册 **英國施登萊著 虛白齋主譯**[二]

光緒庚子（一九〇〇）孟秋訂 上海中西書室藏板、是書係滙報館譯成（書録）

復旦

五洲圖考四卷 四册 **前京龔柴古愚氏撰 平江徐勱伯愚氏編輯 上海許彬采白氏譯輯**

光緒二十八年（一九〇二）冬十二月上海徐家滙印書館印竣（書録、經眼）

[一] 據《小方壺齋輿地叢鈔》第九帙所收《臺灣小志》署「寧波龔柴著」。

[二] 鄭逸梅《藝林散葉》三百三十九條謂：「《斐洲遊記》，英施登萊原著，虛白齋主節譯爲四卷。虛白齋主，梁溪鄒翰飛也。」按《斐洲遊記》序謂：「某嘗閲其記，見怪怪奇奇，良堪悦目，因逐漸口譯，凂鄒君翰飛筆録而潤色之，列入《益聞録》，閲一年始竟。……光緒二十六年夏徐滙虛白齋主謹識。」則虛白齋主、鄒翰飛非一人，鄭説當誤。

上圖　復旦　華東師大　浙江　南大

鍾天緯（一八四〇—一九〇〇）[一]

字鶴笙。幼遭亂失學，雖困轉徙，研誦不輟。時就里中先哲問業，刻苦異恒流。同治乙丑（一八六五），亂漸平，益折節讀書，慨然有四方之志，肆力西學，受知於無錫薛公撫屏，執贄門下。光緒庚辰（一八八〇），隨崇明李公丹崖使德，考其國之制度、藝術，與吾國政俗較絜短長，益有所會於心。壬午（一八八二）入上海製造局，與西士羅亨利同譯《西國近事類編》，與傅蘭雅同譯《工程致富》《英美水師表》《鑄錢説略》《船塢論略》《行船章程》《考工紀要》等書，爲時推重。尤留意培育人才，格致書院添設文課，公力主之。所著《鐵路利弊論》[二]傳播遐邇，文譽飈起。武進盛尚書杏蓀招任海關洋務諸職，旋從鄂督張文襄公監督礦務、自强諸校，並勘京山、當陽、大冶等處礦苗。甲午中日戰起，隨合肥李文忠出閲海軍，多所建白，事平仍回滬局翻譯館，開辦滬南三等學堂，成效卓著，創設興學會，撰《三千字義》《讀書樂》等書，小學有教科書始此。戊戌（一八九八）詔開經濟特科，江督劉忠誠公、湘撫陳公右銘、京兆尹胡公芸楣交章薦公，會政變不果。鍾鏡芙《刖足集跋》另載有《造鎗理法》、《星軺隨

[一] 承薛毓良先生以未刊稿《鍾天緯著、編、譯書目簡介》見示，惠益良多，謹此誌謝。

[二] 按，《刖足集》外篇收有《中國創設鐵路利弊論》。

筆》二卷、《捫蝨録》一卷、《救時百策》一卷、《佐幕芻言》一卷，今俱未見。（喻長霖《鍾徵君傳》，陳三立《鍾徵君墓表》，《鍾鶴笙徵君年譜》載《刖足集》外篇附録，姚文枏〔一〕總纂《上海縣續志》卷二十一《游寓》）

西國近事彙編壬午　四册　**華亭鍾天緯編輯**

光緒八年（一八八二）上海機器製造局刊印（書録、答問）

國圖　上圖　復旦　華東師大　北大

西國近事彙編癸未　四册　**華亭鍾天緯編輯**

光緒九年（一八八三）上海機器製造局刊印（書録、答問）

國圖　上圖　復旦　華東師大　北大

西國近事彙編甲申　四册　**華亭鍾天緯編輯**

〔一〕「枏」，舊刊本多作「柟」「枬」，今本有作「楠」者。按《康熙字典》「枏」字引《任昉・述異記》「黄金山有枏木，一年東榮西枯，一年西榮東枯，張華謂之交讓木……或作柟。俗作楠，非。」姚字「子讓」，當以「枏」字爲是。

光緒十年（一八八四）上海機器製造局刊印（書録、答問）

國圖　上圖　復旦　華東師大　北大

英國水師考　二册　**英國傅蘭雅、華亭鍾天緯同譯**　**英國管理製造兵船事務巴那比、美國兵船千總克里同撰**

光緒丙戌（一八八六）孟穮譯　上海機器製造局擺印（局記、書録、答問、陳目）

國圖　上圖

美國水師考　一册　**英國傅蘭雅、華亭鍾天緯同譯**　**英國管理製造兵船事務巴那比、美國兵船千總克理同撰**

光緒十二年（一八八六）江南製造總局鋟板（書録、答問、陳目）

國圖　上圖　華東師大　北大　北師大

鑄錢工藝三卷　二册　**英國傅蘭雅、華亭鍾天緯同譯**

光緒十六年（一八九〇）江南製造局本（局記、書録）

國圖　上圖　復旦

格致課存二卷　一册　**鍾天緯著**[一]

光緒十七年（一八九一）刻本

孔網

船塢論略一卷　一册　**英國傅蘭雅輯譯　華亭鍾天緯筆述**

光緒二十年（一八九四）江南製造總局鋟板（書録、答問、局記）

上圖　復旦

考工記要十七卷附圖一卷　八册　**英國瑪體生著　英國傅蘭雅、華亭鍾天緯同譯　六合汪振聲校訂**

[一] 原書未署名。吴劍豐《刖足集序》："戊戌夏，新政方萌芽，試士之法變。湖南向硁硁守舊學，至是，都人士始競趨風尚，争購先生昔所著《格致課存》上下編以爲圭臬。"又見鍾鏡芙《刖足集跋》。

光緒二十年（一八九四）[一] 江南製造局刻本（書録、答問、局記）

上圖　復旦　華東師大　北大　清華

行船免撞章程一卷　一册　**英國傅蘭雅、華亭鍾天緯同譯**

光緒二十一年（一八九五）江南機器製造總局藏板（書録、答問、局記）

上圖　復旦

三等學堂課藝[二]　一册　**鍾天緯輯**

光緒二十二年（一八九六）鉛印本

上圖

學堂宜用新法教授議　一册　**鍾天緯輯**

[一] 刊刻年代據《江南製造局記》。按，此書序稱：「此書即《工程致富》第二集也。」《工程致富》一八九八年刊，此刊刻年代或有誤。

[二] 薛毓良先生謂又有《上海三等學堂重刻本》，一九〇三年刊，刻本。爲各類章程、課表及鍾天緯論述教育的文章彙編。

光緒二十二年（一八九六）三等學堂重刻本（書録）

上圖

工程致富論略十三卷 八册 **英國工程會瑪體生著 英國傅蘭雅、華亭鍾天緯同譯**

光緒二十四年（一八九八）江南製造局本（局記、書録、答問）

上圖 清華 北大 川大

時事芻議一卷 一册 **華亭鍾天緯鶴笙撰 男鏡寰校**

光緒辛丑（一九〇一）仲夏刊（書録）

復旦

刖足集内篇一卷 一册 **華亭鍾天緯鶴笙撰 男鏡寰校**

光緒二十七年〔二〕（一九〇一）刻本
國圖　上圖　復旦　華東師大　人大

蒙學鏡六卷〔三〕　三册　**鍾天緯編**
光緒二十九年（一九〇三）上海一新書局本（經眼、總目）
上圖　青海

刖足集外篇一卷鶴笙仙館詩詞雜著一卷　一册　**華亭鍾天緯鶴笙撰　女鏡芙校**
民國二十一年〔三〕（一九三二）鉛印本

〔一〕據鍾鏡芙《刖足集》跋：「（先君）又不幸大業未就，遽爾棄世。長兄鏡寰謀梓遺集，板録而未印。民國乙丑正月，長兄又殁。」吴劍豐《刖足集序》：「今嗣君篤志樸學，能哀輯遺著，公之天下，必足以繼其志而光大其業。……時光緒二十七年歲在辛卯春正月既望湘鄉吴劍豐謹識。」
〔二〕《鍾鶴笙徵君年譜》：「光緒廿四年戊戌……公手編教科書十二册爲課本，曰字義、曰歌謡、曰喻言、曰故事、曰智慧、曰格言、曰女鑑、曰經餘、曰格致、曰史略、曰文粹、曰詞章。由淺入深，適合初學之用，名之曰《讀書樂》，實開小學教科書之先河。」薛毓良先生以爲此即《蒙學鏡》之初版本，今僅見「字義」，光緒二十九年重刊本名《蒙學鏡》，曰：字義、喻言、智慧、格致、經餘、史約。
〔三〕原書無刊刻年月，按鍾鏡芙《刖足集》跋款：「民國壬申季秋。」

國圖　上圖　復旦　華東師大　人大

未見二種詳附表：教授心法、新譯理竇

張秉彝（一八五六—一九一二）

字溥泉。鄉先達渠卿先生之子。補博士弟子員，嘗爲震旦學院監理。處事公平，人皆翕服，而於地方公益如辦平糶、浚蒲匯塘、籌備憲政、振興學務，經營擘畫，無不周至。民國元年，被選爲七寶區鄉自治議長。（《張秉彝傳略》載《聖教雜誌》一九一二年第一卷第十二期）

聖教經文注解　一册　**管宜穆、張秉彝注解**[一]

光緒二十三年（一八九七）土山灣慈母堂鉛印本

孔網

聖教要理問答注解　一册　**管宜穆、張秉彝注解**

[一]　見書前倪懷綸序。

天主降生一千八百九十八年（一八九八）上海慈母堂活板

國圖　孔網

謝希傳

字芷汸、子方。博覽群籍，衆推淹雅。光緒十九年（一八九三），隨楊儒出使美洲，旋攝使秘魯。暇於樽俎間談論學術，融貫百家，一注於日記。有《蝸寄廬日記》。與金甸丞蓉鏡、金籛孫兆蕃昆仲莫逆。《歸槎叢刻》後附未刊第二集目録，計《環輿簡覽》《古巴述略》《隨軺小牘》三種。（楊儒《蝸寄廬日記》序〔一〕）

歸槎叢刻第一集七種　四册　**出使祕魯參贊謝希傳纂著**

光緒戊戌（一八九八）季夏東山草堂付印（書録、中目）

復旦　蘇州大學　吉大

皇華擘要

祕魯出使章程

〔一〕　據陳左高《歷代日記叢談》，上海書畫出版社，二〇〇四年。

祕義交犯條款
墨西哥述略
檀香山群島志
德國新制紀要
文牘偶存

美國師船表補二卷各國建珠槍表一卷中綫變時表一卷 一册 **謝希傅纂輯**

光緒二十五年（一八九九）刻本
湖南
宣統元年（一九〇九）印本（書録）
天津

朱念椿

字子鷗。早罹荼苦，母氏是怙。長而聲蜚黌序，學綜典墳。寢饋召陵之書，摹繪巨山之勢。又嘗攻疇人之術，考周髀之經。五羅八會之篇，九宫一算之術，靡不潛思致叡，鉤賾索微。中西畢賅，毫芒剖析。甲午（一八九四）之歲，島夷肆凶，疆圉多警。先生勇氣慷慨，雄心憤薄，服短後從軍之服，誓掃匈奴。無如士氣不揚，陣雲如墨。雖雄圖未展，而論者壯之。歲在庚子（一九〇〇），時局阽危，美雨歐風横集。君以爲欲支危局，道先新民。故其在南洋公學也，精心獨運，定教育之方針，準兒童之心理。以疾卒于里第。（胡常悳《祭朱子鷗文》載《儀鄦漫藁》卷二，胡常悳《朱子鷗誄》載《儀鄦漫藁》卷六，《南洋大學卅週紀念校友録：前任職教員録》）

南洋公學師範院譯述本：心算教授法一卷　一册　**日本金澤長吉原著　吴縣董瑞椿口述　華亭朱念椿筆譯**

光緒二十六年庚子（一九〇〇）十月第一次印行　南洋公學發賣　商務印書館排印　初等小學教授書之一（書録）

華東師大　北師大　民目

南洋公學師範院譯述本：物算教科書二卷　二册　**日本文學社編　吴縣董瑞椿口述　華亭朱念椿筆譯**

光緒二十七年（一九〇一）正月　南洋公學（書録、涵目）

民目

南洋公學師範院譯述本：筆算教科書二卷　二册　日本文學社編　吴縣董瑞椿口述　華亭朱念椿筆譯

光緒二十七年（一九〇一）正月　南洋公學（書録、涵目）

民目

閔萃祥（一八四九—一九〇四）

字頤生。左右手各絀一指，因自號八指生。監生。幼穎悟，刻苦向學。始肆力爲詩，繼從南匯張文虎遊，爲入室弟子，受古文法，從事校讎，經史百家靡不深究。文章雅潔，樸茂淵懿，得桐城派真髓，郡中有大制作咸出其手，然未嘗應試。光緒初年，分修《華亭縣志》，繼與修《松江府續志》。學使黄體芳於江陰建南菁書院，聘張文虎主講，因師年高，萃祥被邀偕往，逾年俱歸，學益進。文虎晚居郡城之復園，萃祥朝夕走謁，於師之學行知之最深，其遺書多所校訂焉。隱居滬南十餘年，一日驚聞侄喪，慮仲兄過傷，倉惶歸，遂遘疾，卒。有《式古訓齋文集》《八指詩存》等。（張錫恭《閔萃祥傳》載《茹荼軒續集》卷六，顧蓮《清閔頤生先生萃祥墓誌銘》載《素心簃文集》卷三，姚文枏總纂《上海縣續志》卷二十一《游寓》，徐世昌《清儒學案》卷十八《嘯山學案》附）

五洲列國志彙[一]　三十二册　華亭閔萃祥編輯　青浦席裕琨校訂

光緒壬寅（一九〇二）夏月麗澤學會印行（中目）

北大　中山大學　湖南社科院

征撫朝鮮記一卷　魏源撰[二]

朝鮮輿地説一卷　薛培榕撰

朝鮮雜述一卷　許午撰

朝鮮改革源流史一卷　胡常惠、吴寶璜同譯

琉球説略一卷　沈林一撰

琉球地輿小志一卷　姚文棟撰

中山傳信録一卷　徐葆光撰

臺灣地輿圖説一卷　夏獻綸撰

征撫安南記一卷　魏源撰

[一]《徐兆瑋日記》民國十八年七月三十一日：《五洲列國志彙》云，有關地志各種彙印成書，此亦爲書估射利之書。凡射利之書風行於一時，未必能久傳於後世，此等書至今日無有顧而問者矣。

[二] 細目據《山西公立圖書館書目》。

安南小志一卷

安南雜記一卷　李仙根撰

越南世系沿革略一卷

越南紀略一卷　沈林一撰

越南地輿圖説一卷　盛慶紱撰

征緬紀略一卷　王昶撰

緬甸紀略一卷　沈林一撰

緬甸圖説一卷　吴其禎撰

暹羅考略一卷　龔柴撰

日本國志四十一卷　黄遵憲撰

亞洲各小國紀略一卷　沈林一撰

土耳其志輯要一卷　吴前楣撰

土耳其屬地紀略一卷　沈林一撰

俄史輯譯四卷　徐景羅譯

俄國屬地紀略一卷　沈林一撰

斯干的那維志三卷　閔萃祥撰

德意志志十四卷　閔獻、閔巘同輯

荷蘭國志輯要一卷　謝嘉鎮撰

荷蘭屬地紀略一卷　沈林一撰

比利時志譯略一卷　世增撰

英吉利志八卷　英國慕維廉譯

英吉利志譯略一卷　吴宗濂譯

英政概一卷　劉啓彤譯

英國屬地紀略一卷　沈林一撰

印度劄記一卷

新加坡風土記一卷　李鍾玨撰

澳志一卷　吴宗濂、趙元益同譯

英藩政概四卷　劉啓彤譯

法國志略二十四卷　王韜撰

佛郎西志譯略一卷　世增撰

法政概一卷　劉啓彤譯編

法國屬地紀略一卷　沈林一撰

西班牙聞見録一卷　洪勳撰
西班牙屬地紀略一卷　沈林一撰
古巴雜記一卷　譚乾初撰
葡萄牙聞見録一卷　洪勳撰
葡萄牙屬地紀略一卷　沈林一撰
瑞士變政記三卷　趙秀偉撰
意大利志譯略一卷　世增撰
義大利屬地紀略一卷　沈林一撰
羅馬志略十三卷
奥斯馬加志輯要一卷　徐士莪、韓錫圭同輯
希臘志略七卷
歐洲各小國紀略一卷　沈林一撰
阿利未加各國志一卷
阿洲各小國紀略　沈林一撰
黑蠻風土記一卷　英國立温斯敦撰
美國史略八卷　黄乃裳撰

美國屬地紀略一卷　沈林一撰

檀香山群島志一卷　謝希傅撰

墨西哥述略一卷　謝希傅撰

南美洲三國志一卷　閔萃祥輯

美洲各小國紀略一卷　沈林一撰

陸瑞清（一八六九—一九五六）〔一〕

字規亮，一字以行〔二〕，别署曹叟〔三〕。留學日本〔四〕，曾任南洋大學齋務長，江蘇省督學。著有《德國興亡教育的因果》〔五〕、《二十世紀兩次歐洲大戰歌》、《學生修養日記》、《中國文學系統史》、《日本侵華千古恨》、《松江縣文獻志》，以上六種均已出版；《孔學因果淺説》、《戚將軍繼光勝敵紀》、《松江縣交通志》、

〔一〕《日本侵華千古恨》書後版權頁署：「中華民國三十七年七月十五日初版，編者雲間陸規亮時八十歲，出版者江蘇松江縣秀野橋西恒德花園。」生年據此推得。另，《江蘇省教育會年鑑》（一九二二）《會員姓名録》（民國十年十二月重編）：「五十歲。」

〔二〕見《日本留學中國學生題名録》。

〔三〕據《張寒叟週甲抱孫錫名嘉詠集》後張志鶴手識，孔夫子舊書網履薄齋書店售賣。

〔四〕《江蘇省立第四中學校校友會雜誌》一九一六年第二期。

〔五〕或即《德國教育之實況》。

《松江縣被災通史》、《詩甲亂世之音及詩乙隨感而賦》，以上五種擬出[一]。另有《教育學》[二]未見。（《南洋大學卅週紀念校友録：前任職教員録》）

日本維新活歷史[三] 一册 **日本坂東宣雄著 中國雲間陸規亮譯**

光緒二十八年（一九〇二）八月發行 譯書彙編社（經眼）

復旦

冬榮山房文稾：乙種教育管見一卷 一册 **陸瑞清撰**

清末鉛印本（總目）

上圖

[一] 參見《日本侵華千古恨》書前附「個人編撰書目」。

[二] 見張景良《幼稚園保育法兒童心理學》書前廣告：「上海中等商業學堂監督陸瑞清教授」。

[三] 另有同名書由時中書局于光緒二十九年癸卯（一九〇三）五月發行，署「鈕永建校閱」。

陳脩琦（一八七八—一九六五）

原名琦[一]，字景韓，筆名冷、冷血、新中國之廢物、頑石[二]。諸生。南洋公學師範班學生[三]。留學日本，擅寫作。光緒三十年（一九〇四），上海《時報》創刊，應聘擔任該報主筆。旋又任《申報》總編輯有年，嗣任該報發行人。先生肅穆寡言，頭腦冷静，總攬社政，守正不阿，筆苛如劍，尤注意社會黑暗面之揭發。凡大義所在，不爲利誘，不爲勢屈，均能奮勇以赴。《申報》之超然姿態，獨立風格，殆先生數十年來孕育葆養所致。左右以其資望日隆，力勸從政，而先生仍堅守其新聞崗位而不懈。另有《狡童》、《商界鬼蜮記》八回、《黑面塔》未見[四]。（戚再玉《上海時人志》，曹聚仁《陳景韓》載《上海春秋》，王雲五《報界奇人陳景韓》載《報人報史報學》，鄭逸梅《報壇耆宿陳冷血》載《藝壇百影》，馬蔭良《陳冷在申報社》載《松江文史》第七輯）

[一]《日本留學中國學生題名録》四二頁載「姓名：陳琦（景韓）；年齡：闕；籍貫：江蘇婁縣；着京年月：二十八年五月；費别：自費；學校及科目：豫備入校」。

[二]南營蠻子《校正刺客談小説引言》：「吾友頑石，著《刺客談》小説成，命余校正漏誤。」

[三]《交通大學校史資料選編》第一卷引《南洋公學師範班學生名單》載「光緒廿六年二月進學」。

[四]參見《陳景韓小説編年》，載李志梅著、陳大康指導《報人作家陳景韓及其小説研究》，華東師範大學博士論文，二〇〇五年。

地學始教授本　平裝一册　**松江陳橋撰述　育材學堂編輯所校行**〔一〕

光緒二十八年（一九〇二）八月初版　泰東時務譯印局印刷　上海育材學堂藏板（經眼、涵目）

上圖　浙江

外患史　一册　**陳崎編譯　鈕永建校閲**

光緒二十九年（一九〇三）五月發行　上海時中書局藏版　國耻叢言之一（經眼、涵目）

上圖　浙江

戰餘録　一册　**陳崎編譯　鈕永建校閲**〔二〕

光緒二十九年（一九〇三）五月發行　上海時中書局藏版　民辱叢言之一（經眼、涵目）

國圖　上圖　復旦　浙江

〔一〕封面題：「松江陳脩琦撰。」又，《中國學術史綱》書後廣告：「《地學始附教授本》，是書係上海育材學堂教員陳喬木先生所撰，爲小學教科之善本。」

〔二〕書前「例」署名「愛我支那民者編譯」。阿英《中英雅片戰争書録》著録爲「北支那戰争記一卷」。

偵探談一〔一〕　一册　**冷血譯　愛克斯光批**

光緒二十九年（一九〇三）七月時中書局發行（涵目）

上圖　復旦

性質談　一册　**時中書局編譯所著**〔二〕

光緒二十九年（一九〇三）十月出版　上海時中書局出版　民辱叢言之二（涵目）

上圖　浙江

偵探談二　一册　**冷血譯　愛克斯光批**

光緒二十九年（一九〇三）十二月開明書店總發行（涵目）

上圖　復旦

〔一〕目録：東西兩大賊合傳，第一「民賊游皮」；第二「君賊大村善亮」。

〔二〕書前《時中書局新書目録提要》謂：「華亭陳去纂譯」。按鈕永建《戰餘録》序謂：「《戰餘録》五篇，華亭陳崎編譯。陳君既編《國恥叢言》，又取英文、日本文諸書記我民族之醜態者，採集撰次，加以按斷，爲《民辱叢言》若干種，以驚醒國民之習慣，《戰餘録》其第一編也。」因將此書亦歸入「陳崎」條下。

偵探談增刊：虛無黨　一冊　**冷血譯**

光緒三十年（一九〇四）二月初版　開明書店總發行（歷目、涵目）

國圖　浙江

偵探譚三　一冊　**冷血譯**

光緒三十年（一九〇四）四月初版　開明書店總發行（涵目）

上圖　復旦

偵探譚四　一冊　**冷血譯**

光緒三十年（一九〇四）十月初版　開明書店（涵目）

上圖　復旦

多情之偵探：俠戀記四十六回[一]　一冊　**上海時報記者譯述**

光緒三十年（一九〇四）十一月初版　時報館（涵目）

〔一〕　據李志梅《報人作家陳景韓及其小説研究》：此書原以「伯爵與美人」之名連載。

天津

寫情小說：白雲塔（一題新紅樓）　一册　**冷譯**〔一〕

光緒三十一年（一九〇五）九月初版　上海四馬路時報館發行　小説叢書弟一集弟一編（涵目）

上圖　北師大

情天恨　一册　**頑石撰**

光緒三十一年（一九〇五）十二月　新學社刊行（總目）

上海師大

寫情小說：新蝶夢　一册　**意大利波侖著　冷譯**〔二〕

光緒三十二年（一九〇六）二月出版　時報館、有正書局發行　小説叢書弟一集弟五編

上圖　復旦

〔一〕該書版權頁署「上海時報館記者」譯述。

〔二〕該書版權頁署「上海時報館記者」譯述。

偵探小説：火裏罪人　一册　**冷譯**〔一〕

光緒三十二年（一九〇六）三月出版　時報館小説叢書弟一集弟六編（涵目、近現代叢書）

上圖

寫情小説：莫愛雙麗傳　一册　**淚香小史譯**〔二〕

光緒三十二年（一九〇六）七月上海時報館發行　小説叢書弟一集弟八編（涵目）

天津

刺客談六回　一册　**新中國之廢物撰　南營蠻子評校**

光緒三十二年（一九〇六）八月　新世界小説社〔三〕

浙江

〔一〕該書版權頁署「時報記者陳冷」譯述。

〔二〕該書版權頁署「上海時報館記者」譯述。

〔三〕石昌渝主編《中國古代小説總目》白話卷：有光緒三十一年（一九〇五）上海鴻文活版部刊本。浙江圖書館藏灌文新書社一九〇六年本，署「頑石」著。

短篇小説叢刻　一册　**灌文書社編輯**

光緒三十二年（一九〇六）八月初版　鴻文書局（涵目）

上圖

短篇小説叢刻二編　一册　**灌文書社編輯**

光緒三十三年（一九〇七）八月初版　鴻文書局（涵目）

上圖

淒風苦雨録　一册　**廢物著**〔一〕

光緒三十三年（一九〇七）商務印書館（涵目）

浙江

土裏罪人　一册　**冷譯**〔二〕

〔一〕何惠民、王建民主編《松江縣誌》歸入陳著，見卷三十二。

〔二〕該書版權頁署「時報記者陳冷」譯述。

光緒三十四年（一九〇八）八月初版　時報館（涵目）

上圖　浙江

滑稽小説：新西遊記　一册　**冷血著**〔一〕

宣統元年（一九〇九）五月　有正書局總發行　小説林發售（歷目）

上圖

短篇小説：冷笑叢談　一册　**陳冷血、包天笑譯著**

宣統元年（一九〇九）七月初版　上海群學社出版　説部叢書第三十六種〔二〕

上圖

一、乞食女兒（冷血）

二、破産（冷血）

三、女偵探（冷血）

〔一〕該書版權頁署「時報記者陳冷」譯述。

〔二〕該書版心有「月月小説，第某號」。

四、爆烈彈（冷血）

五、殺人公司（冷血）

六、俄國皇帝（冷血）

一、諸神大會議（天笑）

二、世界末日記（天笑）

三、空中戰争未來記（天笑）

四、赤斗篷（天笑）

五、古王宫（天笑）

一、孤宦碧血記（天僇生附）

二、學究教育談（天僇生附）

俠客談[一]　一册　**冷血著**

宣統二年（一九一〇）九月初版　秋星社總發行　時中書局印刷（涵目）

上圖　復旦　浙江　天津

[一] 收録有《刀餘生傳》《兄弟》《路斃》《食人會》《義勇軍》。其中《刀餘生傳》或有單行本，未見。

賽雪兒 一册 **毋我、冷血譯**

宣統三年（一九一一）小説時報社

國圖

宋樹基 附：蔡光照、閔檝、黄熙曾

字艾孫。平昔粹於學，凡性理經史之書無不讀之，輒有心得。近者蒿目時艱，深悉中國之所以不振者，非真無才乃不育其才之故，亦未嘗不育才，育才而不能規之以正之故。於是與其友閔、蔡、黄[一]三君同輯國朝政書及東西洋譯本。（章士荃《中外時務新書叙録》序）

中外時務新書叙録十六卷 六册 **華亭宋樹基、蔡光照、閔檝、黄熙曾合輯**

光緒壬寅（一九〇二）石印本

上圖

[一] 閔字行之，蔡字叔明，黄字景輿，據宋樹基《中外時務新書叙録序》。蔡光照，據《江蘇省教育會年鑑》（一九二二）《會員姓名録》（民國十年十二月重編）：「四十九歲。」

沈惟賢（一八六六—一九四〇）

字寶生，一字師徐，號思齊，晚號逋翁、逋居士。居松江府城。光緒辛卯科舉人。年十五，補博士弟子員，選入蘇州學古堂肄業。應春闈，房師袁昶激賞之，既報罷，遂延課其子，時與講論。博極群書，而尤究心於史地之學。出膺民牧，歷官新城、石門、嘉興、桐鄉、仁和、錢塘等縣事。辛亥（一九一一）光復，解篆還里，佐鈕氏建松江軍政分府，由是與黨人遊，識其豪傑，尤與陳陶遺、雷奮諸君相推重。民國元年（一九一二）爲江蘇省議員，殫心財務。民國五年（一九一六），被選爲省議會議長。民國六年（一九一七），修邑志，與雷補同共爲總纂。民國十二年（一九二三），赴都任國會參議院議員。抗戰起，避地青浦朱家角，轉徙上海，得疾卒。有《學古堂日記》、《逋居士集》〔一〕、《皇朝政典類纂》、《前漢匈奴表》、《晋五胡表》、《唐書西域傳注》。（高燮《沈思齊先生私謚記》載《吹萬樓文集》卷十一，金兆蕃《沈勤敏公思齊先生惟賢墓誌銘》載《安樂鄉人文》卷六，《清沈思齊惟賢行狀》載《雲間碑傳録》，唐文治《沈思齊先生傳》載《茹經堂文集》四編卷七，《清代硃卷集成》第一百八十二册）

〔一〕民國二十八年庚辰（一九三九）刊本，上海市金山區圖書館藏本後有周大烈抄補《逋翁賸稿》。

萬國演義六十卷　六册　華亭沈惟賢師徐輯著　貴池高尚縉笏堂鑒定　吴縣張茂炯仲清述章

秀水金猷琛芍庭、婁縣吴葆誠存甫校訂

光緒二十九年（一九〇三）四月上賢齋藏版　作新社製印（經眼）

國圖　復旦

未見一種詳附表：仁和縣辦理城鎮鄉自治文牘

陸龍翔（一八八三—？）〔一〕

字坎生。日本中央大學法科畢業。歷任廣東高等審判廳刑庭庭長、江蘇特種刑事法庭審判員、江蘇民政廳視察員、鎮江縣縣長、上海縣縣長。（樊蔭南編纂《當代中國名人録》）

歷史小説：瑞西獨立警史　一册　雲間陸龍翔譯述〔二〕

光緒二十九年（一九〇三）五月發行　譯書彙編社藏版　傳記叢書之三（浙目）

〔一〕生年據樊蔭南編《當代中國名人録》：「年四十九歲。」良友圖書印刷公司，一九三一年。

〔二〕按該書版權頁署「譯述者陸龍朔」，今據書前上海脂車榮驥生、雲間盛時培铁顔氏兩序改正。

上圖　浙江

郁任

生平不詳。

社會改良家列傳　一册　**日本松村介石原著　松江郁任譯**〔一〕

光緒二十九年（一九〇三）七月出版　上海大經鉛印編譯書局印行

上圖

葉人禄〔二〕

生平不詳。

〔一〕扉頁及版權頁皆作：「松江郁任公輯譯。」

〔二〕《譯書經眼録》《涵芬樓新書分類目録》俱作「葉人禄」，唯《新學書目提要》作「華亭葉人恭」。另，上海圖書館藏葉人騄譯《赫胥黎科學入門》一册，光緒三十年（一九〇四）四月上海大東門城内育材學堂發行、開明書店經售，或爲同一人。

近世海戰史二卷　一册　**日本淺野正恭著　葉人禄譯**

光緒二十九年（一九〇三）上海群誼譯社（經眼、提要、涵目、浙目、總目）

浙江　天津

施爾常（？—一九二〇）

字端生。京師大學堂監學官。曾任陸軍部軍法司一等司法官。（《京師大學堂同學録》載房兆楹輯《清末民初洋學學生題名録初輯》，敷文社編《最近官紳履歷彙録》）

訂正商工地理學　一册　**日本永井惟直著　華亭施爾常譯**

光緒三十年（一九〇四）七月　時中書局（涵目）

浙江

滿洲財力論四編　一册　**日本松本敬之原著　元和汪榮寶校閱　華亭施爾常翻譯**

光緒三十二年（一九〇六）正月京師學部編譯書局印（涵目、總目）

國圖　上圖　南圖　北師大　北大

日本議院法　一册　**日本法學士工藤重義著作　華亭施爾常譯述**

光緒三十二年（一九〇六）十二月發行　北京第一書局總發行（涵目）

上圖　浙江

民事訴訟法　一件　**施爾常譯**

稿本[一]

一檔館

吴葆諴

字和甫[二]。

東西洋歷史教科書　一册　**華亭吴葆諴編譯**

光緒三十一年（一九〇五）正月發行　上海文明書局發行所發行

〔一〕殘稿，見第一歷史檔案館「修訂法律館全宗」（全宗代碼：10）。轉引自陳煜《清末新政中的修訂法律館——中國法律近代化的一段往事》。

〔二〕見吴葆諴《銅旗輯譜》書前汪榮寶序。

北師大

張景良（一八七〇—？）〔一〕

字秉鈞〔二〕、師石〔三〕。住上海葛羅路華格臬路東南轉角。南洋公學師範生〔四〕。上海公立幼稚舍經理。（《交通大學校史資料選編》第一卷）

高等小學：幾何畫教科書 一册 **日本建築書院原著 婁縣張景良編譯**

光緒三十一年（一九〇五）三月初版發行 上海文明書局（涵目）

華東師大 北師大 民目

〔一〕《江蘇省教育會年鑑》（一九二二）《會員姓名録》（民國十年十二月重編）：「五十二歲。」

〔二〕《交通大學校史資料選編》第一卷引《南洋公學師範班學生名單》。西安交通大學出版社，一九八六年。

〔三〕見《初等化學教科書》序款：「乙巳秋九張景良師石甫序於粤東大學堂。」

〔四〕《交通大學校史資料選編》第一卷引《南洋公學師範班學生名單》載「光緒廿四年一月進學」。

小學筆算新教科書[一]　五册　**文明書局編輯**[二]

光緒三十一年（一九〇五）五月初版　上海棋盤街文明書局發行兼印刷（涵目）

北師大　南京曉莊　民目

初等化學教科書　一册　**婁縣張景良著**

光緒三十二年（一九〇六）五月發行　上海文明書局出版（涵目）

孔網

小學筆算新教科書詳草　一册　**婁縣張景良原著　金匱吴澧演草**

光緒三十三（一九〇七）十一月初版　上海文明書局發行

上圖　北師大

[一] 封面有：「筆算教科書，張謇題端。」第一至第四册爲「習問」，第五册爲「總答」。

[二] 書後版權頁署「著作者：婁縣張景良」。

幼稚園：保育法　兒童心理學　一册　婁縣張景良編輯訂正〔一〕

宣統元年（一九〇九）三月出版　上海公立幼稚舍出版　上海中國圖書公司印刷　保姆傳習所講義初集

上圖　浙江　天津　民目

楊傳福

幼而失學，於新學閫奥，一切未有窺見，即所謂舊學者，亦以多疾故，未嘗稍事研究。年二十三，失怙，橐筆走浙江、奔馳於衣食者凡六年，而學益廢。甲辰歲（一九〇四）家居，適同里沈君鏡賢有振興谷陽小學之志，即預其事。乙巳（一九〇五）秋，與沈君鏡賢共事於黄君公續家塾。沈君於東報上見登有救濟小學劣等生之原理及方法出版廣告。丙午歲（一九〇六）負笈東渡〔二〕，購得之大阪書肆，就課業之隙而譯焉。（楊傳福《小學劣等生救濟法》序）

〔一〕該書爲「保姆傳習所講義初集」。書前「保姆傳習所擔任義務諸君附録於左：《保育法》，本舍經理張景良編輯，本舍保姆主任吴朱哲教授；《兒童心理學》，上海南區小學校長吴家振編輯，本所所長吴朱哲教授；……《理化博物》，張景良教授」。

〔二〕光緒三十三年十月入福岡工業學校建築科。見王焕琛編著《留學教育——中國留學教育史料》，編譯館，一九八〇年。

女子理科教科植物編　一册　**日本長野伊那高等女學校長濱幸次郎、松本女子師範學校總教河野齡藏原著　雲間姚昶緒、楊傳福譯補**

光緒三十二年（一九〇六）十二月初版　時中書局總發行（涵目）

華東師大　北師大　民目

小學劣等生救濟法　一册　**日本織田萬勝、白土千秋著　華亭楊傳福譯**

光緒三十三年丁未（一九〇七）五月出版　中國圖書公司印行（涵目）

上圖　浙江　天津

李維翰（一八七三—一九二三）[一]

字芑香。住松府城東門外張塔橋[二]。庚戌法政科舉人，前柘湖高等小學經學教習。（顧實瑚《宣統庚戌科學部試卷》，郭建鵬、陳穎《南社社友録》）

[一]《江蘇省教育會年鑑》（一九二二）《會員姓名録》（民國十年十二月重編）：「四十九歲。」

[二] 據《南社入社書》，載郭建鵬、陳穎編著《南社社友録》，上海大學出版社，二〇一七年。

憲法要論 一册 **日本市村光惠著 李維翰譯**

光緒三十二年（一九〇六）普及書局（涵目）

上圖 復旦

沈景賢[一]

生平不詳。

未見一種詳附表： 最新化學教科書

王毅存

字文甫。其詩清醇雅則，爲當時雲間詩人之佼佼者。第以中歲客游宣南，又不欲以詩自炫，故茸城多不知者。有《横云山館詩存》一卷，手輯《雲間王氏詩鈔》二卷。（沈其光《瓶粟齋詩話》初編卷八）

未見一種詳附表： 松江歷史教科書

[一] 另有沈景賢（一八五九—一八八九），字少泉，有《緑秋吟館詩集》，當非同一人。

錢公溥（一八八三—？）〔一〕

字陰紳。住上海新閘東新康里一三〇七號。江蘇師範畢業。省立一師學監兼國文教員，中國公學專門、中學兩部學監，晏摩氏女子中學國文部主任，奉賢縣立甲種師範講習所所長兼教員，農科書記兼編輯。（《國立東南大學一覽》載《南大百年實録》）

未見一種詳附表：三林學堂體育教範第一編

沈宗祉（一八七三—一九〇六）

字敬脩，號鏡賢。居郡治西門外外館驛東。光緒甲午舉人。賦性沉静，自垂髫受經，即喜閲格言及名人語録。十七歲始試筆作文，逾歲游婁庠，甲午（一八九四）科應省試，受知於馮、黄二主司，登鄉榜。嗣一赴禮部試，不售，即致力於經世之書，日夜鈔閲，務期以宋儒之性理、歷代之經史，會通於泰西諸科學中，以爲修身致用之本。其交友切磋，亦自此始。旋往日本考察其政事、風俗、學術，因母病，遄歸。仍就館訓徒，間經理學堂事務，並以餘力治東西文，采取各國制度，一一參考其異同，時於日記中論述之。所譯有地

〔一〕《江蘇省教育會年鑑》（一九二二）《會員姓名録》（民國十年十二月重編）：「三十九歲。」

理、心理、衛生之書，方以日進無疆爲志，未遑示人。唯所著《鄉土志》行蒙學。至東西洋各國立憲，尤居恒三復其書，謂：以自治爲根本，中外所同，我國家果行斯宗義，庶其有豸乎！不意未及覩新制之頒也，肺疾漸發，諸醫罔效。（沈葵輯《沈宗祉哀逝録》一卷，《清代硃卷集成》第一百九十三册）

初等小學用：松江地理教科書〔一〕　四册　**婁縣沈宗祉鏡賢原著　華亭王毅存文甫、華亭陳庭蘭猗伯改訂　上海姚明煇孟塤校閲**

己酉（一九〇九）十一月再版印行　上海時中書局〔二〕（涵目）

北大　民目

泖東草堂筆記〔三〕　四册　**婁縣沈宗祉著述　華亭李維翰、華亭蔡光照、華亭王毅存編訂　華亭王紀源、華亭盛國城、華亭陳庭蘭、婁縣沈宗泰校訂**

宣統二年（一九一〇）三月出版　上海集成圖書公司印刷　上海望平街時中書局、松江嶽廟内明新

〔一〕另本題作：「松江府屬用：初等小學地理教科書」，光緒三十四年十一月重訂，宣統元年二月印行。

〔二〕上海市地方志辦公室編《上海方志提要》十三「已佚方志」載：「《松江初小地理教科書》，沈宗祉編。《松江柘林顧省園圖書館圖書目録》中載録，時中印，一册。今佚。」

〔三〕沈宗泰跋：「先兄鏡賢……專肆力於經世之學，貫穿古今，溝通中西，日以心得登諸筆記者十年。」

書局發行

國圖　上圖

雷奮（一八七七—一九一九）〔一〕

字繼興。附生。南洋公學師範生〔二〕，光緒二十四年（一八九八）〔三〕選派遊學日本，赴早稻田大學學習法政。主持《譯書彙編》雜誌。返滬后，絶意仕進，任上海《時報》編輯，負責本埠新聞，并于城東女學、務本女塾、江蘇學務總會法政研究會等處任教。光緒丙午（一九〇六）憲政研究會成立，被選爲副總幹事。旋又加入預備立憲公會，任政聞社交際科長。民國成立政府，屢授以官，不就職，寓滬上爲律師。（包天笑《時報懷舊記》載《釧影樓回憶録》，敷文社編《最近官紳履歷彙録》）

〔一〕生年或作一八七一。《日本留學中國學生題名録》之「卒業留學生附録」載雷奮卒業年月「廿八年四月」，年齡「二十七」，長楊蔭杭一歲、楊廷棟三歲，今查二楊俱一八七八年生。另據何梅生《公學第一次選派六名學生留日呈文盛宣懷》附學生清册所載年齡，姑以一八七七爲準。

〔二〕《交通大學校史資料選編》第一卷引《南洋公學師範班學生名單》載「光緒廿三年四月進學」。

〔三〕《交通大學校史資料選編》第一卷引何梅生《公學第一次選派六名學生留日呈文盛宣懷》附學生清册載此年雷奮「年二十歲」。此次選派學生共六名，其餘五人爲：章宗祥、胡礽泰、楊蔭杭、楊廷棟、富士英。

地方自治講義附選舉法大意　一册　**雷奮編輯**

宣統元年（一九〇九）中國圖書公司印行　江蘇教育總會坿設法政講習所講義之一

國圖　浙江　天津

國家學講義六章　一册　**華亭雷奮編輯**

宣統元年（一九〇九）二月出版　中國圖書公司印行　江蘇教育總會坿設法政講習所講義之二（蘇二）

上圖

沈若谷

生平不詳。

最新學校遊戲法　一册　**松江沈若谷編輯**

光緒三十四年（一九〇八）正月　科學書局（涵目）

首都

盛國城

創議世界語學社。

實驗罐藏食物製造法　一册　**日本豬股德吉郎原著　華亭盛國城譯**〔一〕

宣統元年（一九〇九）上海新學會社印行（涵目）

國圖　上圖　浙江

三措朗女士

生平不詳。

未見一種詳附表： 新譯文明結婚

〔一〕此據該書封面，書後版權頁署「譯述者：華亭張國城」

上海縣（含川沙撫民廳）〔一〕

莊行儉

庠生，州同銜。新耶穌會士於一八四二年抵上海，重返江南，至一九四二年，一世紀中，關於編著之書，可分三時期以言之。第一時期自一八四二至一八七九，可謂創辦時期。此時期中，其第一本出版之小册，是《聖會總問答》〔二〕，署名「泰西耶穌會士南有岳德郎氏譯述，川沙莊行儉參訂」。第二本爲《大赦例解》，極西耶穌會士晁德蒞著，晁公意人。此時期中出版之書僅十多種。（俞樾總纂《川沙廳志》卷九《例仕》，徐宗澤《一百年來耶穌會譯著概論》載《申報》一九四二年四月三日第五版）

未見一種詳附表： 諸會問答

〔一〕姚文枏總纂《上海縣續志》卷一「鄉保補遺」下注曰：「二十二保内，川沙廳分治十五圖，學籍仍隸本邑，非析置青浦、南匯之比。」因將川沙撫民廳部分併入上海縣。

〔二〕《徐家匯藏書樓所藏天主教圖書目録稿初編》著録《諸會問答》，一八五〇年刻本，又著録《洗罪整規》，一八四四年刻本。

曹驤（一八四四—一九二三）

原名基孝，字仁孝，號潤甫、順甫。耀燦子。附貢生。八歲入西人所設蒙塾，習中西文。同治初，入英界工部局任譯務，十年（一八七一）入邑庠，時在庠文生兼通中西文者，唯驤一人。嘗著《英字入門》行世，華人之爲英字典，自驤始。光緒初，知縣莫祥芝聘任縣署譯務。關道劉瑞芬檄辦洋務局翻譯，又委考察美國回華學生。十一年（一八八五），劉瑞芬出使英法，奏調隨員，至印度洋，因病折回。十二年（一八八六），曾國荃檄委襄辦金陵洋務局兼辦下關稽查局暨同文館西學教習。十九年（一八九三），金陵、臺灣督撫均委令駐滬，坐探軍務。中法戰事起，法軍窺鎮海，在滬覓領港，西人已有成議。驤炯知之，密設法阻止，浙東幸免兵災。歷任保安堂、棲流公所、和安學校董事，總工程局教育會、縣議會議員，而於閘北二圖義塚與英工部局力争，訂約永遠保存，時論尤韙之。嗜讀中西學説，各有心得，嘗刊《封禁海口論》《孝經儒行合編》，其他新聞譯稿，刊於製造局者又十餘種。輯有《上海曹氏書存目録》，著有《壽萲堂詩文集》《憶椿居小草》《潤甫年録》，刻有《封海禁口論》《孝經儒行合編》《英字入門》等書。（姚文枏主纂《上海縣志》卷十五《人物》上，《上海曹氏書存目録》序、跋，《海藻》卷十六）

英字入門一卷　二册　**海上曹驤潤黼氏編譯**

同治十三年（一八七四）刻本

祁兆熙（？—一八九一）

號瀚生。年甫弱冠，兩取佾生，旋以第一入泮，補增生，由例仕同知積功保花翎補用知府，署廣東惠州府碣石通判。博學多才，尤長洋務。同治甲戌（一八七四），政府議遣幼童肄業美國，南北洋大臣咸屬兆熙爲護送人，兆熙慨受任，并挈次子祖彝往。出洋留學，實始於此。兆熙宦粵十七年，歷辦督署洋務，輯《通商約章》《洋務成案》，與香港英官妥定中國電局事宜，中外翕然，其他籌振、禁賭、查洋面緝私船之擾、解廉州常洋關之争，以及輸捐辦團、助剿桂匪潘某等，皆盡心力。光緒辛卯（一八九一），積勞卒粵寓，以次子祖彝職膺一品封。（姚文枏總纂《上海縣續志》卷十八《人物》）

遊美洲日記附出洋見聞瑣述一卷　一册　**祁兆熙**

清抄本

上圖

〔一〕後印本，周振鶴先生藏此書初版本，見氏著《鬼話、華英通語及其他》載《隨無涯之旅》，生活·讀書·新知三聯書店，二〇一七年。

未見二種詳附表：通商約章、洋務成案。

曹　晟

字寰照，號静山。洪學孫。道光諸生。道光二十二年（一八四二）五月八日，英艦犯吴淞，吴淞、寶山同日淪陷，上海守土官吏聞訊而逃，英兵遂於十一日長驅入城。先生以先廬所在，守而弗去，於干戈擾攘中備嘗亂離之苦，記録城陷前後十三日中耳聞目擊之事，光緒初申報館以活字板刊印，名《十三日備嘗記》。曾倡資設文廟灑掃局。另有《紅亂紀事草》《覺夢録》記紅巾據城事。（俞樾總纂《上海縣志》卷二十一人物四曹洪學傳附，《夷患備嘗記》跋[一]，《海藻》卷十六）

十三日備嘗記一卷附事略附記一卷　一册　**上海曹晟静山撰**[二]

光緒二年（一八七六）申報館倣聚珍板印

國圖　華東師大　北大　清華　首都

[一] 上海通社《上海掌故叢書》本。

[二]《申報館書目》（光緒丁丑夏五月）：「是書爲上海曹静山先生晟所撰。蓋記道光二十二年英兵犯上海之事也。」《上海曹氏書存目》作《夷患備嘗記》。

蔡爾康（一八五一—一九二一）

字子弗，號紫黻，晚號文佛，外號鑄鐵盦主，縷馨仙史，清帝遜位後，改號采芝翁〔一〕。居老北門内穿心街九十九號。四品銜分部主事奏保經濟特科六舉優行恩貢生。爲邑之名諸生。博通經史，長於詩古文詞，故每逢學使按臨，必應古學試，恒冠一軍。食餼後，文名愈噪，《字林滬報》聘任主滬報筆政事，創刊野叟曝言於報，開報界每日以小説刊報之先。又於報首日刊《玉琯鐫新》數行，以是日古代之各事，供後人覽考，較《月令粹編》多而且詳，閲者皆激賞之。又輯《花團錦簇樓詩集》，網羅近人名作，蔚爲大觀，而選擇恰當，人皆服其取捨之精。會《新聞報》出版，聘請就任，乃入《新聞報》。嗣以政見不合，佛然而去，入《萬國公報》爲總編纂，年七十餘而終。光宣之際，主持《申報》筆政，扢揚風雅，與王紫詮、袁翔甫、鄒翰飛、高太癡、周品珊、吴趼人、黄夢畹、李伯元諸子同爲海内所宗仰。馮承鈞稱其（《萬國通史前編》）「譯筆爲最佳，而其譯例亦多可取之處」〔二〕。有《手著葩彀十籤詳注》待刊〔三〕、《鑄鐵盦駢文集詩集》待刊，輯有《屑玉叢談》〔四〕、《尊聞閣試帖詩》、《花團錦簇樓詩輯》。（海上漱石生《縷馨僊史軼事》載《滬壖話舊》）

〔一〕此據鄭逸梅所藏蔡紫黻名片（見《紀申報前任主筆蔡紫黻》），蔡氏作品另見有署「蔡芷祓」「蔡縷仙」者。
〔二〕馮承鈞《續修四庫全書總目提要》（西學與中外交通部分），載《馮承鈞學術著作集》，上海古籍出版社，二〇一五年。
〔三〕「彀」，《海藻》作「觳」。
〔四〕卷端題「烏程錢徵昕伯、上海蔡爾康紫黻同輯」。

録》、姚文枏總纂《上海縣續志》卷十七《選舉表》下、《海藻》卷二十四、鄭逸梅《紀申報前任主筆蔡紫黻》載《人物品藻録》）

記聞類編　六册　**蔡爾康輯**〔一〕

光緒丁丑（一八七七）上海印書局刊

國圖　華東師大　北師大　北大　人大

天下五洲各大國志要（一題三十一國志）　一册　**英國李提摩太撰　鑄鐵生述**

光緒十八年（一八九二）廣學會（書録、答問、雷目）

國圖　上圖

鑄鐵盦隨筆　三册　**縷馨仙史撰**

光緒十八年（一八九二）朱絲欄稿本

〔一〕此書乃編集《申報》「同治壬申、癸酉兩年之奏摺、論議、時事、雜聞、詩歌」而成，見蔡爾康《記聞類編序》。按蔡序，編集者爲「上海機器印書局主人」，《中國古代小説總目》等歸爲「蔡爾康撰」。

國圖

華英讞案定章考　一册　**英國副臬司哲美森著　英國李提摩太譯　鑄鐵生筆述**

光緒十九年（一八九三）廣學會（書録、雷目）

國圖　復旦

生利分利之别　一册　**李提摩太著　蔡爾康譯録**

光緒二十年（一八九四）廣學會（書録、答問、雷目）

國圖　南開　北大　清華　中山大學

中東戰紀本末八卷續編四卷文學興國策二卷　八册　**美國林樂知翻輯　上海蔡爾康子茀甫類稿**

光緒柔兆涒灘（一八九六）如月上海廣學會譯著圖書集成局鑄版（書録、涵目）

國圖　復旦　美國哈佛燕京　實藤

泰西新史攬要二十四卷（一題泰西近百年來大事記）　八册　**英國馬懇西元本　英國李提摩太譯　上海蔡爾康芝紱述稿**

光緒丙申（一八九六）上海廣學會譯刊（書録、答問、雷目）

國圖　上圖　北大　人大　天津

英國頒行公司定例　一册　**駐滬英臬使兼總領事哲美森著　李提摩太譯　蔡子茀述**

光緒二十二年（一八九六）上海廣學會發印、美華書館擺板（書録、雷目）

北大

八星之一總論　一册　**李提摩太著　鑄鐵盦譯稿**

光緒二十三年（一八九七）上海廣學會印、上海美華書館鉛板（書録答問、雷目）

國圖　南開　清華

廣學興國説　一册　**大美國林樂知榮章甫、大清國蔡爾康紫紱甫同著**

光緒二十三年（一八九七）廣學會鉛印本（涵目、雷目）

上圖　北師大

農學新法一卷　一册　**貝德禮著　英國李提摩太譯　鑄鐵生述**

光緒二十三年（一八九七）上海美華書館擺板（書録、答問、雷目）

上圖　華東師大　北大　南開

新學彙編四卷　四册　**美國林樂知榮章甫著　上海蔡爾康芝紱甫編輯**

光緒二十四年（一八九八）上海廣學會刊圖書集成局校刊代鑄（書録、中目）

蘇州大學　河南大學　北大　首都　實藤

保華全書四卷續編一卷（一題中國將裂）　四册　**英國議院大臣兼水師提督軍門貝思福著**

美國林樂知榮章甫譯意　上海蔡爾康芝紱甫、吳江任廷旭申甫氏同述

光緒歲次己亥（一八九九）十月上海廣學會校刊（書録）

國圖　上圖　復旦　實藤

富國真理二卷　二册　**英國廈門領事官嘉托瑪著　英國山雅谷譯文　上海蔡爾康審義**

光緒二十五年（一八九九）廣學會鉛印本（書録）

國圖　上圖　復旦　中山大學　北師大

李傅相歷聘歐美記　一册　**美國林樂知榮章甫彙譯　上海蔡爾康芝紱甫纂輯**

上海廣學會譯著圖書集成局鑄版己亥（一八九九）第一次校印（書録、雷目）

國圖　上圖　復旦　常州

大同學　一册　**英國李提摩太菩岳節譯　上海蔡爾康芝紱甫纂述**

光緒二十五年（一八九九）上海廣學會校刊（書録、雷目）

上圖　中山大學　美國哈佛燕京

九九新論二卷　一册　**美國林樂知著譯　上海蔡爾康述纂**

光緒二十六年庚子（一九〇〇）正月上海廣學會譯著　圖書集成局鑄鉛校印（書録）

蘇州大學　湖南　北大　北師大

萬國通史前編十卷　十册　**英國李思倫白約翰甫輯譯　上海蔡爾康芝紱甫紀述**
西曆一千九百年（一九〇〇）三月上海廣學會聚珍板印　上海商務印書館代印（書録、雷目）
國圖　上圖　復旦　南大　實藤

萬國公法要略四卷　一册　**英國勞麟賜元本　美國林樂知榮章甫譯意　上海蔡爾康芝紱甫達辭**
光緒二十九年（一九〇三）上海廣學會藏板　上海商務印書館代印（雷目、涵目）
上圖　内蒙古

人種交涉論衡　一册　**英國白來思著　山陰丁雄斐章甫譯言　上海蔡爾康芝黻甫達意**
光緒三十年（一九〇四）上海廣學會校刊　商務印書館代印（雷目）
北大

道統年表　一册　**英國仲均安著録　中國蔡爾康審訂**
光緒二十九年（一九〇四）上海廣學會校刊　上海美華書館聚珍板印
國圖　上圖　北大

地球一百名人傳　三册　**英國李提摩太菩岳氏譯意　上海蔡爾康紫紱氏屬文**

宣統元年（一九〇九）上海廣學會印（涵目、徐樓、雷目）

上圖　華東師大　北大

未見一種詳附表：基督教大旨

顏永京（一八三八——一八九八）

字擁經[一]，英文作 Yung Kiung Yen。聖公會牧師。誕生於滬，以父在滬經商，爲木棉行經理，故挈眷寓居小東門。九齡入美聖公會所設之小學校。校蓋文主教所設者也。年雖稚，而於中英文俱知向學。年十五，與楊君同游美國求學，至紐約州入安桑中學校（Anthon's Classical School），嗣入俄亥俄州甘必耳市之根榮大學（Kenyon College）肄業，學成得學士學位，後數年，該大學又贈以碩士學位。年二十三，乃返祖國，就英國領事署譯員之缺，繼又在漢壁禮商店及工部局爲譯員。聖約翰大學始立，永京爲之師，在校八年，諄諄施教。校中教授英文，即永京啓其始。其後虹口救主堂請其爲牧師，永京居堂後住宅一十二年，迨

[一]《萬國公報》中或作「顏咏經」。

易簣而後去。以其暇日，著爲書册，先後所成者如史本守氏[一]之《肄業要覽》、海文氏之《心靈學》[二]、《英普教會史》、《教會禱文》、《聖公會要道》[三]等，凡若干種。又爲少年子弟製訓蒙識字之書二種。華人之自譯西書者，當推永京爲首導。（謝洪賚《顔永京先生事略》載《名牧遺徽》，曹舒麗安《我的外祖父顔永京牧師》載《傳記文學》十七卷六期，徐以驊《顔永京與聖公會》載上海中山學社編《近代中國》第十輯）

教會禱文　一册　**顔永京編**

耶穌降世一千八百八十年歲次庚辰（一八八〇）上海聖約翰書院藏板

美國哈佛燕京

肄業要覽一卷　一册　**大英史本守著　中國顔永京譯**

光緒八年（一八八二）上海格致書室發售（書録、答問、益智、總目）

[一] 原注："即斯賓塞爾。"

[二] 原注："漢譯心理學者，永京首爲之。"

[三] 此書未見。

上圖　復旦　北大

心靈學　一册　**大美海文著　中國顔永京譯**

光緒十五年（一八八九）新鐫　益智書會校訂（書録、涵目、益智、總目）

國圖　華東師大　蘇州大學　浙江　北大

史略便蒙　一册　**美國聖公會救主堂顔永京、唐曙江彙訂**

光緒二十三年（一八九七）刻本

北大

英華初學初、二集　一册　**美國施女師著　顔永京譯述**[一]

光緒二十四年（一八九八）商務印書館

民目

[一]　另有《英華初學》，耶穌降世一千八百七十二年歲次壬申上海美華書館銅版，作者 REV. A. W. LOOMIS.

英普公教會史　一册　美國聖公會會長顔永京

光緒二十四年歲次戊戌（一八九八）孟夏吴雲記書局排印

北大

沈錦標（一八四五—一九二九）〔一〕

字宰熙，洗名斐爾米諾。十四歲入徐匯公學。一八六六年入耶穌會，一八七七年晋升司鐸〔二〕，後在洙涇、蘇州、常熟等地傳教，任本堂司鐸。一九一六年調回上海，任徐家匯天主堂副本堂司鐸。有《聖教理證選要》（《吴興沈氏奉教宗譜》〔三〕、《上海大辭典》〔四〕）

執事高標　一册　沈錦標撰

光緒七年（一八八一）上海慈母堂鉛印本（徐天）

傅斯年圖

〔一〕方豪《中國天主教人物史》之《馬良》：「沈宰熙司鐸錦標小（馬相伯）六歲。」

〔二〕《諸巷會記·離家修道》：「一千八百七十八年登神品。」

〔三〕《上海圖書館館藏家譜提要》：「始祖仁先，後裔遷上海，以海運爲業。」

〔四〕《上海大辭典》：「法籍教會史家史式徽神父曾以爲上海最年長的天主教士而爲之立傳。」

真福禄多爾弗致命傳[一]　一册　**耶穌會士沈宰熙譯**

天主降生一千八百九十四年（一八九四）土山灣慈母堂排印（徐天）

國圖　上圖　北大

造屋三知　一册　**沈錦標**[二]

光緒二十八年（一九〇二）上海土山灣鉛印本

國圖

中西齊家譜　一册　**耶穌會司鐸沈宰熙譯撰**

天主降生一千九百六年（一九〇六）上海土山灣慈母堂（徐天）

國圖　中山大學

[一] 卷首題「真福禄多爾弗亞瓜味伐致命傳」。

[二] 原書不題撰人，據《上海大辭典》斷爲沈錦標著。

許　彬

字采白。別署有竹居士〔一〕。

許太夫人傳略一卷附許公纘曾傳一卷（一題許甘第大傳略）　一册　**比利時國柏應理著　許采白譯**〔二〕

光緒八年（一八八二）徐匯益聞館

國圖　人大　輔仁

五洲圖考四卷（一題中外輿地通攷）　四册　**前京龔柴古愚氏撰　平江徐勱伯愚氏編輯　上海許彬采白氏譯輯**

光緒二十八年（一九〇二）冬十二月上海徐家匯印書館印竣（書録、經眼）

〔一〕聽秋生《述懷奉答有竹居士吟長》題下注云：「即已故許司鐸采白」，載《善導報》一九一四年十九期。

〔二〕方豪《中國天主教人物史》之《許母徐太夫人》：光緒八年，許采白司鐸由法文本譯爲中文，題《許太夫人傳略》。徐家匯益聞館序曰：「雖名馳外域，不免德閟中原，何以爲我華人勸？」又曰：「書成，郵遞來匯，諄囑繕政。本館不揣固陋，略爲僭墨。」其時主持《益聞録》者爲李司鐸杕，則潤色者必李司鐸也。一九二七年，沈錦標司鐸改爲白話文，許譯真面目不可復得。

上圖　復旦　華東師大　浙江　南大

週年默想十二卷　四册　**許采白譯　蔣升贊修**〔二〕

民國元年（一九一二）上海土山灣印（徐天）

國圖　上圖　輔仁

姚文棟（一八五三—一九二九）

字志梁、子樑，一字東木，晚號暢由老人。元滋子。生於上海城西門内祖宅。增貢生。光緒七年（一八八一），隨黎庶昌出使日本。十三年（一八八七），隨洪鈞出使俄、德、奥、荷等國。十七年（一八九一），隨薛福成出使英、法、義、比等國。福成時與英劃滇緬界，特檄君密往邊界勘查。十九年（一八九三），引疾歸里。每至一國，輒交其賢豪，通其政學，研切利弊，心知其所然，冀歸而爲自强之具。又嘗志其山川民情及兵政諸大端，所著數十種，而以《泰西政要》爲最。其勘邊也，所著亦二十餘種，而以《勘界記》《籌邊

〔二〕該書序謂：「許司鐸采白爰將耶穌會司鐸伯羅諾衛爾克慮氏所著《週年默想》一書譯以華文，冀公同好。祇以琢句鍊辭，過事深邃，解人難索，致艱餉世，束之高閣者二十餘年於兹矣。去夏升偶閱是書，追念許君劬於筆事，煞費苦心，又荷同人贊修之囑，遂以點金成鐵之手，削繁就簡，深者淺之，邃者豁之，俾易成誦……南窗侍者蔣升識。」

記》《道里考》等爲最。二十七年（一九〇一），奏調山西，總辦全省學務及山西大學堂，以不慊于耶教，不能久于其位。三十四年（一九〇八），創立江蘇第一圖書館。文棟壯歲講求洋務，研究輿圖，以維新自期許。迨光宣之間，時事日非，則主重國粹。邑中總工程局成立，凡所設施，則與牴牾。拆城議起，創爲保存城垣公會，時彦多詆爲守舊。著作詳見姚明煇《七慶堂全書總目》，凡七集：曰《東吴學舍叢輯》十六種，曰《春明叢著》十二種，曰《東槎叢著》三十種，曰《歐槎叢著》十種，曰《南槎叢著》二十二種，曰《槎溪叢著》二十七種，曰《補編》五種，都一百二十二種，全書（大部分爲未刊稿）存上海市歷史與建設博物館〔二〕。（許汝棻《景憲先生傳》載《辛亥人物碑傳集》，金熙章《姚景憲先生事略》，《海藻》卷十五，姚明煇《先景憲公年譜節要》）

春明十二種〔三〕　姚文棟輯著

〔二〕姚明煇《近代上海學術文化漫記》載《上海地方史資料》第四册，今名「上海市歷史博物館」。該館所著録《景憲先生苦口文》、《盛京紀略》（稿本）、《海西唱和詩》（寫本）、《江蘇五屬圖書館文牘》、《宋元本題跋》、《春秋疆域山川險要》（稿本）、《讀海外奇書室雜著》、《倉聖拱極樂園詩》（輯）、《清朝苑囿考》（寫本）、《西山遊記附靈光筆談》似在《七慶堂全書總目》外，或爲一書而别名。所著録《東國鑿井法》、《德意志政要》（寫本）、《姚景憲籌邊論》則當爲原書的零種著録，各書彙總著録。

〔三〕《七慶堂全書總目》原注：「公元一八八〇年至一八八一年輯著。」

寫本暨刻本

上海歷博

帝京形勝考二卷

軍機故事二卷補遺一卷

西陲彙編一百四十卷

增訂北徼彙編四卷

外蒙古喀爾喀四部圖説　一册

光緒丁亥（一八八七）刻本（書録）

塞外金石記四卷

海運彙編二卷

俄約彙編三卷

蘇園雜著二卷

蘇園日記二卷

皇朝藩部要略十八卷世系表四卷

青海考略二卷

東槎三十種[一]　姚文棟譯著

寫本暨刻本

上海歷博

日本地理兵要十卷[二]　八册　出使日本隨員直隸試用通判姚文棟謹呈

光緒甲申年（一八八四）總理衙門印（書録）

日本國地志十卷

日本藝文志六卷

日本會計録四卷

光緒二十年（一八九四）上海寶善書局石印本

日本火山温泉考四卷

日本海陸驛程考八卷

日本礦産考

〔一〕《七慶堂全書總目》原注：「公元一八八二年至一八八七年譯著。」

〔二〕王韜《與姚子梁太守》（載《弢園鴻魚譜》）：「黄公度參贊奉使美洲，想必來游歐土。渠箸有《日本國志》，搜羅繁富，體例謹嚴，紀日事者當奉以爲圭臬。尊撰《地理兵要》，可與後先媲美，一代傳作可無疑也。」上海市歷史博物館著録有「寫本」。

日本東京記一卷

日本近史六卷

中東年表一卷

日本氏族考

日本古今官制考

日本經解彙函六十五種

日本通商始末二卷

日本文源

日本文録

日本文傳

日本沿海大船路小船路詳細路綫總圖二幅分圖六十二幅

琉球地理小志三卷　日本中根淑等撰　姚文棟譯〔一〕

光緒癸未（一八八三）秋仲東瀛使署刻本（徐樓）

訂正朝鮮地理志八卷

安南小志一卷

〔一〕　按該書原題「照日本明治八年官撰地書譯出」。

光緒十年（一八八四）鉛印本（徐樓、書録）

海外同人集四卷

歸省贈言録二卷

墨江修禊詩一卷

重九登高詩一卷

掘切村觀菖蒲花詩一卷

梅影唱和詩一卷

校正經籍訪古志六卷補遺一卷

東槎雜著二卷續著二卷

俄羅斯屬地西卑利亞新造鐵路圖并説

歐槎九種[一]　姚文棟譯著

稿本

[一]《七慶堂全書總目》原注："「公元一八八八年至一八九〇年所譯著。」上海市歷史博物館著録爲「八種」，另單獨著録「亞洲同人會照相記」。

上海歷博

泰西政要十卷

東西洋國別地理詳志

地中海沿岸三洲分合興衰考

德意志聯邦内治外交綱要

德意志通史

歐洲戰禍未來之預測

海西文編八卷

栢林觀兵圖題詠一卷

亞細亞同人會照像記題跋一卷

南槎二十二種〔一〕　姚文棟輯著

寫本暨刻本

上海歷博

〔一〕《七慶堂全書總目》原注：「公元一八九一年至一八九三年所輯著。」

印緬紀行四卷
印緬考察商務記二卷
雲南初勘緬界記一卷
雲南勘界籌邊記二卷
雲南初勘緬界記前編十卷
雲南初勘緬界記正編十卷
雲南初勘緬界記後編十卷
滇緬之間道里考一卷
滇越之間道里考一卷
西南備邊後録八卷
滇邊土司記二卷
雲南大事記二卷
雲南經世文前編四卷後編十卷
集思廣益編八卷
偵探記二卷
雲南野人山保商營業略一卷

宜園雜著蒙園雜著各一卷

天南文編六卷

天南同人集四卷

辛卯雲南邊事記四卷

滇黔湘鄂贛皖行程記一卷

英人吞緬始末一卷

籌邊彙録　一册　姚文棟撰

朱絲欄抄本

國圖

葛士濬（一八四八—一八九五）

字季源，號子源。士達季弟，張承頤婿。居上海大南門内守府署西首對河，附貢生。沉潛好學，留心世務。光緒乙未（一八九五）秋，嬰時疫卒。所著有《兩漢王子侯封國考》《正卧廬詩文稿》。（姚文枏總纂《上海縣續志》卷十八《人物》附葛士達傳後、《海藻》卷二十六、《清代硃卷集成》第一百七十七册葛士清項下）

皇朝經世文續編一百二十卷[一]　三十二册　**上海葛士濬子源輯**

光緒十四年戊子（一八八八）仲夏圖書集成局印（答問）

國圖　復旦　蘇州大學　南開　北大

光緒丁酉年（一八九七）孟夏埽葉山房重校印[二]　上海圖書集成印書局代印本

中山大學

洋務時事彙編八卷　十二册　**葛子源輯**

光緒戊戌（一八九八）孟夏上海書局石印（中目、總目）

上圖　華東師大　蘇州大學　南開

葛士濬文鈔　一册　**葛士濬撰**

抄本緑格

[一] 新設「洋務」綱二十卷。王韜八月廿六日致盛杏蓀函：「葛子源乃龍門書院肄業生，所選《續經世文編》殊不愜鄙意，公牘告示錯襍其中，已屬不倫。張煥綸所上條陳分置各門，寂寥數語不復成篇。夫稱之曰經世文者，何等鄭重，今若此殊覺名不副其實。倘尊選一出，彼書自當覆醬瓿耳！」（見上海圖書館藏「盛檔」，索取號 015307）

[二] 内封注：「新增時事四十卷、洋務策論八卷。」

國圖

未見二種詳附表： 邊防贅述二卷、外洋咫聞録一卷

葉慶頤

字新儂，別署策鰲遊客。耽于詩。光緒初遊日本，綜彼邦見聞，輯爲《策鰲雜摭》八卷，後客金陵。（《海藻》卷二十六）

策鰲雜摭八卷　四册　**上海葉慶頤新儂輯　錢塘袁祖志翔甫校**

光緒十五年（一八八九）仲夏開雕於滬上

國圖　上圖　復旦　華東師大

蔡祚來（一八七二—？）

字綏之。居松樹胡同曹宅[一]。廣方言館學生，怡和洋行翻譯。（朱有瓛《中國近代學制史料》第一輯）

[一]《京師、上海、廣州同文館部分學生離校後情況一覽表》（一九一六）原載《京師同文館學友會第一次報告書》，轉引自黎難秋《中國科學翻譯史料》，中國科學技術大學出版社，一九九六年。生年亦據此推得。

西國近事彙編辛卯　四册　**上海蔡祚來編輯**

光緒辛卯年（一八九一）翻譯　上海機器製造局刊印（書録、答問）

國圖　上圖　復旦　華東師大　北大

西國近事彙編壬辰　四册　**上海蔡祚來編輯**

光緒十八年（一八九二）上海機器製造局刊印（書録、答問）

國圖　上圖　復旦　華東師大　北大

西國近事彙編癸巳　四册　**上海蔡祚來編輯**

光緒十九年（一八九三）上海機器製造局刊印（書録、答問）

國圖　上圖　復旦　華東師大　北大

王豐鎬（一八五八—一九三三）

字省三，晚號木堂。法華鎮人，居上海山海關路百五七號[一]。光緒壬寅舉人。英國懷格大學畢業生。八歲就外傅，下筆驚塾師。家貧，幾莫能竟學。稍長，課徒資衣食。棲身繩户，隱燭世變，益肆力於學，兼治歐羅巴文字，究中外之務，以經世自詭。光緒六年（一八八〇）補博士子弟員，久之，走京師，肄業同文館，試第一，諸公貴人交口譽之。十五年（一八八九），遂從薛叔耘太常出使英、法、義、比諸國。二十一年（一八九五）秋歸，以才能見賞盛杏蓀尚書，委辦鐵路煤礦。二十七年（一九〇一），再從蔡和甫觀察出使日本，始任參贊，繼改横濱總領事官。尚書一再奏調，復歸國。明年，中鄉試式，再膺經濟特科之薦。三十年（一九〇四），復從戴少懷尚書、端午橋制軍出使歐美各國，歸爲制軍輯《九國鐵璐志》。制軍督兩江，君主辦江寧鐵路。三十三年（一九〇七），以道員分發浙江，始任警察總辦。宣統元年（一九〇九），總理洋務局、農工商鑛局、電話局、禁烟公所，總辦警察如故。明年，署浙江交涉使司交涉使。三年（一九一一），實授，會鼎革，里居六載。民國七年（一九一八），再奉簡命出任外交部浙江交涉員。十四年（一九二五），去官。國民政府復以耆宿權淞滬督辦，裁闋歸。十七年（一九二

[一]《京師、上海、廣州同文館部分學生離校後情况一覽表》（一九一六）原載《京師同文館學友會第一次報告書》，轉引自黎難秋《中國科學翻譯史料》。

八），長湖北郵包税。明年，病免。又五載遂卒。乙丑夏五卅案起，捐地數十畝，督張壽鏞創光華大學。有《丁未年浙江警察日記》。（張壽鏞《王省三先生墓志銘》載《約園雜著續編》卷八下、姚文枬總纂《上海縣續志》卷十六《選舉表》上）

出使英法義比四國日記 六册 **無錫薛福成叔耘纂著 如皋顧錫爵延卿、新陽趙元益静涵、鄞張美翊讓三參校 上海王豐鎬省山、嘉定吴宗濂挹清、歸安胡惟德馨吾、鄞陳星庚鈞侯采譯 桐城潘承烈景周繕録**

光緒十八年（一八九二）無錫薛氏刻本（書録、徐樓）

國圖 上圖 復旦

華英字典纂要（一題中英文典彙纂） 一册 **上海王豐鎬編**

光緒壬寅（一九〇二）春仲 Printed at Anglo-Chinese Press

上圖

李家鏊（一八六三—一九二六）

字蘭舟、蘭洲。留學俄國，習俄文。丙申（一八九六）王文韶啓俄文館於天津，令君主其事。後出爲海參崴領事。時當日俄戰作，俄方虐待華僑，君頗申正論，時以資濟僑民艱苦，歷保官至道員，留東省補用。錫良督東，欲任爲濱江道，陳昭常告良，是人驕恣弗可用，遂中止。民國成立後，君屢蹶復起，皆任吉林濱江道尹。卒以亢直好面譏訕人，爲督軍孟恩遠誣罷。民國八年（一九一九）九月，劉鏡人轉任駐日公使，君即繼其後而任西伯利亞高等外交委員，後復任外交部參事。十年（一九二一）九月，轉任東省特别區高等審判廳長。十二年（一九二三）十月，以駐俄外交代表入莫斯科，執行公使職。十四年（一九二五），孫寶琦被任爲駐俄大使，君轉任駐芬蘭公使。十五年（一九二六）八月，病歿於莫斯科。（沃丘仲子《當代名人小傳》、姚文枬總纂《上海縣續志》卷十七《選舉表》下、賈逸君《中華民國名人傳》）

俄國鐵路全圖附表　一册　**李家鏊輯**㈠

光緒十九年（一八九三）石印本（總目）

上圖

㈠　按該書序署：「壬辰冬譯《俄國悉畢利擬造鐵路緣由》後，因思詳説無圖，難於醒目，勉注圖表，聊備考核……光緒十九年春三月上海李家鏊謹識。」

俄租遼東暫行省治律　一册　**上海李家鏊譯**

光緒二十九年（一九〇三）閏五月　商務印書館（經眼，總目）

國圖　中山大學　北大　天津

海參崴公董局城治章程　一册　**上海李家鏊譯**

光緒二十九年（一九〇三）閏五月　商務印書館（經眼、總目）

國圖　上圖　北大

擴充外銷俄國東海濱阿莫爾各省華貨各情形奏摺　一册　**李家鏊撰**

光緒間鉛印本（總目）

國圖

中國商務條陳緊要公文　四册　**李家鏊撰**

光緒間上海會文學社石印本

國圖

未見一種詳附表： 俄國東部新增税則

李鍾珏（一八五四—一九二七）

初名安曾，字平書，更名鍾珏，字瑟齋，號且頑。光緒乙酉舉人。生於高橋舊居，早孤，警敏殊常兒，遭寇亂，遷上海。年十七，入邑庠，肄業龍門書院。丁祖母程氏憂，乃棄舉業，專究經世之學，兼應字林滬報館主筆。歷主粵縣政，廉幹善教。歸，創上海地方自治，爲全國倡。張之洞移督兩江，委充江南機器製造局提調。民國元年（一九一二），南北和議告成，興革善後之事次第結束，遂絶意政治，遊心於金石文藝。取舊藏書畫，檢點評騭，自編《平泉書屋目録》二册。邑人私謚曰「通敏先生」。（姚文枏《李通敏先生行狀》、李平書《七十自叙》、姚文枏主纂《上海縣志》卷十五《人物》下、《清代硃卷集成》第三百七十一册）

新嘉坡風土記　一册　**上海李鍾珏**

光緒乙未（一八九五）仲夏刊於長沙使院　靈鶼閣叢書本

國圖　上圖　人大　北大　川大

徐允希（一八七一—一九四〇）〔一〕

聖名西滿，係明末先賢徐光啓公哲嗣。曾任《聖心報》主筆及祈禱宗會中國總秘書多年，與俞惟幾等六人俱徐匯公學學生。（光《祈禱宗會中國總秘書徐允希司鐸逝世》載《公教白話報》一九四〇年第二十三卷第九期）

聖方濟各沙勿略傳六卷　一册　**俞惟幾、朱季球、徐允希、張若虞、汪席珍、朱硯耕譯**〔二〕

天主降生一千八百九十六年（一八九六）上海慈母堂活板（徐天）

國圖　上圖

〔一〕《祈禱宗會中國總秘書徐允希司鐸逝世》：「頃以七十歲的高年，病逝於徐家匯。」

〔二〕北京大學、北京師範大學、澳門大學均著録「蔣升譯」，按，蔣升《叙》謂：「光緒壬辰秋，余掌匯學之十四年，俞子惟幾、朱子季球、徐子允希、張子若虞、汪子席珍、朱子硯耕……每有課作，必請題於余。余爲拈示論説等題外，間令翻譯西籍。爰將都率棱所撰《聖沙勿略傳》分授繹述，不半稔而竣，而原事原文迄無罣漏。其中存諸子之文墨者，俞子幾得其全。余校閲一過，見可公諸海内，進呈長上，猥蒙准許付梓流傳，他日樂與人同、共覩聖人矩矱，洵諸子之爲功多也。……光緒二十二年歲次丙申仲春之月南沙南窗侍者蔣升邑虚序於徐匯之公書塾。」

曹鍾橙

字菊人。

滬語指南二卷　一册　**上海曹鍾橙菊人甫譯**

光緒三十四年（一九〇八）上海美華書館擺印（涵目）

上圖　華東師大

范熙庸

原名熙榮，字通甫[一]。本禮嗣子。業儒。（《清代硃卷集成》第三百七十二册范本禮項下）

農學初級一卷　一册　**英國旦爾恒理著　英國秀耀春口譯　上海范熙庸筆述**

光緒戊戌（一八九八）上海製造局刊（局記、涵目、總目）

國圖　上圖　復旦　華東師大　浙江

[一] 見《生殖器新書序》落款：「辛丑冬日上海范熙庸通甫序。」

農務化學問答二卷 二册 **英國農學教習仲斯敦著 英國秀耀春口譯 上海范熙庸筆述**

光緒己亥（一八九九）五月江南製造總局鋟板（局記、書録）

國圖 華東師大 浙江 北大 清華

日本學校源流一卷 一册 **美國路義思撰 美國衛理口譯 上海范熙庸筆述**

光緒己亥年（一八九九）刊於江南製造局（局記、經眼、陳目）

國圖 上圖 復旦 華東師大 北師大

西國近事彙編己亥 四册 **上海范熙庸編輯**

光緒二十五年（一八九九）上海機器製造局刊印（書録、答問）

國圖 上圖 復旦 華東師大 北大

農務土質論三卷 三册 **美國偉斯根辛農學書院教習金福蘭格令希蘭撰 美國衛理口譯 上海范熙庸筆述**

光緒庚子（一九〇〇）秋製造局鋟板（涵目、局記）

國圖　上圖　復旦　華東師大　北師大

無綫電報一卷　一册　**英國克爾撰　美國衛理口譯　上海范熙庸筆述**

光緒庚子（一九〇〇）秋製造局鋟板（涵目、局記、浙目）

國圖　上圖　華東師大　浙江　南大

金工教範　一册　**美國康潑吞撰　烏程王汝駩、上海范熙庸同譯**

光緒甲辰（一九〇四）江南製造總局刊行（局記）

國圖　上圖　華東師大　浙江　南大

未見一種詳附表：世界史

王樹善（一八六一—一九一八）

字仲穫，一字謹盦，號杉緑。居上海小南門外裏倉橋王信義浜。光緒己丑順天副貢。篤學木訥，黯然君子儒也。受業於嘉定吴小庾先生。歷任安徽學院幕府，蘇松太道署文案，海運津局紳董，南洋製造局文案兼翻譯，并兼廣方言館教習。就職直隸州州判、刑部貴州司主事兼司務廳行走、督催所行走，奏調出使英法義比國隨員，奏派出使美、日、祕國隨員，署理舊金山副領事，聘任舊金山大學堂教習，調充駐西班牙參贊，代辦出使大臣事宜兼充西班牙專使商約大臣參贊，軍機處存記直隸特用道。歷任北洋兵備司編輯兵書事宜，工藝局坐辦，賑撫局會辦，直隸農務局總辦，農務總會總董，高等農業學堂監督，小站營田局總辦，直隸全省墾務局總辦，禁煙局會辦，清理財政局會辦，天津廣仁堂總董，工商部視察員。簡任駐荷蘭國泗水正領事，歿於泗水任所。其著作《農務述聞》之外，編譯《農務報》，譯述《蘿蔔造糖法》《開鑛器械法》及雜著，又詩文叢稿等若干卷。（王維祺《堂姪杉緑傳略》載王師曾纂修《續修王氏家譜》卷三、姚文枏總纂《上海縣續志》卷十六《選舉表》上、《清代硃卷集成》第三百五十五册）

開礦器法圖説十卷附圖一卷　六册　**美國俺特累著　英國傅蘭雅口譯　上海王樹善筆述**

光緒己亥（一八九九）春月江南製造局詳校石印（歷目、局記、總目）

國圖　上圖　復旦　美國哈佛燕京

農務要書簡明目録　一册　**英國傅蘭雅口譯　上海王樹善筆述**

光緒辛丑年（一九〇一）刊於上海製造局（局記、總目）

國圖　上圖　復旦　浙江

農務述聞　一册　**王樹善述**

光緒二十七年（一九〇一）北洋官報局校印（總目）

國圖　南開

農務化學簡法三卷　一册　**美國固來納撰　英國傅蘭雅口譯　上海王樹善筆述**

光緒癸卯（一九〇三）六月江南製造局刊（局記、總目）

浙江　湖南

直隸工藝總局調查土産紀略　一册　**周學熙、王樹善編**

光緒三十年（一九〇四）鉛印本（總目）

上圖　吉大

農學　十一册　**王樹善輯**

光緒間北洋報館石印本

湖南社科院

李維格（一八六七—一九二九）

字一琴、繹琴、虞琴。江蘇吴縣人[一]。幼岐嶷有殊識，從父讀書上海。薄帖括不足爲，聞西人所爲學，竊慕效之，遂肄業於西人所設校。既通曉其國語言文字，益浩然有求學異國之志。困於無貲，父母憐而壯之，質貸行千金，資之行。既抵英吉利，所幣耗過半矣。居久之，費不時至，不得竟所學，留駐英參贊李公伯行邸，習法文，未幾從許公竹篔歸。後復從崔公惠人使美，李公伯行、汪公芝房使日，所至輒求其國政教術業。甲午（一八九四）中日戰起，歸與新會梁啓超、錢唐汪康年著論言變法，名益噪。南皮張文襄督鄂、陳寶箴撫湘，皆禮羅君爲教授。戊戌（一八九八），君復還上海，爲製造局提調兼南洋公學教授。時主南洋公學者，毗陵盛尚書宣懷也。尚書既得君以爲才，請以君爲漢陽冶鐵廠會辦。彙鑰具新，鼓舞用神，出冶倍增，鍛烹精純，東西士夫見者咸歎駭，以爲中國有人矣。君體故羸，又積勞瘁致疾，謝歸養疴上海。生平澹榮利，寡嗜欲，不問生産，治事數十年，惟上海屋數所，晚歲取賃值自給而已。卒前數日，以所置産三之一輸之東吴大學，資學子之貧乏者，蓋不忘微時求學之艱也。（陳三立《李一琴先生家傳》、盧成章《李一琴先生傳略》載《冶鑛》第三卷第十期、楊永清《李先生一琴行誼

[一] 出生於上海小東門。見《李維格先生大事年表》，載王同起、瞿冕良編著《李維格的理想與事業》，中國檔案出版社，二〇〇〇年。

述略》）

日本商律　二册　**湖北商務報館譯**〔一〕

光緒二十七年（一九〇一）湖北商務報館刻本（總目）

福建　中山大學

美國陸軍制　一册　**餘杭葛勝芳譯述　吴縣李維格校訂　閩縣鄭孝檉覆校**

光緒二十八年（一九〇二）二月第二版　南洋公學譯書院印（書録、中目）

國圖　實藤

政群源流考二卷　一册　**美國韋爾生原著　吴縣李維格、新會伍光建同譯**

光緒二十八年（一九〇二）八月南洋公學譯書院弟一版（提要、涵目、中目）

國圖　上圖　蘇州大學　中山大學　北師大

〔一〕《汪康年師友書札》載李維格致汪康年第十七通（十月廿八日）：「《日本商律》當趕譯寄上，年底弟尚擬回里，不知做得到否？」上海古籍出版社，一九八六年。

漢陽鐵廠調查本末　一册　**候選郎中李維格謹稟**

光緒間鉛印本

國圖

海外紀事六卷　十二册　**李維格等撰**

清刻本

首都

海外紀事後編六卷　十四册　**李維格等譯**

光緒間刻本

天津師大

王建善（一八七二—一九四九）[一]

字立才。留學日本金澤專門醫學校[二]。思想卓越，能堅忍自立，以醫鳴於時，儕輩中莫不愛重之。君邃於哲理，於歐西學派中如赫胥黎、達爾文、斯賓塞諸大家之學説，研究探討，融會貫通。有《王立才著譯各書》附《通信訂婚法説明》[三] 插頁。另有《二十世紀世界進步》未見[四]。（許蘇民《衛生常識序》）

葆精大論附生殖器新書序　一册　上海王建善立才甫著

光緒辛丑（一九〇一）冬鉛印本（經眼）

上圖

[一] 黄炎培《題王立才遺像》爲一九四九年一月二十一日。載《黄炎培詩集》，中國文史出版社，一九八七年。

[二] 見《日本留學中國學生題名録》，載房兆楹輯《清末民初洋學學生題名録初輯》，「中研院」近代史研究所史料叢刊，一九六二年。

[三] 光緒三十一年八月日本石川縣金澤商況社再版本，轉引自張仲民《種瓜得豆：清末民初的閱讀文化與接受政治》第二章第四節。社會科學文獻出版社，二〇一六年。

[四] 見《愛國精神譚》書後廣告：「二十世紀世界進步，法國戎馬氏著，上海王宰善口譯、王建善筆述。」

生殖器新書前編　二册　**美國霍立克著　寶山仇光裕口譯　上海王建善筆述**

光緒二十八年（一九〇二）三月日新書所印行（經眼）

上圖　浙江

生物之過去未來　一册　**日本理學博士横山又次郎著　中國上海王建善譯**

光緒二十八年（一九〇二）七月發行　東京並木活版所印刷（經眼）

上圖

普通動物學[一]　一册　**王建善輯譯**

光緒二十八年（一九〇二）十二月　育材書塾（經眼、涵目）

浙江

讀書入門（一題初等國文教授）　二册　**王立才著　育材書塾編輯處編輯**

光緒二十八年（一九〇二）開明書店石印本（經眼）

[一] 浙江圖書館注：「卷端題名：普通動物學教科書。」

南京曉莊　民目

併吞中國策（一題支那處分案）　一册　**日本尾崎行雄著　上海王建善立才譯**

光緒二十九年（一九〇三）正月出版　開明書店（涵目）

上圖

國文教授進階〔一〕　一册　**留學日本金澤醫學校王建善著**

光緒二十九年（一九〇三）閏五月初版　育材學堂編輯所發行　開明書店經售（經眼、涵目）

民目　孔網

汴梁賣書記三卷附圖　一册　**王建善著**〔二〕

光緒二十九年（一九〇三）開明書店鉛印本（經眼）

國圖

〔一〕　書前有「著者王立才君」小像。

〔二〕　按顧燮光《譯書經眼録》著録，張静廬等考證爲王維泰著。

致富錦囊（一題成功錦囊）　一册　**留學日本金澤專門醫學校王立才譯**

光緒三十年（一九〇四）五月開明書店藏版　實業叢書第一編（經眼）

上海　國圖　浙江　南大

再版通信訂婚法説明　一册　**王建善著**

光緒三十一年（一九〇五）八月再版　上海育材書塾發行

國圖

實用雄辯術　一册　**上海王立才箸**

宣統三年（一九一一）八月初版　指鍼社印行　中國圖書公司印刷

孔網

未見一種詳附表：名譽死者王憩棠傳

章宗祥（一八七九—一九六二）

字仲和。先世於明末自紹興遷至吴興荻港鎮，祖海秋公宦游江蘇，光緒己卯（一八七九）寓上海城内，君出生於是，旋遷往閔行。辛巳（一八八一）秋，母沈氏見棄，君寄養於姨母錢氏。姨母早年寡居，依舅祖陳小莊公，始居桐鄉，嗣遷蘇州。自是，君即以陳氏爲家，受教養及十六歲領秀才後，乃獨立自謀生計。小莊公父子曾在曾、李幕下，知上海縣事有聲，著有《庸閒齋筆記》。十六歲赴試，十七歲赴滬就館，未幾進南洋公學[一]，十九歲赴東遊學。小莊公側室姚氏之女適馬眉叔，丙申（一八九六）小莊公介君至馬宅任西席，課其幼子鳳保，年十歲，爲姚氏所出，分居上海石路新昌里，君寄宿其家。君此時已有研究西學之志，梁任公、汪穰卿諸人在上海刊行《時務報》，倡言變法，主新學，益受感動。因於課暇至三馬路中西書塾上英文夜課，教習爲美國某女士。授《英文初級讀本》，先爲拼音，次犬貓等名詞及淺近短句。習月餘，能强記音讀，然教授者未講拼法之理，雖畢一小册，毫不知如何應用也。偶訪馬眉叔，談及此事，眉叔爲詳解拼法，并謂欲讀西文，宜從拉丁文入手，方有根柢。時梁任公亦在座，甚傾其説。眉叔謂：君等如有志，當親自講授。遂與任公約定每晚九時來學。馬本寓在跑馬廳白克路左近，兩人按時走讀，不稍懈。眉叔詳述西文源流，以文法書相授。旋由其兄湘伯先生講授譯書之法，以

[一]《交通大學校史資料選編》第一卷引《南洋公學師範班學生名單》載「光緒廿三年十一月進學」。

小説使試譯。如是者約三月餘，任公以事去，君亦赴鄉試，遂作罷。眉叔自幼出洋，西學甚有根柢。回國後專修中文，卒能中西貫通。初意其教育子弟，必重新法，不意亦醉心科舉不已。同人刊行《譯書彙編》，君任編輯。是時留學生總會成立，設有會館，君任幹事之一。上海則託王培蓀經理其事。培蓀創設開明書店，《譯書彙編》及其他譯著皆由開明經售，印刷則在東京。有兼木印刷所者，規模不甚宏大，而對於中國學界甚殷懇，因是大半歸其承印。同人以聽講餘暇從事譯者，謀利之見甚薄。其後戢元丞歸國創設作新社，收買譯稿，遂有藉此充學資者，不似昔時之純粹矣。（章宗祥《任闕齋主人自述》載《文史資料存稿選編》）

日本遊學指南　一册　**章宗祥編**

光緒二十七年（一九〇一）鉛印本（總目）

國圖　蘇州大學　浙江　天津

國法學　一册　**日本岸崎昌、中村孝著　烏程章宗祥譯**

明治三十五年（一九〇二）三月發行　譯書彙編社出版　政法叢書第一編

上圖　浙江

重訂東遊叢録五卷　四册　**章宗祥、吴振麟、張奎等口譯　吴汝綸筆受**〔一〕

光緒二十八年（一九〇二）鉛印本

常州　湖南

日本刑法　一册　**日本巖谷孫藏修訂　章宗祥、董康合譯**

光緒三十一年（一九〇五）正月中外法制調查局譯稿修訂法律館印行　第一書局發賣（總目）

復旦　首都

修正刑法草案理由書　一册　**中卿銜少卿司法總長法律編查會會長章宗祥、上大夫參政院參政法律編查會副會長汪有齡、少卿大理院院長法律編查會副會長董康謹呈**

宣統二年（一九一〇）法律編查會（總目）

天津

〔一〕原書卷首如此。

范本禮（一八五四—一八九四）

字荔泉，號滌新。鳳藻子。居上海大東門内火餀衖。光緒戊子舉人。年十五游庠，入龍門書院，精研性理，並究心經史、輿地、掌故、算術等學。同院張焕綸創正蒙書院，本禮任教授。以開辦費絀，不受脩者一年，並捐助校用雜物，教法不嚴厲而人自恪遵。戊子（一八八八），受督學王先謙知，以優貢考取教職，尋入江南製造局翻譯館。臺撫邵友濂聘襄幕事，綜理案牘，輯民撫番諸多規畫。甲午（一八九四）七月，聞繼母訃，冒海警歸以毁，卒年止四十有一。有《吴疆域圖説》三卷[一]。（姚文枬總纂《上海縣續志》卷十八《人物》、《清代硃卷集成》第三百七十二册）

西國陸軍制考略八卷　四册　**英國武備學堂教習都統柯里著　英國傅蘭雅口譯　上海范本禮筆述**

光緒二十八年（一九〇二）江南製造局刊行（局記、書録）

華東師大　浙江

[一]《南菁書院叢書》四集第四種。

未見一種詳附表：陸戰新法

楊保恒（一八七三—一九一六）

字月如。洋涇區之社莊廟人。弱冠補附生，長於小學，時在清光緒季年，朝野競倡變法，與邑人賈豐臻等東渡日本，畢業弘文學院。回國後於二十二鋪創設小學校一所，旋以龍門書院改爲師範學校，又籌設速成師範及單級教授所等。一時學者雲集，社會知名之士皆出其門。民國元年（一九一二），任省立第一師範校長，擘劃周詳，推爲教育界先進。嗣就上海城市自治公所學務專員、上海縣學務課長、教育部教科書審查等職。往來京蘇間，對於本鄉教育勵精竭慮，不憚煩勞，洋涇各學校多於此時成立。民國四年（一九一五），應教育部聘，編纂教科書，在北京旅次覆車，不及施救，歿於協和醫院，教育界咸痛惜不置焉。（沈恩孚《楊君月如行述》載《荃梧軒文存》卷四、姚文枏主纂《上海縣志》卷十五《人物》下）

光緒通商綜覈續表　二册　**青浦沈商耆纂輯　上海楊月如同輯　吴沈信卿、寶山袁觀瀾參定　元和胡劭龕校印**

壬寅（一九〇二）夏五石印本

國圖　上圖　同濟大學

心理學　一册　**上海楊保恒編輯　吴縣沈恩孚、金匱顧倬校訂**

光緒三十三年丁未（一九〇七）八月初版　中國圖書公司編輯印行（涵目）

上圖　復旦　天津　民目

單級教授法　一册　**上海楊保恒、鎮洋周維城編譯　吴縣沈恩孚校閲**

宣統元年（一九〇九）七月初版　江蘇省教育會印行　（涵目）

上圖　天津

顔惠慶（一八七七—一九五〇）

字駿人。初畢業於上海同文館，光緒乙未（一八九五）秋，君偕胞弟德慶渡美，入維金尼亞州之聖公會中學。兩年後，升入維金尼亞州大學，四年畢業，獲文學士學位。庚子（一九〇〇）夏返國，任上海聖約翰書院教員，兼商務印書館編輯，主編《英華標準雙解大辭典》。丙午（一九〇六），應清廷第一次歐美留學生考試，名列第二，授譯科進士。丁未（一九〇七）隨伍廷芳博士赴美任駐美使館參贊。宣統元年（一九〇九）任外務部股長，二年（一九一〇）兼清華學校總辦。三年（一九一一）獲授翰林院檢討，并任外務部丞參。民國成立任外交部長，民國二年（一九一三）任駐德公使兼駐丹麥瑞典公使及海牙禁煙公會代表。六年（一九一七）八月中國對德宣戰，乃移駐丹京。八年（一九一九）任巴黎和會顧問。九年（一九二〇）任靳雲鵬内閣之外交總長。十年（一九二一）代理國務總理。歷任中國紅十字會、華洋義賑會、防癆協會會長，賑濟會委員，燕京南開協和約翰各大學董事，中美文化基金會董事長，北京政治學會會長，太平洋國際問題研究會副會長，聖約翰大學董事長等職。另有《政治經濟學》未見[一]。（《顔惠慶自傳》《顔惠慶日記》、戚再玉《上海時人志》、民國三十二年《中國名人年鑑》上海之部、劉紹唐主編《民國人物小傳》）

商務書館華英字典　一册　**商務印書館編輯　上海顔惠慶、上海王佐廷訂正**

光緒壬寅（一九〇二）三次重印　商務印書館

澳門大學

華克理財學課本上編三篇　一册　**美國華克原著　上海顔惠慶駿人甫譯述**

光緒二十九年歲次癸卯（一九〇三）上海商務印書館代印（涵目、總目）

北大　陝西

[一] 沃克著，英文名 Political Economy，見《顔惠慶自傳》第三章「執教上海」，商務印書館，二〇〇三年。

商務書館英華新字典　一册　**商務印書館編譯所編纂　上海顔駿人、上海黄佐廷校訂**

光緒三十年（一九〇四）仲冬月首版　商務印書館

上圖　浙江

華英翻譯捷訣　一册　**上海聖約翰書院教習顔惠慶編纂**

光緒三十一年（一九〇五）　商務印書館

孔網

英華大辭典　二册　**顔惠慶主編**

戊申年（一九〇八）二月初版　商務印書館發行（蘇二一）

國圖　吉大

英漢成語辭林　二册　**陳蔭明翻譯　譯學進士顔惠慶校訂**〔一〕

己酉年（一九〇九）正月初版　上海商務印書館出版

〔一〕　孫毓修《叙》：「書成，復就正於顔進士惠慶，經始逾歲，始克成書。」另，《顔惠慶自傳》第三章「執教上海」亦云：「另一項有趣乃至帶有娱樂性的工作是翻譯英語成語辭典。」

黄炎培（一八七八——一九六五）

浙江　河南大學

號楚南，旋改韌之，後改任之，筆名抱一。居川沙城内。光緒壬寅補行庚子辛丑恩正科舉人，聖約翰大學贈名譽哲學博士學位。早歲讀書家塾，設帳授徒者三年，旋入上海邑庠。年廿三，入南洋公學特班，習外國語及經世之學，備將來經濟特科之選，時特班教習爲蔡元培，與邵力子、謝無量、李叔同、胡仁源等並稱高弟。翌年三月，與蔡元培、章炳麟等在上海發起成立中國教育會。歷任中小學校長，贊助楊斯盛創辦浦東中學，擘畫周詳，厥功甚鉅，造就人才，無慮千百輩。旋經民選爲江蘇省議員，前後達十年，任江蘇教育行政官三年，坐言起行，動關大計，鄉邦建樹良多。著作甚夥：詩文如《空江集》《五六境》《蜀南三種》《抗戰以來》《天長集》《白桑》《苞桑集》等，教育如《實用主義小學教育法》《考察教育日記》《新大陸之教育》《東南洋之新教育》《中國教育史要》等，遊記如《一歲之廣州市》《朝鮮》《黄海環遊記》《之東》《斷腸集》《蜀道》等，專著如《機關管理一得》《民主化的機關管理》等，雜著如《讀第一次全國工商統計》《中國商戰失敗史》等，講稿如《中國復興十講》，其他散見於各報紙各雜誌。（劉紹唐主編《民國人物小傳》、戴克寬《紀黄炎培先生》載《蘇訊月刊》一九四八年第八十七—八十八期、《清代硃卷集成》第二百零三册、許漢三編《黄炎培年譜》）

世界百傑略傳 一册 **海寧鄒氏審定 谷口政德編述 上海黄炎培譯**

光緒二十八年（一九〇二）四月杭州史學齋石印（涵目）

蘇州大學 吉大

中學歷史教科書：支那四千年開化史 一册 **支那少年編譯**〔一〕

光緒二十九年（一九〇三）正月初版 上海支那翻譯會社印行

上圖 復旦 天津 吉大

常任調查員調查報告書一卷 一册 **黄炎培輯**

宣統三年（一九一一）鉛印本（總目）

上圖

未見一種詳附表：世界發明元始家略傳

〔一〕 與張志鶴、邵力子合譯。見許漢三編《黄炎培年譜》，文史資料出版社，一九八五年。

王宰善

字荃士。維泰子。庚寅恩貢。日本東京高等工業學校畢業，獎舉人。京師大學堂東文教習。河南知縣。另有《二十世紀世界進步》未見[一]。（姚文枏總纂《上海縣續志》卷十六《選舉表》上、房兆楹輯《京師大學堂同學録》）

愛國精神譚　一册　**法國步兵中尉愛米而著　上海王宰善譯**[二]

光緒二十八年（一九〇二）八月譯書彙編社發行　開明書店總經售

上圖　浙江　天津

學校管理法問答　一册　**王宰善輯**

光緒二十八年（一九〇二）日本東京三協合資會社本（經眼）

天津

[一] 見《愛國精神譚》書後廣告：「《二十世紀世界進步》，法國戎馬氏著，上海王宰善口譯、王建善筆述。」

[二] 《涵芬樓新書分類目録》有：「《愛國精神談》，法國愛彌兒拉著，愛國逸人譯，光緒二十八年九月，廣智書局，一册。」

普通經濟學教科書　一册　**上海王宰善著**

光緒二十九年（一九〇三）正月發行　教科書譯輯社發行（經眼、浙目）

上圖　浙江　天津

未見一種詳附表：日本財政及現在一卷

楊我江

字杏南[一]。

地球之過去未來　一册　**日本理學博士横山又次郎著　無錫秦毓鎏、上海楊我江合譯**

明治三十五年（一九〇二）十月發行　文明編譯印書局發行

上圖

[一] 見《南洋大學卅週年紀念》之《歷年同學録》。

項文瑞（一八五八—？）

字蓮生。未弱冠，畢九經。以崇正西官塾生入郡庠，肄業龍門書院。經史之暇，兼攻算學。光緒丁酉（一八九七），選拔就職直州判選廣東連州，以母憂，未之官。赴日本講習師範考察學務，歸爲鄉里謀教育。先後充敬業學堂監學、養正學堂總理、第一第二第三師範傳習所總監督。旋奉提學使周樹模檄，委爲上海縣視學兼學務總董，力辭，乃以協董代辦視學。上海學校林立，規畫整理，一以公實處之，風氣蒸蒸日上。歷任學使咸相倚重，屢以病辭，不獲。及提學使毛慶蕃言於大府，請予獎叙，未及出奏而文瑞以積勞卒。文瑞既精算學，擇崇正六官塾聰穎子弟，以公暇親授算課幾十年，其成材者均有聲於時。歿前三日，猶手定《六塾學程》，其拳拳初地如此。既歿，太倉唐文治爲之傳。有《游學日本學校筆記》行於世。（沈恩孚《項君蓮生追悼會詞》載《荃梧軒文存》卷四、姚文枏總纂《上海縣續志》卷十八《人物》）

游日本學校筆記附酌擬學堂辦法表　一册　**項文瑞撰**

光緒二十九年（一九〇三）上海敬業學堂石印本（經眼、中目、總目）

上圖

朱樹人（一八六六—？）

字慶一，號櫄之、友芝。居上海老北門内穿心街。光緒丁酉科舉人。南洋公學師範生[一]。（姚文枏總纂《上海縣續志》卷十六《選舉表》上、《清代硃卷集成》第一百九十七册）

國民讀本 二册 **上海朱樹人編著**

光緒二十九年（一九〇三）二月初版 上海文明書局印行（經眼、涵目）

國圖 常州 北師大 中山大學

普通新智識讀本二卷 二册 **上海朱樹人編譯**

光緒二十九年（一九〇三）六月初版 上海文明編譯書局印行（經眼、涵目）

上圖 北大 民目

[一] 《交通大學校史資料選編》第一卷引《南洋公學師範班學生名單》載「光緒廿三年三月進學」。

蒙學文法教科書三卷　三册　**朱樹人著**[一]

光緒二十九年（一九〇三）六月初版　文明書局（經眼、涵目）

上海師大　南京曉莊　北師大　天津

冶工軼事　一册　**法國剛奈隆原著　上海朱樹人翻譯**

光緒二十九年（一九〇三）九月發行　上海文明書局出版（涵目、浙目）

上圖　蘇州大學

穡者傳十二卷　一册　**法國麥爾香原著　上海朱樹人翻譯**

光緒二十九年（一九〇三）九月發行　上海文明書局出版（書録、涵目）

上圖　復旦　中山大學

高等小學國文新讀本　二册　**朱樹人編**

光緒三十二年（一九〇六）文明書局

[一]《民國時期總書目·中小學教材》：「《蒙學文法教科書》（初等小學堂學生用書），文明書局編纂，上海文明書局，無年月。」

華東師大　民目

初等小學國文課本〔二〕　八册　**朱樹人著**

光緒三十三年（一九〇七）正月中國圖書公司（涵目）

天津

初等小學國文教授本　八册　**上海朱樹人編輯　吴縣沈恩孚、嘉定夏曰琖校訂**

光緒三十三年（一九〇七）中國圖書公司印行（涵目）

民目

未見二種詳附表：巴黎書庫提要、歐洲防務志二十卷圖一卷

〔二〕天津圖書館著録書名爲：「初等小學國文教授本。」按《簡明實用教育學》書後《中國圖書公司書目》：「初等小學國文課本二册，教授本二册。」

朱孔文（一八六九—？）

字書樓，號虬叟[一]。附生。入同盟會爲會員。日本早稻田大學法制經濟科畢業，法科舉人。郵傳部主事候補。民國成立後廣東高等審判廳署理推事，九江地方檢察廳署理檢察長。以賦性鯁直，不能曲事上官，遂辭去，卜居蘇州。書法作東坡體，能爲古文辭，奉歸有光爲宗主，然不肯以文自鳴也。（姚文枏總纂《上海縣續志》卷十六《選舉表》上，敷文社編《最近官紳履歷彙録》，閔孝吉《記老法官朱孔文》載《閔孝吉文選》）

小學校教育制度[二]　一册　**上海朱孔文撰　同縣金慶章校**

光緒二十九年（一九〇三）五月發行　上海時中書局藏版（涵目、經眼）

上圖

[一]　據中國社會科學院近代史研究所整理《黄炎培日記》卷十一（一九五〇年一月—一九五二年五月）「一九五一年二月五日」，並言朱孔文此年八十四歲，寓蘇州。華文出版社，二〇一二年。

[二]　封面作「教育制度」。

法制新編一卷　一册　日本葛岡信虎講義　朱孔文譯

光緒二十九年（一九〇三）譯書彙編社（經眼、提要）

浙江

未見一種詳附表：教授法通論

鈕永建（一八七〇—一九六五）

字惕生、鐵生，一字孝直，亦號天心。居縣治西南俞塘。光緒癸巳恩科舉人。幼而岐嶷，負笈江陰南菁書院時，與吴敬恒同學。光緒二十年（一八九四），中式恩科舉人，入南洋公學爲師範生〔一〕。時當中日戰役，乃棄文就武，入湖北武備學堂，以成績優異，官費資送日本士官學校以第一名録取。在日獲識孫中山先生，加入同盟會，回國後，應廣西省兵備處之邀，籌設講武堂及陸軍小學，並在原籍創辦强恕學堂。辛亥革命，出任松江軍政府都督。民國元年（一九一二），南京臨時政府成立，任參謀次長代行總長職務。八月，隨中山先生去北京。同盟會改組爲國民黨，被舉爲名譽參議。歷仕至考試院代理院長、總統府資政暨中國國民黨中央評議委員。（楊愷齡《鈕惕生先生家傳》載《民國人物碑傳集》卷二、《鈕永建先生傳略》載

〔一〕《交通大學校史資料選編》第一卷引《南洋公學師範班學生名單》載「光緒廿五年七月進學」。

鈕永建追悼籌備會員會編《鈕永建先生紀念集》、劉紹唐主編《民國人物小傳》、《清代硃卷集成》第一百八十八册）

統計學　一册　**時中學社編輯　鈕永建校**〔二〕

光緒二十九年（一九〇三）七月發行　上海時中學社

國圖　浙江

未見一種詳附表：高等地理小學教科書

〔二〕另有著録爲「《統計講義録》，日本横山雅男著，鈕永建、林卓男等譯」，不知是否即此書。孟森《統計通論》第一編「統計沿革」第六章「日本統計之來歷」第二節「統計之教育」，「分布於部内」下夾行小字曰：「譯者按：吾國癸卯年鈕君永建等所譯而時中書局所出版者即此所謂《講義録》也。」同節「統計學講義」下夾行小字曰：「譯者按：此即時中書局譯本，亦吾國有統計學之始。」

周樹奎（一八七三—一九三六）

字桂笙〔一〕，别署辛盦、知新、知新室主人〔二〕。住閘北中公益里一六二號〔三〕。資禀高明，處事沉毅。數畢業名校〔四〕，績學多著述。善迻譯英法文字，精電、化、理諸顓學。一書殺青，輒昂紙直。嘗從事電政〔五〕。中日搆難，軍書交馳，旦夕况瘁，不務貸責。大吏念其勞勩，獎以末秩，不就。已而以同知謁選，加三級，贈封祖父母、父母如例。以曾祖周封大夫墓道之争，廢寢饋彌月，因之致疾，就攝日本乃已。輯有《二十四史論海》。另有《新譯英文初級》未見〔六〕。（李葭榮《周封大夫墓志銘并叙》載《東方雜誌》第十期，盧前《譯界前輩周桂笙》載《南京中央日報週刊》一九四八年第三期，楊世驥《周桂笙的翻譯》載《文苑談往》，時萌《周桂笙行年及文學活動考略》載《中國近代文學論稿》，郭建鵬、陳穎《南社社友録》）

〔一〕楊世驥、時萌均以「桂笙」爲名、「樹奎」爲字，今據《南社入社書》是正。

〔二〕時萌《周桂笙行年及文學活動考略》：曾用筆名有：稚桂、辛盦、新盦、惺庵、新、辛新、新新子、知新子、知新室主人、式恭、劍靈等。

〔三〕據《南社入社書》，載郭建鵬、陳穎編著《南社社友録》，上海大學出版社，二〇一七年。

〔四〕時萌《周桂笙行年及文學活動考略》：幼年入廣方言館，後入中法學堂，專攻法文，兼學英文。

〔五〕時萌《周桂笙行年及文學活動考略》：甲午戰争前後，曾任天津電報局領班。

〔六〕光緒二十五年（一八九九）采風報館代售，見《采風報》一八九九年十二月二十八日及一九〇〇年二月六日廣告。

新盦諧譯初編　二册　**上海周樹奎桂笙戲譯　南海吴沃堯趼人編次**

癸卯（一九〇三）孟夏上海清華書局鉛印（經眼、歷目）

孔綱

繡像小説〔一〕**：世界進化史**　二册　**惺庵撰**

光緒二十九年（一九〇三）十一月中國商務印書館印行

國圖

福爾摩斯再生第一案（一題福爾摩斯再生後探案之一）　一册　**華生筆記　上海周桂笙譯述**

甲辰（一九〇四）十二月初版　小説林總發行（涵目）

上圖　復旦　華東師大

〔一〕書後《購閲繡像小説價目》：「每月二册，全年二十四册。零售每册洋貳角，預定全年洋四元。」《世界進化史》封面書「第拾肆期」，光緒二十九年（一九〇三）十一月據此推得。

説部腋〔一〕　一册　**新民叢報社譯**

光緒三十一年（一九〇五）新小説社（涵目）

浙江

最新偵探案彙刻　一册　**新民叢報社社員編輯**〔二〕

光緒三十二年（一九〇六）正月上海廣智書局印行

上圖　復旦

竊毀拿破侖遺像案　英國陶高能原著　中國知新子譯述

失女案　上海知新室主人譯

毒藥案　無歆羡齋主譯述〔三〕

〔一〕該書第七篇《竊賊俱樂部》署名「知新室主人譯」。據時萌《周桂笙行年及文學活動考略》，此作又收入醒華報社所編《醒華小説集》。

〔二〕此據版權頁署名。浙江圖書館藏《日俄戰後滿洲處分案》，新民叢報社社員編輯，廣智書局一九〇五年出版；《越南亡國史附越南小志》，新民叢報社社員編，廣智書局一九〇六年出版。

〔三〕李育中《吴趼人生平及其著作》認爲「無歆羡齋主」也爲周桂笙之筆名，載《吴趼人全集》卷十。《涵芬樓新書分類目録》有：《劇場大疑案》一册，無歆羡齋主人譯，光緒三十二年廣智書局。《情魔》一册，無歆羡齋譯，光緒三十二年廣智書局。《妖塔奇談》二册，無歆羡齋譯，光緒三十二年廣智書局。

雙公使　**上海知新主人譯述**

科學小説：地心旅行（一題地球隧）　一册　**上海知新主人周桂笙譯述**

光緒三十二年（一九〇六）三月廣智書局印行（涵目）

上圖　浙江　天津

偵探小説：毒蛇圈　一册　**法國鮑福原著**　**上海知新室主人譯**

光緒三十二年（一九〇六）七月初版發行　上海廣智書局總發行（涵目）

浙江　北師大

教育小説：含冤花　一册　**英國培台爾著**　**稚桂譯述**

宣統元年（一九〇九）七月初版上海群學社出版　説部叢書第四種

國圖

奇情小説：左右敵　一册　**知新主人譯**

宣統二年（一九一〇）三月發行　上海群學社出版　説部叢書第五種（涵目、歷目）

國圖　北師大

虚無黨：八寶匣　一册　**上海知新室主人譯述**

宣統二年（一九一〇）三月上海群學社出版　説部叢書第九種（涵目）

上圖　浙江

偵探小説：三玻璃眼　一册　**英國葛威廉原著　中國羅季芳譯**〔一〕

宣統二年（一九一〇）三月發行　上海群學社出版　説部叢書第二十六種（涵目）

北師大

短篇小説：新盦九種　一册　**上海新庵主人譯**

宣統二年（一九一〇）三月發行　上海群學社出版　説部叢書

上圖

〔一〕　范煙橋《中國小説史·小説雜誌之風起》：「（光緒）三十一年，周桂笙譯有《八寶匣》《三玻璃眼》《左右敵》，俱流利可誦。」蘇州秋葉社，一九二七年。

一、貓日記
二、紅痣案
三、妒婦謀夫案
四、飛訪木星
五、水深火熱
六、自由結婚
七、倫敦新世界
八、上海偵探案[一]
九、玄君會[二]

劄記小說：新奩叢譚　一册　**上海知新室主人譯述**

宣統二年（一九一〇）三月發行　上海群學社出版　説部叢書第四十種

上圖

[一]　題下署「〇吉」。

[二]　題下署「社員某」。

一、新盦譯萃
二、新盦隨筆
三、解頤語
四、西笑林

偵探小說：海底沉珠 一册 **新庵主人譯**

清末上海群學社出版 説部叢書本

國圖

未見二種詳附表： 竊毁拿破崙遺像案、失舟得舟

穆湘瑶（一八七四—一九三七）

字恕再、杼齋。居上海小西門黄家闕路恕再里。光緒癸卯恩科舉人。以公之才幹，奮志於困苦艱難之中，初則爲文場角逐，折丹桂於蟾宫；終則致力棉業，執牛耳而稱雄。以及預省之議席，長警務而奏功。有《上海市自治志》三編。（《聯益會公祭常委穆蘇恕再先生文》載《長途》一九三七年第一卷）

近世之怪傑　一册　**英國約翰拉耨著　穆湘玥、穆湘瑶譯**

光緒二十九年（一九〇三）正月　上海通社（涵目）

復旦　浙江　天津

蘇格蘭獨立志　一册　**英國華德蘇格著　中國穆湘瑶譯**

光緒二十九年（一九〇三）五月通社發行　澄衷學堂印書處印刷　通社叢書之一（經眼、提要、中目）

上圖　浙江

穆湘玥（一八七六—一九四三）

字藕初。家世業棉，十四歲爲棉花行學徒，二十歲始學習英文。民國前十二年，考取江海關服務，與革命同志提倡革命，與馬相伯、李叔同、尤惜陰、錢新之先生等創滬學會，實習槍操，提倡尚武精神，爲上海辦商團之始。民國前六年，任上海龍門師範學校監學，次年任蘇省鐵路公司警務長。民國前三年，承朱志堯先生借資一千元，並由元配金夫人售金飾相助，自費赴美，入威斯康辛大學肄業二年，轉伊立諾大學，民國二年（一九一三）畢業，得農學士學位，升坦克塞司農工學院，次年畢業，得農學碩士學位。是年夏回國，演講於江蘇省教育會。先生回國後，首譯美國戴樂爾之《科學管理法》，同時著手改良及推廣植棉事業。

（畢雲程《穆藕初先生傳略》載《農業推廣通訊》第五卷第十一期）

近世之怪傑 一册 **英國約翰拉耨著 穆湘玥、穆湘瑶譯**

光緒二十九年（一九〇三）正月 上海通社（涵目）

復旦 浙江 天津

朱光（一八八三—一九六六）[一]

字罕才，一字天梵，以字行。弱齡應郡邑試舉業，恒不中程，然試古學輒冠其曹，補博士弟子員。學使者器之，檄送南菁書院肄業。性好遊，未冠渡重瀛，登扶桑，徧探富士、日光、箱根諸勝景焉。旅江户，遇巴縣鄒容，傾蓋投契。時容方爲《革命軍》一書，君則著《支那革命運動史》以應之，因是遭名捕，幾不測。駐滬日領護之，事得解。著有《天梵樓詩集》《碧玲詞滄海遺塵録》《六朝金石異文考》《絳雲樓遺事》《滬獻雜徵》《秋碧亭散記》《天南遊記》《匡廬遊記》《天上人間閣小集》《獨寐歌》等書。（謝林風《朱天梵小傳》載《神州吉光集》一九二二年第二期）

[一] 生卒年據王孝儉主編《上海縣志》第三十二篇《人物》，上海人民出版社，一九九三年。

最近支那革命運動　一册　**日本田野橘次撰**〔一〕　**上海新智社編輯局補譯**

光緒二十九年（一九〇三）九月出版　新智社藏版

浙江　孔綱

王維祺

字季貞。研哲理，富思想，尤熱心于女子教育。（吴馨《世界女權發達史序》）

孔門之德育　一册　**季貞王維祺譯**

光緒二十九年（一九〇三）正月發行　教育研究會印行　開明書店總發行　教育叢編之二

國圖

世界女權發達史　一册　**上海王維祺述補**

光緒三十一年（一九〇五）六月初版發行　上海文明書局發行

上圖　北師大

〔一〕此書出版時間稍後於鄒容《革命軍》，且書前有「朱光漢燧氏」序，「田野橘次」當爲化名。

曾志忞（一八七九—一九二九）

號澤民，又號澤霖，字子文。邑庠生。鑄子，妻曹汝錦[一]。光緒戊申（一九〇八）畢業日本早稻田大學，獲政學士。梁啓超稱其爲我國政學先登第一人。《醒獅》第一期刊有「曾志忞音樂書之用法」廣告，列有《教育唱歌集》《國民唱歌集》《唱歌教授法》《樂典大意》《風琴練習法》《簡易進行曲》[二]，均由上海開明書店發行。（姚文枏總纂《上海縣續志》卷十八《人物》曾鑄附）

教育唱歌集　一册　**上海曾志忞編**

光緒三十年（一九〇四）四月發行　東京教科書輯譯社

上圖　音樂研究所

樂典教科書　一册　**日本高等師範學校教授鈴木米次郎校訂　上海曾志忞譯補**

光緒三十年（一九〇四）七月初版　上海廣智書局（涵目）

[一]《茹經堂文集》五編卷七《上海曹豫材先生墓碑銘》言：「女二：長適同邑曾澤霖，次適同邑王守善。」茹經堂叢書本。

[二] 此書未見。

浙江　北師大

袖珍音樂全書　三册　**上海曾志忞編**

光緒三十一年（一九〇五）五月初版　上海西門外音樂傳習所發行　上海文明書局、時中書局、各大書局發行　並木活版所印刷

上圖　孔網

第一編：樂典大意　鈴木米次郎著　上海曾志忞譯

第二編：唱歌教授法

第三編：風琴習練法　上海曾志忞編

上海貧兒院第一次報告：自開辦至宣統元年六月止　一册　**曾志忞編輯**

清末鉛印本

上圖

未見三種詳附表：中學校用國民唱歌集、實用教育唱歌教科書草案、小學理科教科書

李景鎬（一八八二—？）

字希周。鴻遇從子。寓居東安門外隴海鐵路局[一]。光緒戊申歲貢。法國羅益高等理科文科學堂畢業，都魯士大學化學科畢業，工科舉人。（姚文枏總纂《上海縣續志》卷十六《選舉表》上）

一八九八年之西美戰史　二册[二]　**寶山黄伯申先生鑒定　法蘭西國勃利德氏著　上海李景鎬希周甫譯**

光緒三十年（一九〇四）江南機器製造總局藏板（局記、陳目、涵目）

上圖　復旦　華東師大　常州　北師大

有機化學命名例　一册　**化學工程師李景鎬譯訂**

庚戌年（一九一〇）中國化學會歐洲支會印行

[一]《京師、上海、廣州同文館部分學生離校後情況一覽表》（一九一六）原載《京師同文館學友會第一次報告書》，轉引自黎難秋《中國科學翻譯史料》，生年亦據此推得。

[二]霍有光《交大館藏江南製造局譯印圖書概貌及其價值》：「後增加《歐遊隨筆》，改爲三册。」載《西安交通大學學報》（社科版），一九九七年第一期。

上圖

張在新（一八六六—一九三六）[一]

字惕銘、鐵民。焕綸子。邑廪生。南洋公學師範生[二]、學長。離校後從事新聞事業，曾任新聞報館總編輯，嗣以年老退休。另有《印度政治家事略》。（《哀聞》載《南洋友聲》一九三七年第四十七期，《海藻》卷十七、《交通大學校史資料選編》第一卷）

邁爾通史　一册　**美國邁爾著　同安黄佐廷口譯　上海張在新筆述**

光緒乙巳（一九〇五）三月山西大學堂譯書院本　上海華美書局代印（雷目、涵目）

華東師大　浙江　天津　川大

[一]《哀聞》：「不幸於去年十二月二十四日以胃疾逝世，春秋七十有一。」載《南洋友聲》一九三七年第四十七期。

[二]《交通大學校史資料選編》第一卷引《南洋公學師範班學生名單》載「光緒廿三年三月進學」。

世界名人傳略 一册 **英國張伯爾原著 英國竇樂安、同安黄鼎、上海張在新、蓬萊郭鳳翰譯述 上虞許家惺校訂**[一]

光緒三十四年戊申（一九〇八）十月出版 上海山西大學堂譯書院譯印

浙江 天津

泰西説部叢書之一 一册 **同安黄鼎佐廷、上海張在新鐵民譯 上海黄慶瀾涵之參校**[二]

宣統紀元（一九〇九）仲春再版 上海時事報館内蘭陵社印行

上海師大

漢英辭典 一册 **上海張在新編輯 上海徐善祥、閩縣李文彬校訂**

辛亥年（一九一一）十一月初版 上海商務印書館

上圖 天津 武大

[一] 此據書後版權頁，書前卷端署「英國張伯爾原本，蓬萊郭鳳翰譯述，上虞許家惺校文」。書前許家惺《序》又言：「其中迻譯參訂諸事，則以出諸竇君及上海在新之手爲多。」

[二] 封面作「啓明社譯本」。

沈慶鴻（一八七〇—一九四七）

號叔逵，筆名心工。出生於上海大東門生義弄怡慶堂祖宅。二十一歲考入上海縣學。二十五歲執教上海約翰書院，同時自習英文、算學。光緒丙申（一八九六）上海南洋公學開辦，先生考入師範班[一]。同時創設一附屬小學，受任教師。三十二歲東遊日本。既而回國，仍就母校南洋公學附屬小學爲教師。上海南市設有滬學會，聘先生教音樂。（黄炎培《沈心工先生傳》載《交大友聲》一九四八年第二期，沈洽編《學堂樂歌之父：沈心工之生平與作品》）

小學唱歌教授法　一册　**日本石原重雄原著　上海沈心工譯輯**

光緒三十一年（一九〇五）六月初版　上海文明書局

辭書出版社　民目

學校唱歌第二集　一册　**上海沈慶鴻著**

光緒三十一年（一九〇五）印本

[一]《交通大學校史資料選編》第一卷引《南洋公學師範班學生名單》載「光緒廿三年三月進學」。

未見二種詳附表：學校唱歌集、初等小學唱歌課本

黄慶瀾（一八七五—一九六一）

字涵之。住四馬路平安里四四號。南洋公學師範院肄業〔一〕，以舉人捐納知府，仕於鄂。固富家，好結納。嘗主南洋公學教席，爲滬紳之望重者。瑞澂備兵海上日，即與善。迨督湖廣，私令權宜昌、安陸諸郡篆，已奏補高等檢察長。未幾，革軍起，逃歸。時李鍾珏任上海民政總長，乃舉慶瀾爲審判廳長。適宋教仁案作，既獲種種證據於應夔丞所，知事出趙秉鈞指，滬檢察廳即票提秉鈞來滬受鞫。無何，二次革命作，滬官皆逃，慶瀾亦解職，旋被洊爲記名道尹。以善交官府，楊善德任護軍使時，延爲顧問。已而善德督浙，浙省長齊耀珊又其湖北同官，遂除授甌海道尹。有《上海地方審判廳司法實記》。（沃丘仲子《當代名人小傳》卷上、戚再玉《上海時人志》）

〔一〕《交通大學校史資料選編》第一卷引《南洋公學師範班學生名單》載「光緒廿三年三月進學」。

黄慶瀾東游日記　一册　**黄慶瀾撰**

光緒三十一年（一九〇五）上海文明書局

上圖　浙江　湖南

農業試驗成績表一卷　一册　**黄慶瀾撰**

宣統元年（一九〇九）石印本

天津

上海地方審判廳：司讞實記　一册　**上海地方審判廳廳長黄慶瀾編輯**

民國元年（一九一二）二月初版[一]　南華書局印刷所印刷兼總發行（涵目）

吉大

未見一種詳附表：初等小學國文新讀本

[一]　此爲「民國元年一月分第一册」，每月一册，至「民國元年八月分第八册」。

公之魯

生平不詳。

商務中英名目表：普通商業教科問答　一册　**上海公之魯著**

光緒三十一年（一九〇五）四月初版　文明書局（涵目）

南京曉莊　貴州　陝西　民目

范熙澤

邑增生，本禮胞姪，本仁子。（《清代硃卷集成》第三百七十二册范本禮項下）

克洛特天演學　一册　**同安黄佐廷譯　上海范熙澤述**

光緒三十一年（一九〇五）五月　山西大學堂譯書院（涵目、雷目）

浙江　天津

王納善（一八六七—一九三三）[一]

字引才。先生敦尚風節，言必以義。甲午中日戰後，鈕永建與友人縱談時事，慨言吾輩當從軍雪國恥，爲文弱國人創。適新聞紙紀湖北招考武備學生事，先生走告之，並紹介其叔父季貞及陳君景韓，於是浩然同爲武漢之行。武昌起義，陳英士、李平書謀以上海應，繼而英士攻製造局被俘，王君一亭促永建説平書必再舉，平書詢於衆，莫敢決。時先生掌書記，從平書座後起，排衆議，起草發令，即夜進攻，卒以是建民國。袁氏竊國時，先生隱於南洋中學，以民義教諸生，倒袁、護國、護法諸役，無不參密謀。江浙既奠，先生宰吴縣，治績常爲全省最。歸田南翔，舉爲自治區長，地方則之。中壽遽逝世，遺篋中僅舊書數百册耳。逝世之前歲，暴日寇擾上海，先生已病，猶日與同志集議奔走，屢冒險以餉火綫軍民，世尤稱之。（鈕永建《王引才先生誄》載《南洋中學校友會會刊》一九三四年第四期、沈恩孚《南洋中學王引才君紀念碑》載《南洋中學校友會會刊》一九三四年第四期、徐同鄴《王引才軼事》載《慈航畫報》一九三三年第九期、包天笑《癡官王引才》載《釧影樓回憶録》續編）

[一]《江蘇省教育會年鑑》（一九二二）《會員姓名録》（民國十年十二月重編）：「五十五歲。」朱葆康、錢永銘等《祭王師引才文》，載《南洋中學校友會會刊》一九三四年第四期。

國文讀本粹化新編　一册　**王納善著**

光緒三十二年（一九〇六）二月上海群學會總發行

上海師大　南京曉莊　民目

未見一種詳附表：高等小學地理教科書

金慶章（一八七三——一九四六）

字静初。初執舉業，稟庭訓，承舅氏童召南先生指授，具有法度，未冠而名彰。會鈕惕生、顧丹泉先生等慨清政治不綱，俗學之無用，創强恕學堂於馬橋，聘君任教席，凡三年，而東南學風爲之丕變。翌年赴日本，肄業弘文學院法政、早稻田兩大學，以求深造。凡所聞於師者，退必編譯，别繕正本。有疑滯則旁稽博考，豁然貫通然後安。不輕著書，僅成《學校管理法》及《地方自治規範》行世，其諸心得，悉載日記。歸應部試及廷試，以法政科舉人授内閣中書，改七品小京官，籤分外務部。有頃，派駐朝鮮仁川領事，任職頗久，愛護僑民，力持國體。民國十六年（一九二七）君歸國，江蘇省鈕主席檄宰寶山，有善政，廉潔自矢，毫髮無苟取。調松江，政尚嚴，革陋俗，誅匪首，拒請託，通民隱，法紀肅然。再仕寶山，值一二八戰事後，務恤孑遺復元氣，遂成救濟院。倡捐鉅金，新城隅鐘樓，存明季防倭古蹟以勵民志。既引疾歸鄉里，督傭工，耕田數十畝，逍遥隴畔，與野老談稼穡事，娓娓不倦。於書無所不讀，而尤嗜宋五子集，蓋由踐履篤實。其師若錢君復初，友若李君芑香，治宋學有根柢，觀摩有素，故尤拳拳服膺云。三十四年（一九四五）秋，日人舉國降，君集千齡會於滬瀆，遠宗洛社，近繼蘇庵，以盛世耆民爲後生矜式。（倪祝華《記江蘇名宦金慶章先生》載《蘇訊月刊》第六十八期，金友信、金友惠《金静初先生訃告附家傳》[一]，姚文枏總纂《上海縣續志》卷十六《選舉表》上，郭建鵬、陳穎《南社社友録》）

新編適用學校管理法　一册　**上海金慶章著**

光緒三十二年（一九〇六）五月　時中書局、普及書局（涵目）

浙江

地方自治制規範　一册　**上海金慶章編纂**

光緒三十四年（一九〇八）四月發行　時中書局、普及書局、中國書林發行（涵目）

上圖

[一]　上海圖書館藏，索書號「綫普長 496781」「綫普長 496782」。工作人員告知架上無此書。

賈豐臻（一八八〇—？）

字福駢，號季英。生而端謹，聰穎異常兒。五六歲時，先後從邑人姚則夫先生、鄞縣子彝宗叔讀。七歲隨父跂雲公至蘭州，八歲隨父至張掖縣任。十一歲父任涇州牧，公亦隨焉。十四歲，隨兄叔香回滬，受業於葉麗雯先生。十七歲，應童子試，入泮，兼取古學，名師碩彦，無不才公。公益蹈厲奮發，恒作文以見志，肫摯古茂，類魏晋人。戊戌（一八九八）政變，科舉成强弩之末，有識者皆趨重於學校教育，公慨然以興學爲己任。旋得姚子讓先生之助，乃與諸同志出洋東渡，入弘文學院習速成師範。畢業歸，與楊月如先生創辦廿二鋪小學於劉公祠。甫半載，以不憚勞苦，校譽鵲起，而海上學風爲之丕變。是時，新教育事屬草創，缺乏師資，公遂辦速成師範講習所於半涇園，先後三期。於時，龍門書院山長湯蟄仙先生以師範講習所辦有成效，與邑紳協議改書院爲師範，聘公任教育、唱歌二課。二十七歲，奉派赴日學習教育專科，繼入物理學校、東洋大學習高等數理化及哲學、倫理等科，四載而歸，任龍門附小辦事員兼師範學校教育科教員。暑假後繼夏琅雲先生任龍門師範監督。三十二歲，聘爲中央教育會會員。光復後，奉令改龍門師範爲江蘇省立第二師範學校，并任校長。三十四歲，任上海市議會副議長，又被舉爲議長。四十一歲，蘇省長派往歐美參觀教育，歷美、英、法、德、瑞士等國，詳所著《世界一周記》。四十八歲，是年夏告退，潛修養志，著書自娱，爲商務印書館編萬有文庫之《論語》。逾年，又編萬有文庫之《宋學》《易之哲學》及《陽明學》。爲太平洋書店編《中國最近三十年之風俗篇、家庭篇、宗教篇》。（賈季英《六十自述十六首》自注載《江浙同鄉會二週紀念刊》、盛朗西《教育家賈季英先生傳略》載《教育與文化（上海）》一九四六年第四期、倪祝華《文獻武功：記江蘇教育家賈季英先生》載《蘇訊》一九四六年第六十八卷、《賈福駢先生豐臻》載《教育通訊（漢口）》一九四九年第九期）

龍門師範學校：教育史講義　一册　**賈豐臻編**

光緒三十二年（一九〇六）六月　時中書局（涵目）

浙江

女子教育　一册　**日本東京女子高等師範學校教授文學士下田次郎著　上海賈豐臻編譯**

辛亥年（一九一一）九月初版　舌耕社發行　上海商務印書館印刷（涵目）

上圖

美國初等教育最新之狀況　一册　**上海賈豐臻編**

民國元年（一九一二）正月初版　舌耕社發行　上海商務印書館印刷（涵目）

上圖

瞿鉞（一八八〇——一九五三）

字紹伊，號無用。張橋鄉人。日本法政大學速成科畢業。南社社員。歷任市政管理局、市參議員及律師等職。先生爲法壇耆宿，歘歷民政，勛譽卓著。既任參議員，對於群衆福利、地方設施，多所建議。爲人正直，不徇私情，操行敦篤，見稱於當世。另有《通俗法制經濟》。（戚再玉《上海時人志》，郭建鵬、陳穎《南社社友録》）

領事裁判權問答　一册　**日本村井哈郎著作　上海瞿鉞編譯**

丙午（一九〇六）三月出版　發行者科學會社（中目）

上圖　浙江

諸翔（一八八一——一九四三）[一]

字青來。附生。日本東京高等工業學校畢業[二]，工科進士，授翰林院檢討。創辦上海神州大學并任總

[一] 生年見《南社入社書》：「年歲：卅六歲。民國五年八月卅一日。」卒年據《南社社友録》。

[二] 賈豐臻《姚子讓先生事略》：「文枏又籌辦中等工業學校，先遣諸翔、諸人龍、唐在賢等入日本工業專門學校學習，以儲師資。」載周邦道《近代教育先進傳略初集》，中國文化大學出版部，一九八一年。

務長，先後執教於上海交通大學、光華大學、大夏大學、中國公學。主編上海《時事新報》《銀行週報》。民元後有《中國經濟問題》《三民主義商榷》《中國財政問題》《潛廬政論集》《社會改造問題》《建國大綱評論》《求是齋經濟論集》《戰後之中外財政》等。（姚文枏總纂《上海縣續志》卷十六《選舉表》上，樊蔭南編纂《當代中國名人録》，郭建鵬、陳穎《南社社友録》）

化學工業一斑上編　一册　**上海諸翔纂著**

光緒三十二年（一九〇六）二月　上海四馬路望平街時中書局（涵目）

孔綱

姚明煇（一八八一——一九六一）

字孟塤、孟塤。文棟子。十五歲，入學堂讀英文，漸染歐習，好西學。至二十三歲爲上海各學堂教員，研究物質科學，教授動植物學、生理學、化學、物理學、地理學。（姚明煇《予之懺悔與喫素》載《覺有情》第六卷七/八號，《上海文史館館員傳略》）

本國地理教科書　四册　**姚明煇編**

光緒三十二年（一九〇六）三月初版　澄衷學堂（涵目）

民目

高等小學地理教科書　八册　**姚明煇編輯**

光緒三十三年（一九〇七）六月　中國圖書公司

民目

高等小學地理課本　七册[一]　**上海姚明煇編輯　吴縣沈恩孚、嘉定夏曰琖校訂**

光緒三十三年（一九〇七）十月初版　中國圖書公司編輯印行（涵目）

民目

蒙古志三卷附圖一函　一册　**上海姚明煇編輯　嘉定夏曰琖校訂**

光緒三十三年（一九〇七）十二月出版　中國圖書公司編輯印行（涵目）

上圖　復旦　浙江

[一] 總册數不明。

兩江優級師範學堂選科：地理講義　二册　**上海姚明煇著**

宣統元年（一九〇九）七月出版　中國圖書公司印行（涵目）

上圖　浙江[一]

地理講義　三册　**姚明煇撰**　**柳肇嘉釋補**

宣統元年（一九〇九）國立武昌高等師範學校（民目、蘇二）

華東師大　中山大學

未見一種詳附表：高等小學地理教授本

少　剛

生平不詳。

[一] 浙江圖書館著録標題爲「兩江優級師範學堂地理講義 第一册、第二册」，上海圖書館僅存一册。

網中魚（一題巴黎之奴隸） 二册 **法國賈愛密著 上海少剛氏譯 杭州戊公潤詞**〔一〕

光緒三十二年（一九〇六）十二月發行 新世界小説社（涵目）

浙江

葉頌蕃（？—一九四五）〔二〕

執教鞭垂三十年。其先世爲江蘇洞庭山人，遷居歇浦，蓋五六世矣。民國初年爲江陰南菁教員。民國九年、十年間（一九二〇—一九二一），任職於松江中學。民國十四年（一九二五）中華郵票會成立，君襄助周今覺君主持會務，頗著勞績。（《海上郵人小誌之八：葉頌蕃君振伯君附》載《國粹郵刊》一九四二年第八期）

未見一種詳附表： 世界國歌集

〔一〕 書後版權頁署「譯印者：新世界小説社編譯所」。

〔二〕 鍾韻玉《張景盂葉頌蕃逝世》載《新光會刊》一九四五年第一期。

潘敏之

生平不詳。

未見一種詳附表：單音樂歌

吴馨（一八七三—一九一九）

字畹九，號懷疚。其先歙人，清初以避兵遷上海，遂著籍焉。馨八歲而孤，母延師課讀，賦稟特優，弱冠入邑庠，即棄舉子業，究心有用之學。南洋公學設師範院，馨奮起就學[一]，於教授、管理諸端研究有得，三載卒業，因設務本女塾，爲全國女學校創，就學者衆。北至外蒙古、南至南洋群島，莫不有務本女生蹤跡焉。光緒三十一年（一九〇五），城廂總工程局開辦，被選爲議董，於地方利弊興革，知無不言，言無不盡，旋任西區區長。宣統二年（一九一〇），被選爲縣視學兼勸學所總董，是歲又被選爲城自治議長。逮革命事起，被推爲縣民政長，後奉令改稱知事。其於全縣學務、全縣水利，具有擘畫，計慮縝密，顧未及實施而卒，論者惜之。編輯有《上海拆城案報告》。（姚文枏主纂《上海縣志》卷十五《人物》上）

[一]《交通大學校史資料選編》第一卷引《南洋公學師範班學生名單》載「光緒廿三年五月進學」。

簡明實用教育學七章　一册　**上海吴馨編輯**

光緒三十三年（一九〇七）十月出版　中國圖書公司編輯印行（涵目、蘇二）

上圖

曾　鈞

生平不詳〔一〕。

新譯幾何學教科書（平面）　一册　**日本樺正董著　上海曾鈞譯**

光緒三十三年丁未（一九〇七）四月初版　中國圖書公司印行

孔網

新譯幾何學教科書（立體）　一册　**日本樺正董著　上海曾鈞譯**

光緒三十三年丁未（一九〇七）五月初版　中國圖書公司印行

上圖

〔一〕《中學數學教科書》書前「例言」署「丙午孟夏上海曾鈞識於務本女塾」，或供職於務本女塾。

中學數學教科書　一册　**上海曾鈞編著**

光緒三十三年（一九〇七）十二月初版發行　文明書局出版

華東師大

中學及師範用算學教科書：算術　一册　**上海曾鈞編纂　浙江新昌石承宣、華亭沈羽、金匱周藩校訂**

宣統元年己酉（一九〇九）十月初版發行　中國圖書公司總發行

上圖

徐紹曾

字漢杰[一]。

[一] 見《江蘇省立第二師範附屬小學校校友録》。

表情體操教科書又名唱歌遊戲（一題表情體操法） 一册 **陽湖孫掞、上海徐紹曾合編 徐卓巖先生鑒定**

光緒三十三年（一九〇七）五月上海科學書局印行 强國叢書本（涵目）

北師大

顔明卿

附：顧鵬舉

生平不詳。

最新聶克卡脱偵探案二編 一册 **上海顔明卿、上海顧鵬舉全譯**〔一〕

光緒三十三年（一九〇七）九月發行 上海一新書局出版（涵目）

復旦

〔一〕 書後版權頁署「編譯者：顔景賢」。

徐紫虬

生平不詳。

未見一種詳附表： 小學教科初等唱歌教範

蘇本銚（一八七四—一九四八）

字颍杰。附貢生。約翰書院卒業生。光緒二十八年（一九〇二），經西人李提摩太延聘爲山西大學堂譯書院翻譯。創辦民立中學，苦心孤詣，垂四十年，桃李蔚然，遍於南北。民二十年間，時尚在南市大南門上課，莘莘學子，多至千餘人。晚近以來，嘗鬻書自給，蓋素擅書法，精小楷，筆法娟秀，深得晋唐人之風。（晚松軒主《記蘇潁傑》載《永安月刊》一九四八年一百零九期，上海市静安區教育局《民立中學首任校長蘇本銚》載政協上海市静安區文史資料委員會編《静安文史》第八輯，顧寶瑚《宣統庚戌科學部試卷》）

俄國近史　一册　**法國蘭波原著　上海蘇本銚譯述　錢唐夏曾佑、上虞許家惺校閲**

光緒三十四年（一九〇八）三月發行　上海山西大學堂譯書院譯印　山西大學堂譯書院所譯書第四

冊（雷目）

上圖　浙江　北大　天津

曹棣（一八七〇—？）

字斗光，號幹臣。櫺子。光緒諸生。畢業日本弘文學院師範科。（《海藻》卷十六）

實用學校園　一冊　**日本博物學研究會編　曹棣譯**

宣統二年（一九一〇）中國圖書公司、江蘇教育總會

天津

陸熙順（一八七五—一九三七）

字伯鴻，洗名若瑟。生於上海董家渡，數代信奉公教，並爲本城縉紳之家。七歲始讀書，前後受業於二位沈先生。行年十八，遂入泮宫。進學後二次應南闈，不第。年二十一，丁母憂，於是罷舉子業，乃想出洋遊學，别圖功名，於是擬習法文，苦於無人教授，即踵至耶穌會士龔西滿古愚司鐸前，請收入門下。既承允後，遂每日抵堂就學。清末葉，被選爲本城市政董事。（《陸伯鴻先生自幼年至創立新普育堂之事實》載《慈音》一九三八年第四期、寵光社《中華公教進行會會長陸伯鴻行狀》載《公教月

刊》第五卷第七期）

法華新字典　一册　**陸伯鴻、潘本周、沈志高、岳翼如、徐球、莊振聲、陳祖良、宋善良、徐寶琛著**

庚戌年（一九一〇）十一月　商務印書館（蘇二）

復旦

徐善祥（一八八二—一九六九）

字鳳石。原籍浙屬吴興而生於江西之萍鄉。幼受庭教綦嚴，及長，攻讀於南洋大學，得工學士位。光緒丙午（一九〇六），應遊學試獲選去美。學成回國後從事教育及著述，成績斐然可觀。較近數年[一]，鳳石蟄居滬上，與鄭君蘭華合編《英漢化學新字典》。每一名詞斟酌盡善，歷時五年有半，始得告竣。洋洋鉅著，集化學名詞之大成。（《徐善祥同仁自傳》載《仁社通訊録》一九四七年第四卷第六期、曹惠群《英漢化學新字典》序）

英文云謂字通詮　一册　**英國 L. J. Swallow，B. A.（Oxford）編纂　上海徐善祥、無錫王蘊章**

[一] 按，此出曹惠群《英漢化學新字典》序，作於民國三十三年（一九四四）。

校訂[二]

辛亥年(一九一一)五月初版　上海商務印書館(蘇二)

孔網

未見一種詳附表：理科實物教授

王兼善(一八八四—一九二一)

字芸閣。英國愛丁堡大學畢業。勤學不懈，適清廷推行新政，族父老崇尚新學，提倡於滬瀆，柳生族叔祖就家祠創辦王氏育材學堂，君就學，研究外國文字自此始，後轉入南洋公學，學益深造。尤精理化，每試，恒列第一。光緒甲辰(一九〇四)，商部創設高等實業學堂，君入校肄業，旋充教授。乙巳(一九〇五)，清廷派五大臣出洋考察政治，君隨赴歐洲，有所建議，頗蒙當軸採納。抵英後，奉商部派入愛丁堡大學，專修文科、理科，嗣得文科碩士，理科學士學位。宣統己酉(一九〇九)，商部派充商務司行走，度支部調派清理財政處行走兼任財政學堂教授。是年，應留學生試，賞給舉人。廷試一等，以即用主事簽分學部實業司。君淡於仕進，請假回滬，就郵傳部高等實業學堂教授。辛亥

[二] 王蘊章《英文云謂字通詮序》：「書成，復經鄺君富灼、徐君鳳石之勘訂增補。」

(一九一一),度支部調充天津造幣總廠總工務長,旋由部派赴歐洲各國調查財政及幣制事宜,并考察各國造幣及工藝。壬子(一九一二),君被命爲南京造幣廠廠長,丁憂在籍,擔任交通部工業專門學校教務,并著物理、化學、生理、衛生、植物教科書若干種行於世。因國事日非,居恒歎息,以爲病在國民教育未能普及,乃就廉俸所餘,獨力捐辦慶義小學,年收寒苦學生百餘人,授以普通智識。(王裕修《先嚴雲閣公事略》載王師曾纂修《續修王氏家譜》卷三、姚文枏總纂《上海縣續志》卷十六《選舉表》上)

漢譯麥費孫罕迭生化學　一册　安徽許傳音編譯　江蘇王兼善、閩侯陳學郢校訂　美國極白訂正

辛亥年(一九一一)六月初版　商務印書館印行

浙江　天津　人大

火榮業(?—一九二〇)

字迪生。世居三林塘。沉毅端謹,好學深思。弱冠肄業江南製造局廣方言館,時南匯賈步緯爲教習,專授天文曆象之學,榮業從之遊。其爲學目不旁視,心不分神,所得獨出儕輩上。步緯門徒雖衆,而通其術者僅榮業一人。步緯譯《航海通書》,年成一册,供南北洋兵輪之用,榮業助譯,無一字錯誤。復時從徐家匯天文臺諸教士討論，故於氣象學別具心得。光緒十六年（一八九〇），測繪南匯縣全圖；十八年（一八九二），測繪上虞縣圖。二十年（一八九四），製造局總辦劉麒祥於廣方言館別設天文專科，延步緯爲總教習，聘榮業爲之副。數十寒暑，循循善誘，一時疇人子弟蔚起。二十二年（一八九六），鄂督張文襄延主兩湖、經心兩書院教授天文，迭電相邀，以母老事繁，辭不應聘，仍居上海，與賈步緯譯《航海通書》及增廣每秒爲率之《八綫對數表》《交食引蒙》《躔離引蒙》等書。步緯殁，即繼其席，輯《則梅山房便用通書》以竟其志。迨辛亥革命，浩然有歸田志，隱居造曆，不問世事。鼎革後，改用西曆，榮業編曆仍偏重夏正，使農不失時，人咸稱便。（姚文枏主纂《上海縣志》卷十六《藝術》）

中華民國元年歲次壬子航海通書　一册　**上海火榮業、南匯徐錫康譯校**

宣統三年（一九一一）江南製造局排印（陳目）

上圖　天津

中華民國二年便用通書　一册　**賈步緯授壻火榮業、小門生徐錫康敬遵數理精藴、協紀辨方等書推算**

民國元年（一九一二）上海小南門外賈合隆米號、浦東周浦鎮觀音街口則梅山房發售

北大

中華民國二年歲次癸丑航海通書　一册　**上海火榮業、南匯徐錫康譯校**

民國元年（一九一二）江南製造局排印（陳目）

上圖　南大

項鎮方（一八八六—？）

字級雲，號激雲，初名吉雲，廿六。文瑞子。世居閔行鎮。光緒癸卯恩科舉人。光緒甲辰（一九〇四），北上入商部高等實業學校。宣統二年庚戌（一九一〇）畢業，賞舉人銜，留部歸商業司辦事。辛亥後嘗任職江陰南菁書院數理化教員，民國二年壬子（一九一三），復北上任北京大學助教。後歷任職於中日實業、通藝、通文、丹華等公司。又受知於泗州楊杏城先生，任國府秘書數載。有《小言》四卷。（項鎮方《髫年追憶録》載《髫年追憶録辛未葬父記合刊》，《清代硃卷集成》第二百零六册）

分析化學實驗書　一册　**上海項鎮方譯述　蕭山孔慶萊校訂**

壬子年（一九一二）九月初版　上海商務印書館藏板（涵目、蘇二）

孔網

滬上老人

生平不詳。

論教公言辨一卷 一册 **滬上老人撰**

清末鉛印本（徐天）

上圖

秦始詹（？——一八七六）

字嘯隱，號柳衫。陳行鄉人。繡彝從弟。富收藏，精鑒别，工篆刻，有《看雲草堂印存》二卷。同治丙寅（一八六六），斌椿奉使泰西，著《遊歷泰西聞見録》，始詹援據群書，詳加校訂。（姚文枏總纂《上海縣續志》卷十八《人物》附秦惟梅傳後、《海藻》卷十四、秦錫田《享帚録》卷六）

未見一種詳附表： 校訂泰西聞見録

青浦縣

席淦（一八四五—一九一七）

原名裕宗，字翰伯，一字伯壎。以諸生畢業上海廣方言館，保送京師同文館，從海寧李善蘭習疇人術，窮其奥賾。旋繼善蘭爲天文館總教習，講授垂三十年，造就海内英才甚衆。壬寅（一九〇二），直督袁世凱奏調北洋差委，歷充官銀號籌款局淮軍銀錢所總會辦，未幾，即乞病歸。退休後，足不入城市，焚香埽地，蔬布以終，邑人私謚曰「貞獻」。著有幾何學算書數種，庚子燬於亂，惟《抱膝居士詩稿》一卷藏於家[一]。（汪鳳藻《故中憲大夫兵部郎中席君翰伯小傳》，姚文楝《席郎中墓銘》，楊葆光《戚友姓編》載《訂頑日程》，錢崇威、沈彭年總纂《青浦縣續志》卷末《附編》）

算學課藝　四册　**同文館算學教習李壬叔先生閱定　副教習席淦、貴榮編次**

光緒庚辰（一八八〇）鐫　同文館聚珍版

國圖　復旦　天津　北大

[一]　上海師範大學圖書館館藏，書名著録爲「抱膝居士遺稿一卷」，索書號：696000/0038。

格物測算八卷　八册　**美國丁韙良口授　席淦、貴榮譯述**

光緒九年（一八八三）鉛印本（書録）

國圖　天津　首都

各等面體互容比例一卷　一册　**青浦席淦**

光緒戊戌（一八九八）六月算學書局印成　古今算學叢書第三（書録）

復旦　浙江　北大

席裕琨（一八七三—一九三〇）

字蘊青。（陳開驥《星軺日記類編序》）

星軺日記類編七十六卷　十六册　**青浦席裕琨編輯**

光緒壬寅（一九〇二）孟夏麗澤學會精印（中目）

國圖　蘇州大學　南大　浙江　北大

乘槎筆記　斌椿著

使西紀程　郭嵩燾著

英軺日記　劉錫鴻著
使東述略　何如璋著
環游地球新録　李圭著
拙尊園叢稿　黎庶昌著
西輶日記　黄楙材著
印度劄記　黄楙材著
游歷芻言　黄楙材著
西徼水道記　黄楙材著
使西日記　曾紀澤著
使德日記　李鳳苞著
歐遊雜録　徐建寅著
西征紀程　鄒代鈞著
俄遊彙編　繆祐孫著
美日秘日記　崔國因著
四國日記　薛福成著
四國日記續刻　薛福成著

東游日記　黄慶澄著
隨軺游記　吴宗濂譯
泰西各國采風記　宋育仁著
歸槎叢刻　謝希傳著

沈彭年（一八七七—一九二八）

字商耆，别署頤盦。持躬謹飭，處事和平。謙謙其德，亹亹有文。绛帳培材，桃李遍大江南北；辟雍弼教，菁莪栽黌序西東。冶萬化於洪鑪，學術隨而丕變；棄一官如敝屣，黨潮弭於無形。（戴思恭《祭沈君商耆文》載《海軍期刊》一九三〇年二卷六期、金通謙《憶沈商耆》載《永安月刊》一九四四年第五十七期）

光緒通商綜覈續表　二册　**青浦沈商耆纂輯　上海楊月如同輯　吴沈信卿、寶山袁觀瀾參定　元和胡劭盦校印**

壬寅（一九〇二）夏五石印本

國圖　上圖　同濟大學

中學及師範用音樂教科書：樂理概論　一册　**青浦沈彭年編輯**

戊申年（一九〇八）十二月初版　中國圖書公司和記印行（涵目）

上圖　天津　北師大

美國制度大要　一册　**青浦沈彭年、吴興周越然譯述**

民國元年（一九一二）七月出版　上海國華書局印行（涵目）

上圖

張家鎮（一八六八—一九三六）

字伯圭，號容伯、雄伯。世居青浦大西門内。光緒壬寅舉人。肄業南菁高等學堂，與上海趙韻丞世修最莫逆，所爲詩亦相似，俱以豪放見稱。光緒丙午（一九〇六），與孟昭常同學於日本〔一〕。（沈其光《瓶粟齋詩話》三編卷一、《清代硃卷集成》第二百零一册）

〔一〕見孟昭常《地方行政制度》序。

地方行政制度 一册 **江蘇青浦張家鎮譯述**
光緒三十三年（一九〇七）七月初版 預備立憲公會發行（涵目）
上圖 浙江

商法調查案淺説第一編公司 一册 **編輯主任：上海商務總會、預備立憲公會、上海商學公會**
編輯員：青浦張家鎮、無錫秦瑞玠、武進湯一鶚
宣統元年（一九〇九）閏二月出版 預備立憲公會編輯所發刊
國圖 上圖

商法調查案理由書第二編總則 一册 **編輯主任：上海商務總會、預備立憲公會、上海商學公會**
編輯員：青浦張家鎮、陽湖孟森、無錫秦瑞玠、仁和邵羲、武進湯一鶚、陽湖孟昭常
宣統元年（一九〇九）十一月出版 預備立憲公會編輯所發刊（涵目）
上圖

陸守先（一八七八—一九四四）

字雲翔，號士諤，一稱沁梅子〔一〕。慷慨有大志，俯仰不凡而不得於時，乃遂潑墨揮毫，日以文章自娱。其健著如《英雄之肝膽》《東西偉人傳》《日俄戰史》〔二〕等。晚近更喜爲小説家言，著有義俠小説《滔天浪》〔三〕、歷史小説《精禽填海記》〔四〕、言情小説《文明花》《鴛鴦劍》，社會小説《鬼域世界》等諸種。李友琴《新野叟曝言序》謂：余嘗論其小説，《新水滸》所以醒世人之沉夢，故以嚴厲勝；《新三國》所以振憲政之精神，故以雄渾勝；《鬼世界》則滑稽之作，半屬寓言，故以飄逸勝。（陸清潔《哀啓》〔五〕，古黔江劍秋《鬼國史》序，《陸士諤小傳》載《雲間珠溪陸氏譜牒》卷四〔六〕，崔溶澈《陸士諤的著述狀況及版本考察》載《明清小説研究》二〇〇二年第一期）

〔一〕亦曾署：雲間龍、龍公、雲間天贅生。
〔二〕以上二書均未見。
〔三〕原注：載張汶祥刺馬新貽事實。
〔四〕原注：載明末福、唐、桂三王及台灣鄭氏父子事實。
〔五〕據鄭逸梅《陸士諤的訃告》載《文苑花絮》，未見。
〔六〕精於醫，負文名。著有《醫學南針》《加評温病條辨》等醫書十餘種，《情史》《劍俠》等説部百餘種，《蕉窗雨話》等筆記二三種行世。

英雄之肝膽　一册　**法國烏伊苛脱由剛著　青浦雲翔氏陸士諤譯**

光緒三十四年（一九〇八）刊本（書録）

上海

鬼世界　二册　**陸士諤**

光緒三十四年（一九〇八）集成圖書公司（涵目）

首都

新野叟曝言二卷二十回　二册　**陸士諤撰**

宣統元年（一九〇九）五月初版上海改良小説社（涵目、總目）

復旦

社會小説：繪圖新水滸五卷二十四回　二册　**青浦陸士諤**

宣統元年（一九〇九）七月改良小説社印行

上海　天津

社會小說：繪圖新三國五卷三十回　五册　**青浦陸士諤戲撰**

宣統元年（一九〇九）改良小説社

浙江

社會小說：繪圖六路财神十二回　二册　**青浦陸士諤先生**

宣統二年（一九一〇）陬月出版　上海改良小説社印行　説部叢書

復旦

社會小說：繪圖新上海六編六十回　十册　**青浦陸士諤撰**

宣統二年（一九一〇）二月再版　上海改良小説社印行　説部叢書

上圖　北師大　復旦　遼大

理想小說：繪圖新中國十二回（一題立憲四十年後之新中國）　二册　**青浦陸士諤雲翔甫撰**

宣統二年（一九一〇）六月再版　改良小説社印行　説部叢書

上圖　浙江

社會小説：最近社會秘密史前後編（一題上海秘密史） 四册 **青浦陸士諤撰**

宣統二年（一九一〇）十一月出版　上海新新小説社印行

上圖　復旦

社會小説：最近官場秘密史前後編三十二卷 八册 **天公鑄　慧珠校**

宣統二年（一九一〇）十二月出版　上海新新小説社印行

上圖

龍華會之怪現狀六回 一册 **陸士諤**

宣統三年（一九一一）四月　上海時事新小説社

浙江

繪圖商界現形記 四册 **編輯者雲間天贅生　校字者湖上寄耘氏**

宣統三年（一九一一）四月　商業會社印行

上圖　天津

時事小說：血淚黄花十二回　二册　**青浦陸士諤撰**

辛亥（一九一一）十一月出版　上海新小説林社印行

上圖　復旦　北師大

朱格仁[一]

號静山。廣方言館學生，任北洋大臣公署翻譯，直隸候補道。（楊葆光《戚友姓編》載《訂頑日程》，熊月之《廣方言館學生可考名單》載《上海廣方言館史略》）

未見四種詳附表：煉鋼書、英話入門、鑄銅書、兵船礮法

[一] 楊葆光《戚友姓編》：「青浦人」，《開煤要法》卷四、卷八有「青浦朱格仁校字」。

奉賢縣

沈則恭（一八三六—一九一四）[一]

字禮門，聖名方濟各。南高橋人[二]。（《徐匯公學聖母會一八五三年會友名録》載《徐匯中學聖母始胎會友八十週年慶紀念册》）

觀光日本　一册　**夏顯德譯　沈則恭纂訂**

天主降生一千八百七十一年（一八七一）上海慈母堂藏板（徐天、涵目、總目）

國圖　上圖　華東師大　北師大　澳門大學

福女瑪利亞亞納傳　一册　**雲間耶穌會士則恭沈禮門譯**

光緒五年（一八七九）上海慈母堂活板（徐天、總目）

[一] 卒年據頌三《弔沈禮門司鐸》，載《善導報》一九一四年第十七期。

[二] 殷惟龢編《江蘇六十一縣志》「奉賢縣」村鎮條下：「高橋亦曰『南高橋』」，「傍新運鹽河，北通閘港、青村港，距治二十五里，以臨青村港而得名，富產海鹽，舊有鹽大使，今設場長，駐于高橋，闤闠之盛，冠於諸鎮」。商務印書館，一九三六年。

國圖　上圖

聖依納爵傳略二卷　一册　**沈則恭譯**

天主降生一千八百八十五年（一八八五）上海慈母堂活板（徐天、總目）

國圖　上圖　北大

沈則寬（一八三八—一九一四）[一]

字容齋，聖名瑪竇。南高橋人。沈則恭二弟。（《徐匯公學聖母會一八五三年會友名録》載《徐匯中學聖母始胎會友八十週年慶紀念册》）

答客芻言一卷附答問新篇　一册　**沈容齋譯**

光緒七年歲次辛巳（一八八一）鐫　上海慈母堂藏板（徐天、總目）

北大　人大　澳門大學

[一] 卒年據醉菊《追悼伯岳沈司鐸容齋》、賜伯《追念容齋沈司鐸步醉菊韻四首》，載《善導報》一九一四年十五期。

古史參箴四卷　四册　**耶穌會士雲間沈則寬容齋撰　泰西應儒望雅君、南志恒楚材校**

天主降生一千八百八十五年（一八八五）上海慈母堂排印（徐天、總目）

國圖　上圖　復旦　華東師大　北大

新史合編二十卷附耶穌受難紀略一卷宗徒大事録一卷　三册　**沈則寬譯**

光緒十三年（一八八七）上海土山灣慈母堂鉛印本（徐天）

孔網

古史略六卷　一册　**沈則寬撰**

光緒十六年（一八九〇）上海慈母堂鉛印本（徐天、涵目）

國圖　上圖

新史略七卷　一册　**沈則寬撰**

光緒十六年（一八九〇）慈母堂鉛印本（徐天、涵目）

國圖　上圖

古史像解　一册　**沈則寬**〔一〕

光緒十八年（一八九二）上海土山灣慈母堂石印本（徐天）

國圖　北大

新史像解　一册　**沈則寬彙解**

光緒二十年（一八九四）土山灣慈母堂畫館石印本（徐天）

國圖

聖寵問答　一册　**沈則寬譯**

光緒二十二年（一八九六）上海慈母堂鉛印本（徐天、總目）

國圖　上圖　北大　北師大

〔一〕該書序謂：「蒙著《古史參箴》，列像百餘則……文詞雖俚而間有絢爛語，非婦孺所能共知。……去年秋，同人有修飾其像而作問答以解之者，意至美也。既成，顏之曰《古史像解》。光緒十八年夏耶穌會後學容齋沈則寬識。」或爲同人所作。

高麗致命事略 一册 **沈則寬撰**

光緒二十六年（一九〇〇）上海慈母堂鉛印本（徐天、涵目）

復旦

地獄信證一卷 一册 **耶穌會後學雲間沈則寬容齋譯**

天主降生一千九百一年（一九〇一）上海慈母堂活版（徐天、總目）

國圖 上圖 華東師大 中山大學 北大

金山縣

顧觀光（一七九九—一八六二）

字賓王，號尚之〔一〕，晚號武陵山人。年十三補諸生廩貢，三試鄉闈不售，遂無科第志。承世業，以醫學行於鄉里。同里錢氏多藏書，恒往假恣讀之，遂博通經傳子史百家，尤精熟輿地、算學，究極古今中西天文曆算之術，因端竟委，能抉其所以然，而摘其不盡然。嘗自言曰：「積世積測，積人積智，曆算之學，後勝於

〔一〕 張文虎《顧尚之別傳》：「君名觀光，字賓王，尚之其別自號也。」

前，微特中國，西人亦猶是也。舊法者，新法之所從出，而要不離舊法之範圍，且安知不紬繹焉，而別有一新法在乎？故凡以爲已得新法，而舊法可唾棄者，非也。中西之法可互相證，而不可互相廢，故凡安其所習而黨同伐異者，亦非也。」其論如此，故其所著書均能詣極精微。其他如輿地、訓詁、六書、音韻、宋儒性理，以至二氏術數之學，皆能洞徹本末。尤喜校訂古書，綴緝散佚。錢熙輔輯《藝海珠塵》壬癸二集及刊《重學》、錢培名輯《小萬卷樓叢書》、婁縣韓應陛刊《幾何原本》後九卷，觀光皆參與訂。（張文虎《顧尚之別傳》載《舒藝室雜著》甲編卷下、張文虎《懷舊雜記》卷二、黄厚本修輯《金山縣志》卷二十一《文苑傳》、《疇人傳三編》卷五《國朝後續補三》）

九數外録[一]　一册　金山顧觀光尚之著

光緒二年（一八七六）上海江南機器製造總局刊版　算學三（事略、局記）

南大　北大　北師大

[一] 諸可寶纂録《疇人傳》三編卷五國朝後續補三："「櫽栝西術爲對數、割圜、八綫、平三角、弧三角各等面體、圓錐三曲綫、静重學、動重學、流質重學、天重學，凡記十篇。」

吴治儉（一八七五—？）[一]

字任之[二]。光緒壬辰（一八九二）至乙未（一八九五），在聖約翰大學科學系第一期畢業。光緒壬寅（一九〇二），奉武進盛公奏派隨同李維格赴歐考察鐵政[三]，並在英國倫敦大學礦冶系及機械系、歇斐爾大學工業系得冶金碩士學位。戊申（一九〇八），又奉派赴美考察鋼鐵工業。民國三年（一九一四）爲建設大冶鋼鐵廠赴英美訂購機器爐座，歸任漢陽鐵廠工程師、廠長、總工程師，漢冶萍總公司總管技術事務，揚子鐵廠顧問，創辦漢口商品檢驗局，經造津浦、隴海、湘鄂、正大、箇碧等鐵路鋼軌。民國二十六年（一九三七），赴英、德兩國，參與鋼鐵廠建設事宜。另與胡詒穀編纂有《商務印書館袖珍英華字典》。（《當代中國實業人物誌：吴任之》載《新中華》一九四四年復刊第二卷第十一期、《南洋大學卅週紀念校友録：前任職教員録》）

農學初階三卷　三册　**英國黑球華來思著　金山吴治儉譯**

光緒二十一年（一八九五）江南總農會石印本　農學叢書初集（書録、涵目）

[一]《當代中國實業人物誌》：「吴健字任之，民國紀元前三十七年七月生於上海。」則又名「健」，生年據此推得。

[二]張元濟《追溯四十九年前今日之交通大學》：「西文教習爲……吴君治儉字慎之。」轉引自《交通大學校史資料選編》。

[三]參見《一八九七—一九〇六年留學生名單》載《交通大學校史資料選編》第一卷。

國圖　上圖　浙江

英倫奉旨設立農會章程一卷附録一卷合璧表一卷　一册　**金山吴治儉譯**

光緒丁酉年（一八九七）印本　農學叢刻本（書録）

復旦

吴治恭[一]

生平不詳。另有《教科生理學》未見[二]。

教授指南　一册　**日本多田房之助著　吴治恭譯補**

光緒二十八年（一九〇二）東京並木活版所

浙江　天津

[一]《泰西教育家語録一》署名「金山吴治恭」，見《江蘇》第四期《江蘇學説》。

[二]見張仲民《晚清出版的生理衛生書籍書目》：「平澤金之助著，吴治恭譯，上海明權社出版。」載《出版與文化政治》，上海書店出版社，二〇〇九年。

二十世紀開幕時代之人物　一册　日本武田原水論著　中國吴治恭譯述[一]

光緒二十八年（一九〇二）壬寅十一月印行　東京並木活版所印

上圖　浙江　天津

簡明生理學一卷　一册　日本岩崎鐵次郎編　中國吴治恭譯

癸卯（一九〇三）閏五月上海商學會印行（經眼）

上圖

南匯縣

賈步緯（一八二七—一九〇四）[二]

字心九。居周浦鎮東大街觀音弄西側。幼好書算，及長，壹意肆力於天算書，盡通其奥。避亂寓滬，時

[一] 封面題：「青山學子譯著書」。

[二] 賈文聚《則梅山房便用通書緣起》：「《則梅山房便用通書》，先徵君避兵海上所作，創始於咸豐三年……光緒三十年，先徵君捐館舍。」《上海縣續志》卷二十一《游寓》：「卒年七十有八」。

西士偉列雅力創墨海書館，聘海寧李善蘭主譯務，步緯師事之，間佐校勘，甚契洽。李薦入製造局爲航海測量館暨天文館教習。光緒庚寅（一八九〇），齊魯河水災，直督李鴻章檄總司測量，步緯手繪三省黄河水道全圖進呈，珍藏内府，世有石印圖，其副本也。張之洞督兩湖，延爲天文臺掌教，辭不就。其所譯述諸書：《航海通書》《弦切八綫》《對數增廣》《對數表》《八綫表》《五星表》《步緯算法》《量法代算》《勾股六術》《躔離引蒙》《日月交食引蒙》。張文虎稱其「微分對數，西學之冠，引繩批根，深悉其貫」[一]。（張文虎《懷舊襍記》卷一、傅蘭雅《江南製造總局翻譯西書事略》、秦錫田總纂《南匯縣續志》卷十三《人物志一》、姚文枬總纂《上海縣續志》卷二十一《游寓》）

大清同治十年歲次辛未航海通書　一册　江南製造局譯改　南匯賈步緯算校

同治九年（一八七〇）江南製造局刻本（陳目）

上圖

大清同治十一年歲次壬申航海通書　一册　江南製造局譯改　南匯賈步緯算校

同治十年（一八七一）江南製造局刻本（事略、陳目）

[一] 張文虎《步緯先生像贊》，轉引自《則梅山房便用通書》。

北大　西安交通

大清同治十二年歲次癸酉航海通書　一册　**江南製造局譯改　南匯賈步緯算校**

同治十一年（一八七二）江南製造局刻本（陳目）

北大

量法代算（一題對數尺以量代算）　一册　**南匯賈步緯製**

同治壬申（一八七二）仲秋刊　周浦則梅山房數學（事略、書録、總目）

國圖　上圖　浙江

大清同治十三年歲次甲戌航海通書　一册　**江南製造局譯改　南匯賈步緯算校**

同治十二年（一八七三）江南製造局刻本（陳目）

北大　西安交通

大清同治十四年歲次乙亥航海通書　一册　**江南製造局譯改　南匯賈步緯算校**

同治十三年（一八七四）江南製造局刻本（陳目）

北大　西安交通

算學五：開方表　一册　**南匯賈步緯算述**

同治十三年（一八七四）江南製造局刻本　算學十書本（事略、書録）

上圖　華東師大　蘇州大學

算學六：對數表四卷　四册　**南匯賈步緯、上海火榮業校述**

同治十三年（一八七四）江南製造總局録板　算學十書本（事略、書録）

上圖　北大

算學十：八綫對數簡表　一册　**南匯賈步緯校述**

同治十三年（一八七四）江南製造總局録板　算學十書本（書録）

上圖　華東師大　北大　中山大學

大清光緒二年歲次丙子航海通書　一册　**江南製造局譯改　南匯賈步緯算校**

光緒元年（一八七五）江南製造局刻本（陳目）

北大

大清光緒三年歲次丁丑航海通書　一册　**江南製造局譯改　南匯賈步緯算校**

光緒二年（一八七六）江南製造局刻本（陳目）

北大

大清光緒四年歲次戊寅航海通書　一册　**江南製造局譯改　南匯賈步緯算校**

光緒三年（一八七七）江南製造局刻本（陳目）

北大

大清光緒五年歲次己卯航海通書　一册　**江南製造局譯改　南匯賈步緯算校**

光緒四年（一八七八）江南製造局刻本（陳目）

北大

大清光緒六年歲次庚辰航海通書　一册　**江南製造局譯改　南匯賈步緯算校**

光緒五年（一八七九）江南製造局刻本（書録、陳目）

上圖　北大

大清光緒七年歲次辛巳航海通書　一册　**江南製造局譯改　南匯賈步緯算校**

光緒六年（一八八〇）江南製造局刻本（陳目）

北大

大清光緒八年歲次壬午航海通書　一册　**江南製造局譯改　南匯賈步緯算校**

光緒七年（一八八一）江南製造局刻本（陳目）

北大

大清光緒九年歲次癸未航海通書　一册　**江南製造局譯改　南匯賈步緯算校**

光緒八年（一八八二）江南製造局刻本（陳目）

北大

大清光緒十年歲次甲申航海通書　一册　**江南製造局譯改　南匯賈步緯算校**

光緒九年（一八八三）江南製造局刻本（陳目）

北大

大清光緒十一年歲次乙酉航海通書　一册　**江南製造局譯改　南匯賈步緯算校**

光緒十年（一八八四）江南製造局刻本（陳目）

北大

大清光緒十二年歲次丙戌航海通書　一册　**江南製造局譯改　南匯賈步緯算校**

光緒十一年（一八八五）江南製造局刻本（陳目）

北大

大清光緒十四年歲次戊子航海通書　一册　**江南製造局譯改　南匯賈步緯算校**

光緒十三年（一八八七）江南製造局刻本（陳目）

北大

大清光緒十五年歲次己丑航海通書　一册　**江南製造局譯改　南匯賈步緯算校**

光緒十四年（一八八八）江南製造局刻本（陳目）

北大

大清光緒十六年歲次庚寅航海通書　一册　**江南製造局譯改　南匯賈步緯算校**

光緒十五年（一八八九）江南製造局刻本（陳目）

北大

躔離引蒙　二册　**南匯賈步緯算述　男文浩、堉火榮業校對**

光緒十八年（一八九二）閏月江南製造局擺印（局記、涵目）

上圖　復旦　北大

交食引蒙　一册　**南匯賈步緯算述　男文浩、堉火榮業同校**

光緒二十年（一八九四）季春江南製造局擺印　江南製造總局鋟板（局記、涵目）

上圖

大清光緒二十五年歲次己亥航海通書　一册　**江南製造局譯改　南匯賈步緯算校**

光緒二十四年（一八九八）江南製造局刻本（陳目）

北大

大清光緒廿五年便用通書　一册　**賈步緯推算**

光緒二十四年（一八九八）則梅山房刻本〔二〕

復旦

大清光緒二十六年歲次庚子航海通書　一册　**江南製造局譯改　南匯賈步緯算校**

光緒二十五年（一八九九）江南製造局刻本（陳目）

北大

大清光緒二十七年歲次辛丑航海通書　一册　**江南製造局譯改　南匯賈步緯算校**

光緒二十六年（一九〇〇）江南製造局刻本（陳目）

〔二〕　賈文聚《則梅山房便用通書緣起》（失刊刻年月）：「《則梅山房便用通書》，先徵君避兵海上所作，創始於咸豐三年。其時，蘇、常陷於髮逆，英夷又以鴉片釁北犯，道路荆棘，南北不通，吴中恒苦乏時憲書。於是，先徵君創印通書，意在便民，非以牟利也。光緒三十年，先徵君捐館舍，先兄志鴻繼任其事，不幸又於今夏閏月去世，而此書風行已久，官民稱便，勢難中止。奈姪輩皆幼稚，文聚復奔走四方，不遑家處。且天算之學夙無所窺，設非得一替人，將繼志述事之謂何……時辛亥秋七月，澧溪賈文聚識於京師工業學堂講舍。」

北大

算學七：翻譯弦切對數表　八册　**南匯賈步緯譯述　同墳火榮業校對**

光緒庚子年（一九〇〇）仿聚珍版印於製造局　算學十書本（事略）

上圖　浙江

大清光緒二十八年歲次壬寅航海通書　一册　**江南製造局譯改　南匯賈步緯算校**

光緒二十七年（一九〇一）江南製造局刻本（陳目）

北大

大清光緒二十九年歲次癸卯航海通書　一册　**江南製造局譯改　南匯賈步緯、上海火榮業算校**

光緒二十八年（一九〇二）江南製造局刻本（陳目）

北大

算學八：恒星圖表〔一〕　一册　**上海火榮業重校算**

光緒壬寅夏（一九〇二）江南製造局　算學十書本（事略、書録）

上圖

大清光緒三十年歲次甲辰航海通書　一册　**江南製造局譯改　南匯賈步緯、上海火榮業算校**

光緒二十九年（一九〇三）江南製造局刻本（書録）

復旦　北大

算學九：八綫簡表　一册　**南匯賈步緯校述　上海火榮業重校**

光緒二十九年（一九〇三）江南機器製造總局藏板　算學十書本（事略、局記）

國圖　上圖　北師大

〔一〕　含「經星彙考」、「上元甲子恒星表」。

校正萬年書　一册　**賈步緯印行**〔一〕

光緒間則梅山房活字印行

上圖

未刊一種詳附表：恒星赤道經緯表

李杕（一八四〇—一九一一）〔二〕

附：益聞館、聖心報館、匯報館

原名浩然〔三〕，字問漁，號大木齋主，聖名老楞佐，别署耶穌會隱名士。世代耕讀，自八世祖起信奉天主教。生於浦左唐墓橋。幼從川沙莊松樓習舉業，比長，負笈上海徐匯公學。同學者，有丹徒馬相伯先生。同治元年（一八六二），出家修道，入耶穌會爲修士。始攻格物、超性、教律、經傳、排算、性理諸學。首尾十年，焚膏繼晷，熊膽頻嘗，俯而讀，仰而思，費盡精神，盡諳所學。年三十，升任耶穌會司鐸。次年，考得神哲

〔一〕扉頁題：「近見坊本《萬年書》，其差不勝枚舉，星命家苦之已久。今推日月行度，逐細核準，用活字印行，以公於世，識者珍之。」自「嘉慶元年丙辰」至「光緒四十九年癸亥」。

〔二〕張若谷《古文家李問漁傳》：「清道光二十年七月二十七日，生於浦左唐墓橋。」

〔三〕見方豪《中國天主教史人物傳》。

學博士，奉會長命，傳道皖江淞水間。光緒元年（一八七五）調徐家匯修院主講國文。四年（一八七八），任董家渡修院拉丁文教職。五年（一八七九），奉上峰命，仿新聞報式，創辦《益聞録》，蓋取其事之有益於世道人心者，使天下之人皆樂於聞見也。杕掌館政，遂將天主教要旨作爲論説，逐期披刊。上溯造物奇功，下述格致要理，以及彰善癉惡，易俗移風，凡有關於家國身心者，無不分門别類，略舉其要，並引證教中軼事，以明傳教之旨，皆以黜邪崇正、原始返終爲主。積稿八稔，彙積成文百篇，顔曰《理窟》。光緒丁亥（一八八七），又創辦《聖心報》，兼持兩報筆政。光緒戊戌（一八九八），上海格致報商議附刊於《益聞録》，遂改名爲《格致益聞匯報》，繼改名爲《時事科學匯報》，卒名《匯報》，直至宣統三年（一九一一），杕終，《匯報》亦告停版。光緒戊戌康梁變政未成，丹徒馬相伯先生創立震旦學院於徐家匯。光緒丙午（一九〇六），聘杕任震旦校長，兼授哲學。譯著闡道論學之書凡六十種[一]，其較著者有《理窟》《新經譯義》《西學關鍵》《形性學要》《性法學要》《靈性學》《名理學》《倫理學》《原神學》《天宇學》《通史輯覽》《拳禍記》等，並編有《徐文定公集》《墨井集》《墨井書畫集》《古文拾級》等四種。另有《萬日略》[二]、《婚配

[一]《福建公教週刊》第八年第十一期《李問漁司鐸逝世二十五週年紀念》：生平所著書籍十八種，譯著卅九種，編著四種。Joachim Kurtz 撰 The Works of Li Wenyu 統計得七十種，其中《斐洲遊記》《忠言》爲誤收（參本書「龔柴」條），本書補入《客問條答》一卷、《聖心月新編遺響》、《李公問漁書劄》一卷。

[二] 光緒丙申（一八九六），參《新經譯義》序。

條例》、《幼童日領聖體之問題》、《省察簡則》〔一〕未見。（張若谷《古文家李問漁傳》載《聖教雜誌》一九三八年第二十七卷第六期、《本館李問漁司鐸逝世》載《聖心報》一九一一年、《追思先哲：李問漁司鐸逝世二十五週年紀念》載《公教週刊》一九三六年第八期、執矛《寫作傳教的李問漁神父》載《慈音》一九四二年第八期、方豪《中國天主教史人物傳》、《南沙李氏家乘》、"The Works of Li Wenyu (1840－1911)：Bibliography of a Chinese-Jesuit Publicist by Joachim Kurtz 載《或問 WAKUMON》No 11．2006）

煉獄略説　二册　**耶穌會士李問漁著　顧照林閱　沈禮門校**

天主降生一千八百七十一年（一八七一）上海慈母堂藏板（徐天）

國圖　復旦　北師大

聖心月新編　一册　**耶穌會後學李杕問漁氏著**〔二〕

光緒五年（一八七九）上海慈母堂鉛印本（徐天）

〔一〕以上三種参 Joachim Kurtz：The Works of Li Wenyu (1840－1911)。

〔二〕據書前蔣超凡《序》當爲「摘譯」。

國圖

辯惑巵言〔一〕　一册　**李杕撰**

光緒六年（一八八〇）上海徐匯印書館鉛印本（徐天）

上圖　北大　美國哈佛燕京

答問新編一卷附闢畦淺論一卷　一册　**李杕譯**

光緒六年（一八八〇）仲夏排印　上海徐匯印書館（徐天）

國圖

砭傲金針一卷　一册　**李杕譯**

光緒八年（一八八二）〔二〕　上海慈母堂鉛印本（徐天）

〔一〕《徐家匯藏書樓所藏天主教圖書目録稿初編》誤作「辨」。

〔二〕此據上海圖書館藏一八八四年重印本，按該書《重鐫砭傲金針序》，署「光緒九年冬月李問漁叙於益聞館」，中言「予去年譯《砭傲金針》一書，其意旨宏深，洵萬惡藥石也。又係奇零小本，得之易，攜之便，藏諸身畔不嫌其累贅也。當時排印頗多，深恐久儲高閣，詎不脛自行，遐邇索取，未一載架上已空，無以供求閲之願。爰將是書改易數十字，重付手民，刊行問世。」

國圖　上圖

客問條答一卷附許太夫人傳略一卷　一册　**倪懷綸撰　李杕譯**

光緒八年（一八八二）上海徐家滙印書館鉛印本（徐天）

國圖　輔仁

理窟九卷　四册　**南沙李杕問漁氏著**

光緒十二年歲次丙戌（一八八六）上海慈母堂活板（經眼、徐天）

上圖

煉獄考　一册　**李杕撰**

光緒十二年（一八八六）上海慈母堂鉛印本（徐天）

北大　澳門大學

玫瑰經義二卷　一册　**耶穌會後學李杕問漁氏著**〔一〕

光緒十二年（一八八六）上海慈母堂活板（徐天）

上圖　華東師大　澳門大學

天神譜　一册　**李杕譯**

光緒十二年（一八八六）上海慈母堂鉛印本（徐天、涵目）

國圖　上圖　華東師大

聖母傳　一册　**耶穌會李杕問漁氏著**

光緒十三年（一八八七）夏上海慈母堂聚珍板　道原精萃本

國圖　上圖　復旦　華東師大　澳門大學

宗徒大事録一卷　一册　**耶穌會李杕節譯**

光緒十三年（一八八七）夏上海慈母堂聚珍板　道原精萃本（徐天）

〔一〕該書《序》：「爰採名人載籍，著《玫瑰經義》一編。」

上圖　復旦　華東師大　北大　澳門大學

教皇洪序　一册　**李杕翻譯**

天主降生一千八百八十八年（一八八八）上海慈母堂活板　道原精萃本

上圖　復旦　華東師大　北大　澳門大學

天梯　一册　**李杕著**〔一〕

天主降生一千八百八十八年（一八八八）上海慈母堂活板（徐天）

國圖

德鏡二卷　一册　**李杕著**

光緒十五年（一八八九）上海慈母堂活板（徐天）

復旦　北大　澳門大學

〔一〕據該書《弁言》：「著這本小書的意思，是爲勸衆教友全心依靠聖母，事事求他保佑。」

耶穌受難記略　一册　**P. Laurentius Li, S. J.（李問漁）**

光緒十五年（一八八九）上海慈母堂鉛印本（徐天）

復旦

聖體紀　一册　**李杕採譯**[一]

光緒十五年（一八八九）上海慈母堂鉛印本（徐天）

華東師大　北大

答問録存一卷　一册　**李杕撰**

光緒十六年（一八九〇）上海徐匯印書館鉛印本（徐天）

復旦　華東師大　蘇州大學　北大

聖心金鑑　一册　**李杕譯**

光緒十七年（一八九一）上海慈母堂鉛印本（徐天）

〔一〕　見該書《聲言》：「《聖體紀》一編，非翻譯西書，乃自各名人卷籍採譯而成。」

國圖　北大　澳門大學

亞物演義　一册　**耶穌會後學李杕輯譯**〔一〕

光緒十七年（一八九一）上海慈母堂鉛印本（徐天）

國圖　上圖

三願問答　一册　**司鐸高德爾著　耶穌會後學李杕譯**

光緒十七年（一八九一）上海慈母堂鉛印本（徐天）

國圖

物理推原　一册　**法國羅愛第著　李杕譯**

光緒十八年（一八九二）夏五月石印　上海徐滙書館印（書録）

復旦　北大　北師大

〔一〕　見該書《序》：「爰摭大聖利高烈、前哲玻亞賁、近人辣鮑爾特與夫他名家之作，輯譯一編，顔曰《亞物演義》。」

默思聖難録 一册 **耶穌會後學李杕問漁氏譯**

天主降生一千八百九十二年（一八九二）冬 上海慈母堂印（徐天）

國圖 復旦

忠言 一册 **虛白齋主人撰**[一]

光緒十八年（一八九二）上海土山灣印書館鉛印本（總目）

國圖

聖若瑟月新編 一册 **李杕著**

天主降生一千八百九十二年（一八九二）上海慈母堂活板（徐天）

國圖

〔一〕此書經 Joachim Kurtz：The Works of Li Wenyu（1840－1911）著録，《徐家匯藏書樓所藏天主教圖書目録稿初編》歸「宗教文藝之小説類」。上海土山灣印書館第五版《忠言》扉頁注：「Translatore P. Laur Li，S. J.（李問漁）」

聖體月　一册　**李杕摭譯**〔一〕

天主降生一千八百九十三年（一八九三）上海慈母堂活板（徐天）

澳門大學

心箴　一册　**耶穌會後學李杕問漁氏著**

天主降生一千八百九十三年（一八九三）上海慈母堂重印（徐天）

上圖　復旦　北大　澳門大學

彌撒小言一卷　一册　**耶穌會後學李杕著**

天主降生一千八百九十四年（一八九四）上海慈母堂活板（徐天）

澳門大學

奉慈正義　一册　**李杕呈**

光緒二十一年（一八九五）上海慈母堂鉛印本（徐天）

〔一〕見該書《序》：「杕掠人之美，摭譯是編，袛三十首。」

國圖　北大

福女瑪加利大傳　一册　**李杕譯**

天主降生後一千八百九十五年（一八九五）上海慈母堂活板（徐天）

國圖　復旦

備終録　一册　**田文都遺譯　李杕續譯**

光緒二十三年（一八九七）上海慈母堂鉛印本（徐天）

國圖　上圖

新經譯義　一册　**江南耶穌會隱名士譯**〔二〕

光緒二十三年（一八九七）土山灣慈母堂鉛印本（徐天）

〔二〕　該書《序》謂：「蒙於光緒丙申譯《萬日略》四卷，乙巳秋譯《宗徒大事録》一卷，次第刊行，以廣傳佈，用揚天主榮耀，并乞垂憫鄙人。一千九百零七年夏，江南耶穌會隱名士識。」另，方豪《拉丁文傳入中國考》：「近年李問漁之《新經譯義》、馬相伯之《新史合編直講》、蕭若瑟之《新經全集》，亦皆拉丁文《聖經》譯本之著者。」福建公教週刊第八年第十一期《李問漁司鐸逝世二十五週年紀念》：「《新經釋義》譯者，李公問漁大司鐸……」

山東大學

形性學要十卷　四册　**比國赫師慎、南沙李杕譯**

光緒二十五年己亥（一八九九）春徐匯匯報館印（書録）

復旦　中山大學

真教問答一卷　一册　**李杕譯**

光緒二十五年（一八九九）五月上海土山灣印書館發行（徐天）

上圖

庚子教難記　一册　**李老楞佐彙編**

光緒二十八年（一九〇二）十月石印本（徐天）

上圖　清華

潛德譜一卷　一册　**李杕譯**

光緒三十年（一九〇四）上海慈母堂鉛印本（徐天、涵目）

國圖　上圖　華東師大

性法學要四卷　一册　**李杕編譯**

光緒三十年（一九〇四）土山灣慈母堂印書館再版

復旦　華東師大　北大

省察規式　一册　**李杕譯**〔二〕

光緒三十一年（一九〇五）三版　土山灣慈母堂

復旦

拳禍記　二册　**李杕著**

光緒三十一年（一九〇五）上海土山灣印書館鉛印本（徐天）

上圖　蘇州大學　南大

〔二〕原書無署名，據 Joachim Kurtz, The Works of Li Wenyu (1840 – 1911)": Bibliography of a Chinese-Jesuit Publicist 採入。

福女瑪利亞諾納傳　一册　**李杕譯**
光緒三十二年（一九〇六）上海慈母堂鉛印本（徐天）
北大

聖日辣爾傳五卷　一册　**李杕譯**[一]
光緒三十二年歲次孟冬[二]（一九〇六）上海土山灣慈母堂印（徐天）
國圖　澳門大學

拜聖體文　一册　**李杕譯**[三]
天主降生一千九百零七年（一九〇七）上海土山灣慈母堂印（徐天）
國圖　上圖

[一] 原書李杕《序》：「予閲聖日辣爾傳，係法文……因譯其傳……」
[二] 原書内封如此。
[三] 卷首無署名，此處據《拜聖體文序》。

哲學提綱：靈性學　一册　**P. Laurentius Li, S. J.（李問漁）**

光緒三十三年（一九〇七）上海土山灣印書館發行（總目）

上圖

哲學提綱：生理學附天演論駁義一卷　一册　**李杕譯**

光緒三十三年歲次丁未（一九〇七）上海土山灣印書館排板（徐天）

上圖

聖心月新編遺響　一册　**李杕著**

光緒三十三年（一九〇七）河間府天主堂

國圖

聖安多尼傳　一册　**李杕譯**

光緒三十四年（一九〇八）上海土山灣印書館印本（徐天）

國圖　上圖

哲學提綱：名理學[一]　一册　**李杕譯**

光緒三十四年歲次戊申（一九〇八）上海土山灣印書館排板（總目）

上圖

增補拳匪禍教記　一册　**李杕輯**[二]

宣統元年歲次己酉（一九〇九）上海土山灣印書館活板（徐樓）

上圖

哲學提綱：倫理學　一册　**李杕譯**

宣統元年歲次己酉（一九〇九）上海土山灣印書館活版（徐天、總目）

上圖　人大

[一] 原書《序》：「揭其要，條爲七宗，曰名理學……曰原物學……曰天宇學……曰生理學……曰靈性學……曰原神學……曰倫理學……杕授學震旦學院，已三載於兹，譯哲學之要綱，佐諸生之記誦……光緒三十四年春南沙李杕識。」今「原物學」未見。

[二] 原書《序》：「歲乙巳，余輯《拳匪禍教記》，以兩載之搜羅，都爲一册。」

天演論駁義　一册　**李杕著**

宣統二年（一九一〇）上海徐家匯土山灣印書館發行

國圖　上圖

哲學提綱：原神學　一册　**李杕譯**

光緒三十三年（一九一一）土山灣印書館

上圖　華東師大

續理窟　二册　**南沙李杕問漁氏著**

民國三年（一九一四）上海土山灣印書館印（徐天）

上圖　北師大

匯學課本：通史輯覽　二册　**意國翟彬甫司鐸原著　南匯李問漁司鐸重譯**

民國四年（一九一五）第二次出版　土山灣慈母堂印行（徐樓）

國圖　上圖　華東師大

哲學提綱：天宇學　一册　**李杕譯**
天主降生一千九百十六年（一九一六）上海土山灣印書館排板
華東師大　人大

聖留納多自修志　一册　**李杕譯**〔一〕
天主降生一千九百二十四年（一九二四）上海公教進行會印（徐天）
國圖　華東師大

李公問漁書劄一卷　一件　**闕名輯**
景抄本
國圖〔二〕

〔一〕該書《小序》：「前徐匯聖心報館主任李司鐸問漁，曾譯《聖留納多自修志》登報，見一千九百零四、零五、零六年《聖心報》。……惟未見專版行世，不無遺恨。……棟即託藍、連兩君將報上所記者逐一抄録。……一千九百二十四年夏佘山天文臺陳棟識。」
〔二〕鍾鳴旦等編《徐家匯藏書樓明清天主教文獻》本。

聖依納爵聖水記　一册　**益聞館譯**〔一〕

光緒十二年（一八八六）上海土山灣慈母堂鉛印本（徐天）

國圖　上圖

祈禱會友便覽　一册　**聖心報館譯**〔二〕

光緒十三年（一八八七）季秋土山灣慈母堂活板（徐天）

國圖

領聖體須知　一册　**聖心報館**

天主降生一千八百九十一年（一八九一）上海慈母堂活板（徐天）

復旦　澳門大學　輔仁

〔一〕據 Joachim Kurtz, "The Works of Li Wenyu (1840 – 1911)": Bibliography of a Chinese-Jesuit Publicist 採入。《徐家匯藏書樓所藏古籍目録初編》另有《閨中書》一卷，一册，徐匯益聞館輯，上海慈母堂一八九一年鉛印本，未見。

〔二〕以下署「聖心報館」「匯報館」者均據 Joachim Kurtz 目録採入。

默想聖心九則　一册　**聖心報館譯**
光緒二十三年（一八九七）上海土山灣慈母堂鉛印本（徐天）
國圖

愛主金言一卷　一册　**聖心報館編**
光緒二十六年（一九〇〇）上海慈母堂鉛印本（徐天）
國圖

訓蒙十二德一卷　一册　**聖心報館譯**
天主降生一千九百二年（一九〇二）上海慈母堂活板（徐天）
國圖　澳門大學

勸領聖體説　一册　**聖心報譯**
天主降生一千九百六年（一九〇六）上海慈母堂活板（徐天）
澳門大學

領聖體前後熱情　一册　**聖心報館譯**

天主降生一千九百十年（一九一〇）上海慈母堂重印（徐天）

上圖

泰西事物叢考　八册　**上海徐匯報館教士譯**

光緒二十九年（一九〇三）二月匯報館藏本　鴻寶齋石印（涵目）

上圖　復旦　北大

西學關鍵八卷　四册　**匯報館教士譯**

光緒二十九年（一九〇三）仲春匯報館藏本　鴻寶齋石印（書録、涵目）

國圖　復旦

甲辰日用寶書　一册　**匯報館輯**

光緒癸卯年（一九〇三）鴻寶齋石印

上圖

蔣升（一八四三—一九一五）[一]

字邑虛、升階。别署南窗侍者[二]、種蕉藝蘭生[三]。掌徐匯學院者垂三十年，爲公所甄陶者不知幾千人，一時莘莘之士多從其遊。其後敷教於青浦、婁縣，賢聲載道，德澤芳流，是邦之人，莫不以聆公之教爲快。（《修院全體〈蔣邑虛大司鐸七秩壽秩〉》載《善導報》一九一五年第三十九期、張志瀛《祝蔣邑虛司鐸七秩》載《善導報》一九一四年第十三期）

省慈編一卷（一題聖母月新編）　一册　**雲間耶穌會士邑虛蔣升、固愚龔柴譯**

光緒三年（一八七七）上海慈母堂鉛印本（徐天）

[一]《聖母始胎會八十週慶紀念册》之《徐匯中學聖母會八十年内正領袖》載一八六三年五月二十五日蔣升階「二十歲」。另，《善導報》一九一五年三十九期修院全體同仁撰《蔣邑虛大司鐸七秩壽秩》「歲逢壬子陰十月二十二日爲公古稀之壽辰」。另，方豪《中國天主教史人物傳》之《馬良》：「蔣邑虛司鐸升階則小（馬相伯）五歲。」張志瀛《祝蔣邑虛司鐸七秩》：「邑虛先生，吾老友……與余同里又同門」，因得知爲南匯籍。

[二]參見《坤輿撮要問答》書中《序》謂：「南窗侍者蔣升邑虛氏序于蒲西明道書館東齋。」

[三]《異聞益智叢録》凡例云：「輿地一門本欲列入，繼因《五洲括地歌》及《皇朝直省府廳州縣歌括》余有專本刊行，不再重印，祇列京師至各省路程，以便行人取用。」則知《異聞益智叢録》《五洲括地歌》《皇朝直省府廳州縣歌括》作者爲一人。此處及卒年均據葉文玲、張振國《晚清徐匯公學校長蔣邑虛生平著述考》。葉文將南匯張志瀛（雪香）誤爲梁溪張志瀛（廷鏞），誤以蔣升爲江蘇無錫人。

國圖　上圖　北大

聖亞爾方騷勞特理垓傳二卷　一册　**雲間耶穌會士邑虛蔣升、固愚龔柴譯**

光緒三年（一八七七）慈母堂活板（徐天）

國圖　上圖　澳門大學

默想正則　一册　**泰西耶穌會總長若望禄德撰　雲間耶穌會後學邑虛蔣升譯**

天主降生一千八百七十九年（一八七九）上海慈母堂仿聚珍版重印（徐天）

國圖　澳門大學

修成正鵠二十四卷〔二〕　六册　**耶穌會士雲間邑虛蔣升譯述　平江棲梅倪守鶴參譯**

天主降生一千八百八十年（一八八〇）西曆正月土山灣慈母堂排印（徐天）

上圖　復旦

〔二〕　據蔣升《序》謂「泰西耶穌會學士勞德理爵所撰」。

通問便集一卷　一册　**南沙子虛氏輯注**

光緒七年歲次辛巳（一八八一）孟冬月滬西土山灣慈母堂仿聚珍版印（徐樓）

内蒙古

尺牘初桄二卷〔一〕　二册　**南窗侍者子虛氏輯**

光緒十年歲次甲申（一八八四）桃月踏青節滬城西十二里土山灣慈母堂印書局仿聚珍版印竣發兑

（徐樓）

復旦　河南大學

〔一〕《尺牘初桄》序：「南窗無事，予曾裒輯古今名人詞料尺牘並删改拙稿若干紙，編爲四集。初集舉新安涂敷五先生所著《類腋》，摘録成編；二集凡尺牘中清新之作，靡不採入；三集則飾句修辭，尤擅美境；至四集而衆格咸備。……辛巳秋，擬付手民，而論者謂《類腋》一書，各坊都有，且二集一册已足逮示津梁，無須多窺斑豹，因將初、三、四集束之高閣，不復開雕，衹取二集刊刻，題曰《通問便集》。及剞劂已竣，而論者又謂：是集雖僅尋常贈答之辭，而佩實銜華，有典有則，非童年所能學步躐等，求之於啓蒙，庸有裨耶？予一再思維，其便於初學，莫如向者所選初集。雖坊中刊有涂本，而魯魚帝虎，傳譌良多，於是重加校正，俾閲者了然。其中所用典故有涉佛老荒唐之説，爲君子所弗稱者，改竄殆盡。即字句間有可商處，亦以管見删潤或參入他人詞意、一綫貫穿，并將尺牘中難解之典彙注集首。非敢誇才掠美，聊補前人所未備……」可見《尺牘初桄》與《通問便集》之淵源關係。

書契便蒙二卷　二册　**南沙南窗侍者編**

光緒二十年甲申（一八九四）上海土山灣活板印（徐樓）

復旦

五洲括地歌　一册　**蔣升撰**

光緒二十四年歲在戊戌（一八九八）春王正月滬城西十二里土山灣慈母堂印書局仿聚珍版印竣發兑（徐樓）

國圖　浙江　中山大學　北大

皇朝直省府廳州縣歌括一卷　一册　**蔣升撰**

光緒二十四年歲在戊戌（一八九八）冬十二月滬城西十二里土山灣慈母堂印書局仿聚珍版印竣發兑（徐樓）

國圖　浙江　首都　天津

師主吟四卷附一卷　一册　**耶穌會邑虛蔣升撰**

天主降生一千八百九十八年（一八九八）上海慈母堂活板（徐天）

國圖　復旦

異聞益智叢録三十四卷（一題聞見叢抄、異聞益智新囊）　八册　**種蕉藝蘭生輯**

光緒庚子（一九〇〇）夏　江南書局印

上圖　南大　北大　人大

師主編四卷　一册　**耶穌會邑虛蔣升譯**

宣統三年（一九一一）上海慈母堂（徐天）

上圖　北大

週年默想十二卷　四册　**許采白、蔣邑虛譯**

民國元年（一九一二）上海土山灣印書館鉛印本（徐天）[一]

國圖　上圖　輔仁

[一]《徐家匯藏書樓所藏天主教圖書目録稿初編》另著録有鈔本八册，「徐采白譯」（徐字疑「許」字誤）。

奚世榦（一八六七—？）[一]

字挺筠。君故寒士，且聾於耳[二]，顧能竭數年之精勤，縮一身之衣食，慨然以振興工業爲己任，將翻譯日本工藝製造之書刊刻行世。又慮行之不廣也，爰仿東西洋各國雜誌體月出一册，俾人人知振興工業當由學術先振，發士夫之聾聵，乃能徐及操業者。蓋不如是不能探歐美之秘，復考工之盛也。光緒戊戌（一八九八），以時事關懷，爲振興學校、輔翼富强起見，集同志四五十人擬定章程，設立上海經濟學會。輯有《松産稻種類表》[三]。（羅振玉《工藝報序》、葉瀚《工藝叢書序》）

工藝叢書第一集五種　四册　奚世榦譯行

光緒二十七年（一九〇一）南匯奚氏譯行（書録）

復旦

染色法　日本伊達道太郎、小泉榮次郎同編　桐鄉沈紘譯

〔一〕承柴志光先生提示，生年據奚志强編著《召稼樓奚氏史話》「凱壽堂」世系表，學林出版社，二〇一〇年。

〔二〕《續修四庫全書提要》：「《説文校案》一卷：奚君口啞不能道言語而通小學。嘗欲纂輯《説文解字通考》，茲事體大，僅存纂例，全書未成也。每讀《説文》，有所創獲，成《校案》一卷。」

〔三〕載《農學報》卷七十一，光緒二十五年。

屑繭製絲法　日本竹澤章輯　桐鄉沈紘譯

合金録　日本橋本奇策著　桐鄉沈紘譯

金類染色法　日本橋本奇策著　桐鄉沈紘譯

妝品編　日本博文館編輯　桐鄉沈紘譯

劉式訓（一八六八—一九二九）[一]

幼名蓉生[二]，字箏笙，號紫箴、紫升。賦性穎慧，風姿俊逸。肄業方言學堂，習法文。取西籍婦，固富有資財者，爲納官得主事。庚子（一九〇〇），李經羲撫滇，奏調外交人材，式訓與焉。雖通法人語文，而外交實非所長，經羲寖厭薄之，乃自乞去。初充駐法使館翻譯，未幾擢參贊，後晋京堂授使法大臣，已而除内閣侍讀學士。入民國，歸家於滬上，不復營進，故聲聞闇然。（沃丘仲子《當代名人小傳》卷上、《下沙鎮劉氏》載《南匯縣文史資料選輯》第九輯）

法國政教考略四卷　一册　**劉式訓譯編**

光緒二十七年（一九〇一）鉛印本（涵目）

[一] 生平承柴志光先生提示，特此誌謝。

[二] 見夏炎光《混血兒劉媚的軼聞》，載《南匯縣文史資料選輯》第九輯。

國圖　華東師大　蘇州大學　人大　北師大

泰西禮俗新編之一：婚姻談　一册　**法國男爵夫人司達福氏著　駐法二等參贊官劉式訓譯**

光緒三十一年（一九〇五）七月初版　上海中新書局製板　時中書局總發行（歷目、涵目）

上圖　浙江

奏議函電稿（光緒乙巳至宣統辛亥）　二十九册　**劉式訓撰**

藍格抄本

美國哈佛燕京

王廣圻（一八七五—？）

字聚鶴，號劼孚，原名曾頤。國子監南學生。以謀事來京投奔[一]。其時在外部有聲之雷補同，雷薦某處充文案，值陸徵祥爲荷蘭公使，某處乃薦之陸，隨往荷蘭充當書記。譯有《中立之國際法論》、續修《南

[一] 據骨子《王劼孚之籍貫》（載《金剛鑽》一九二八年一月六日二版）：王廣圻「戊戌己酉之際，以本案牽涉，縣令汪意誠索之急，逋逃北京，入京師同文館肄習法文，轉輾而出使外國。至今南匯人談起出處者，無不謂其因禍得福也」。

匯王氏家譜》。（遠生《王廣圻案》載《申報》一九一四年二月一日第三版、敷文社編《最近官紳履歷彙録》[一]、柴志光《王廣圻》載《浦東早期留學人員選録（一八七二—一九四九）》）

世界教育譚　一册　**日本文學士澤柳政太郎著**　**南匯王曾頤譯**

光緒二十九年（一九〇三）上海開明書店發行　教育研究會叢編之三（提要、涵目、浙目）

上圖　浙江　天津

賈文浩（？—一九一一）[二]

字志鴻。步緯子。附貢生。家學專門，殫心訓課。任兩湖書院天文學分教、布政司理問銜。（《光緒二十八年十一月初六日京報全録》載《申報》一九〇二年十二月二十三日第十二版）

大清光緒三十一年歲次乙巳航海通書　一册　**南匯賈文浩、上海火榮業譯校**

光緒三十年（一九〇四）江南製造局排印（陳目）

[一]《最近官紳履歷彙録》：「年四十歲」（一九二〇年）

[二] 賈文聚《則梅山房便用通書緣起》（失刊刻年月）：「《則梅山房便用通書》，先徵君避兵海上所作，創始於咸豐三年。……光緒三十年，先徵君捐館舍，先兄志鴻繼任其事，不幸又於今夏閏月去世……時辛亥秋七月，澧溪賈文聚識於京師工業學堂講舍。」

北大

大清光緒三十二年歲次丙午航海通書　一册　南滙賈文浩、上海火榮業譯校

光緒三十一年（一九〇五）江南製造局排印（陳目）

北大

大清光緒三十三年歲次丁未航海通書　一册　南滙賈文浩、上海火榮業譯校

光緒三十二年（一九〇六）江南製造局排印（陳目）

北大

大清光緒三十四年歲次戊申航海通書　一册　南滙賈文浩、上海火榮業譯校

光緒三十三年（一九〇七）江南製造局排印（陳目）

北大　復旦

大清宣統元年歲次己酉航海通書　一册　南滙賈文浩、上海火榮業譯校

光緒三十四年（一九〇八）江南製造局排印（陳目）

北大

大清宣統二年歲次庚戌航海通書　一册　**南匯賈文浩、上海火榮業譯校**

宣統元年（一九〇九）江南製造局排印（陳目）

北大

大清宣統三年歲次辛亥航海通書　一册　**南匯賈文浩、上海火榮業譯校**

宣統二年（一九一〇）江南製造局排印（陳目）

北大

張璜（一八七二—一九二九）

字漁珊，又字漁人，聖名瑪弟亞，南匯之西八灶人。幼年肄業徐匯公學，一八九三年入徐家匯初學院，進耶穌會。二年後，遣至南京研究中西文學。一九〇四年，晋升鐸品。一九〇五年，傳教於嘉定。一九〇七年，公居徐匯，專事研究漢學 Variétés sinologiques[一]。一九〇八年，公調至董家渡，幫助傳教事務，一年

[一] Variétés sinologiques 爲夏鳴雷《漢學叢書》之西文原名。

後又調回徐家匯，任《聖心報》及《匯報》副主任事務，兼管藏書樓。有《歐亞紀元列表》、Synchronismes Chinois〔一〕、Les tombeaux de la dynastie Liang、《聖女嬰孩耶穌德肋撒傳略》〔二〕、《如庇來翁大赦考》〔三〕。（徐宗澤《前本誌副主任張漁珊司鐸》載《聖教雜誌》一九三六年二十五卷十二期，方豪《中國天主教史人物傳》）

歐亞紀元合表　一册　**南匯張璜漁珊氏**〔四〕

光緒叁拾年歲次甲辰（一九〇四）上海土山灣慈母堂排印

上圖　復旦　華東師大

〔一〕即《歐亞紀元合表》。

〔二〕華東師範大學藏有上海土山灣印書館一九三一年第三版。

〔三〕華東師範大學藏有上海土山灣印書館一九一六年本。

〔四〕未見卷端署名，書前序：「璜不敏，課讀餘暇，博採中外書籍，閱三冬月始成《歐亞紀元合表》一書……光緒三十年歲次甲辰仲秋月南匯張璜漁珊氏自叙於徐匯之講學齋。」按，馮承鈞《續修四庫全書總目提要》（西學與中外交通部分）「四裔編年表」條：「光緒甲辰間，南匯張璜撰《歐亞紀元合表》，雖地僅限於東方，特甚精審，顧不爲世所重；而是編（《四裔編年表》）成書在前，竟傳世不廢，殆因一爲官書，一爲私撰歟。」

沈　羽〔一〕

字魁百〔二〕。乙巳（一九〇五）冬即龍門師範始創之年出校，其間任融齋師範算學教習者半年，任中國圖書公司編譯算學事者二年。自去圖書公司之後，遂入同濟德文醫學校肄業。（沈羽《報告出校後研究德國醫學之情狀》載《江蘇省立第二師範學校校友會雜誌》）

初等小學算術課本　八册　**沈羽編輯**

光緒三十三年（一九〇七）三月　中國圖書公司

民目

初等小學算術教授本　八册　**江蘇華亭沈羽編輯**

光緒三十三年丁未（一九〇七）六月初版　中國圖書公司編輯印行

〔一〕《申報》一九一六年一月十九日十版《德文醫工大學畢業考試》：「沈羽」名字後注「江蘇南匯」。

〔二〕見《綠秋吟館詩集》卷首「華亭沈景賢少泉著，男羽魁百謹刊」。按，該書卷尾沈羽跋語提及「羽任上海中國圖書公司編譯算學事時……」

天津　民目

算學自修書：算術之部　二册　**華亭沈羽編輯**

光緒三十三年丁未（一九〇七）七月初版　上海中國圖書公司印行

天津　孔網

初等解析幾何學　一册　**沈羽編譯**

光緒三十四年（一九〇八）中國圖書公司

浙江

自修教科適用：世界語進階　一册　**華亭沈羽著**

宣統二年（一九一〇）十月初版　上海徐家匯土山灣印書館印　上海總發行所：中國圖書公司　商務印書館

孔網

世界語教科書　一册　**德國鮑雷而原著　柴氏鑒定　華亭沈羽譯補**

宣統三年（一九一一）三月初版　上海中國圖書公司總發行　上海徐家匯土山灣印書館印

上圖

袖珍世界語字典　一册　**世界語創造大家柴孟河原著　華亭沈羽譯**

宣統三年（一九一一）三月初版　上海徐家匯土山灣印書館印

上圖

張志瀛（一八三七—？）[一]

字雪香。於壯年入署辦公[二]，任上海法總領事署文案長。法國政府因張君辦事盡職，特贈法國勳級會第五等勳章，由總領事轉致。（《近事本國之部》載《聖教雜誌》一九一二年第一卷第九期）

中法文合璧：法領政略表　一册　**張志瀛**

中華民國元年（一九一二）秋徐家匯土山灣印書館校印

〔一〕 生年據張志瀛《駐滬法領事政略表序》：「歲在壬子孟秋上海法總領事署文案長南匯雪香氏張志瀛序。時年七十有六。」

〔二〕 張志瀛《駐滬法領事政略表序》：「自同治壬戌年（一八六二）就館於駐滬法領事署。」

嘉定縣

吴宗濂（一八五六—一九三三）

字挹清。少年時肄業上海廣方言館，攻習法文。嗣入京師同文館畢業。歷任駐英公使館翻譯，回國後任蘆漢鐵路稽查部處長。光緒二十八年（一九〇二），隨駐法公使孫寶琦赴巴黎，任使館一等參贊。次年，孫兼西班牙使事，派宗濂爲駐班代辦。旋改任駐英法德比留學生監督，常駐比京。光緒三十年（一九〇四），駐奥公使李經邁請假回國，外務部派宗濂代理，仍准兼管留學事宜。三十一年（一九〇五）返國，任外務部左參議。民國成立，曾任駐義代表。民國六年（一九一七），任吉林特派交涉員。十八、九年任國民政府修約委員會委員。（賈逸君《中華民國名人傳》）

出使英法義比四國日記六卷　六册　**無錫薛福成叔耘纂著　如皋顧錫爵延卿、新陽趙元益静涵、鄞張美翊讓三參校　上海王豐鎬省山、嘉定吴宗濂挹清、歸安胡惟德馨吾、鄞陳星庚鈞侯采譯　桐城潘承烈景周繕録**

光緒壬辰（一八九二）暮春之初上海鴻寶齋石印　醉六堂發兑（書録、徐樓）

國圖　上圖　復旦

澳大利亞洲新志　一册　**嘉定吴宗濂、新陽趙元益同譯**

光緒二十三年丁酉（一八九七）二月中旬元和江氏刻于長沙　靈鶼閣叢書本（書録）

上圖　復旦　華東師大　上海師大　浙江

英法義比志譯略四卷　二册　**無錫薛福成叔耘鑒定　嘉定吴宗濂挹清譯　新陽趙元益静涵述**[一]　**鐵嶺世增益三譯　如皋顧錫爵延卿述**[二]

光緒己亥（一八九九）四月上海石印　無錫薛氏遺稿（提要、浙目）

華東師大　浙江　蘇州大學　北大

壽萱室條議存稿　一册　**嘉定吴宗濂景周擬**

光緒二十七年（一九〇一）壽萱室藏板（經眼、浙目）

[一] 卷一《英吉利志譯略》。

[二] 卷二《佛郎西志譯略》、卷三《意大里志譯略》、卷四《比利時志譯略》。

國圖　上圖　浙江　北大

德國陸軍考四卷　四册　**法國統將歐盟輯著　嘉定吴宗濂挹清譯文　嘉定潘元善性初執筆**

光緒辛丑（一九〇一）十一月江南製造局鉛印（局記、經眼、陳目、總目）

國圖　上圖　浙江　北大　清華

出洋通商舉隅一卷　一册　**法國雷翁何珊、中國駐法參贊仝擬　嘉定吴宗濂譯**

光緒二十七年（一九〇一）壽萱室鉛印本（浙目、總目）

國圖　上圖　浙江

隨軺筆記四種　四册　**合肥龔照瑗仰蘧鑒定　嘉定吴宗濂景周著**

光緒壬寅（一九〇二）孟春箸易堂鉛印壽萱室藏版（中目）

上圖　復旦　華東師大　清華

記程

記事

記聞

記游〔一〕

土耳其國志羅馬尼亞國志塞爾維亞國志布加利亞國志門得内羅國志希臘國志　一册　無錫薛福成叔耘鑒定　嘉定吴宗濂挹清、宛平郭家驥秋坪同譯　鄞縣張美翊讓三述

光緒二十八年（一九〇二）無錫薛氏石印本（書録）

國圖　上圖　蘇州大學

校譜　一册　駐義使者嘉定吴宗濂挹清輯譯　留法農校自費生受業上海徐球參校

宣統二年（一九一〇）十月上海商務印書館代印（涵目）

南大　北大　天津

吴宗濂信稿　十一册　吴宗濂撰

宣統間稿本（總目）

〔一〕《例言》謂："是編本分初、續二集：初集係遊歷法國，先由上海時務報館印行，續集係遊歷比、義二國，由杭州經世報館印行，蓋皆爲海軍衙門派往英、法、義、比之遊歷官代作，以呈譯署也。遊歷官原有二員：一爲刑部琴堂副郎彦愷，一爲兵部瑞臣主政鳳凌。"以是，《汪穰卿先生傳記》謂："《隨軺游記》，是書爲吴君挹清與鳳君瑞臣、彦君琴堂所撰。"

未見七種詳附表： 法國史記提要、繪圖法史問答、法海軍章程、法外部章程、武志説略、中西啓釁始末、增訂五洲通志

周保璋（一八四四—一八九七）〔一〕

字禮南，號棫士，又號峨卿、鏡湄居士。世居嘉定南門。同治庚午舉人。生平澹泊自持，不慕榮利。雖時居顯幕，唯以窮經致用爲務。古今圖籍靡不究覽，而尤邃於聲韻之學。醫理湛深，書法亦負盛名，爲詩文以質確勝。嘗掌教震川書院，評騭悉當，士論翕然。里居課徒，從遊者甚衆。（黄世祚總纂《嘉定縣續志》卷十一《人物志》、《清代硃卷集成》第一百五十六册）

童蒙記誦編二卷 二册 **嘉定周保璋編輯**

光緒十九年（一八九三）刻本

〔一〕 生年據《清代硃卷集成》第一百五十六册「道光二十四年甲辰九月初七日吉時生江蘇太倉州嘉定縣」，卒年據民國《嘉定縣續志》「卒年五十四」。

國圖

光緒丁酉（一八九七）季冬刊成　嘉定高潄芳齋刻印（書録）

復旦　華東師大

金澤厚

生平不詳。

基督本記　一册　**美國卜舫濟口述　古嘐金澤厚筆録**

光緒二十二年（一八九六）上海廣學會（雷目、徐基）

上圖　北大

廖壽豐（一八三六—一九〇一）

字穀似，又字闇齋，晚號止齋。惟勳長子。同治辛未進士，改庶吉士，散館授編修。京察一等，記名以道府用。光緒七年（一八八一），簡任浙江糧儲道，升按察使，調任河南布政使、護理巡撫，革除河工陋規，修復各縣隄埝疏濬淤塞河道，撫卹被水災黎，撥款購儲倉穀，雖受代在即，亦不諉卸。逾年擢浙江巡撫，爲政寬易近民，尤能識拔人才，數年引疾歸。時戊戌政變後，私家雖已開辦學社，而公立者尚闕如，壽豐捐銀三千數百兩爲經費，創辦清華書館，招邑之秀者而課以有用之學，造就甚衆。官翰林時，嘉寶兩邑有請減加漕之役，壽豐聯合京僚，挈銜具呈都察院代奏，事因得請。辛丑（一九〇一）三月卒於家。有《詒安堂奏議》。（俞樾《穀似公墓志銘》載《嘉定碑刻集》、詠屺編《嘉定名人傳略》、黄世祚總纂《嘉定縣續志》卷十一《人物志》）

武備新書十種　五册　**廖壽豐輯**

光緒二十三年（一八九七）浙江書局（徐樓、中目）

上圖　華東師大　北大　清華

行營防守學一卷

步隊工程學一卷

步隊操法摘要一卷

施放礮書一卷

施放行營礮章程

測量摘要

瞄準要法一卷

格魯森快放礮操法一卷

毛瑟槍學一卷

新式毛瑟快槍學一卷

沈恩孚（一八六四—一九四四）

字信卿，一署心磬，初號輂梧，又號漸庵，晚號若嬰。居嘉定城東門内。光緒甲午科舉人。生於嘉定婁塘[一]。十五補博士弟子員，嗣肄業上海龍門書院，日夕研討經世之學，以爲漢、宋諸儒各分門户，不能越孔學範圍，要在通經致用，而詞章學亦有時見道，道在足供世用而已。應寶山學堂之聘爲總教習，滬、嘉優秀子弟聞風景從。甲辰（一九〇四），龍門舊同學議以書院舊址改設道立師範學校，先生與袁希濤、葉景澐、夏曰璈同赴日本考察教育，歸任上海蘇松太道立龍門師範學校監督。南通張謇聞先生辦學有成績，敦請兼任中國圖書公司總編輯。先生以兼職非宜，乃辭監督而就編輯。江蘇同鄉創立江蘇學會，先生被選爲評議員。後因圖書公司費絀辭職，而學會已改稱江蘇省教育會，先生任駐會辦事者，先後十餘年。民國十三年（一九二四），創設甲子社，搜輯近代史料，廣羅報章雜誌，凡朝章國故、兵刑禮樂、農工商礦、社會風俗，一一分别部居，加以翦綴，牙籤萬軸，若網在綱，以供學人研討。漸擴充爲人文圖書館，先生主持館務，以終其身。（沈恩孚《無成人傳》載《沈信卿先生文集》、黄炎培《沈信卿先

[一] 見沈恩孚《無成人傳》。

生傳》載《沈信卿先生文集》、蔣維喬《沈信卿先生傳》載《民國人物碑傳集》卷五、《清代硃卷集成》第一百九十二册）

澳大利亞洲志譯本一卷　一册　**吴沈恩孚編次**

丁酉（一八九七）冬十一月漸學廬叢書本

國圖　浙江

漸盦東遊記教育談分日附録　一册　**吴縣沈恩孚**

光緒乙巳年（一九〇五）五月出版　時中書局發行　中新書局印刷

上圖

張大鏞

字味蓀。居城中。附貢生。官浙江安吉、義烏等縣知縣，後改分部主事加四品銜。光緒二十四年（一八九八）率杭州求是書院及武備學堂肄業生遊歷日本。（黄世祚總纂《嘉定縣續志》卷十《選舉志》）

日本武學兵隊紀略一卷日本各校紀略一卷　一册　**浙江候補知縣張大鏞呈**〔一〕

光緒己亥（一八九九）仲春浙江書局刊（經眼、總目）

上圖　天津

潘元善（一八六六—一九一二）

字性初，號詢芻。諸生。識見高遠，心思縝密。戊戌政變後，倡教育，設廣益學會。集合同志購寘物理、化學儀器，備學者試驗。又與同志創立嘉定學會，分門研究，以造就師資。其他若女子不纏足、結婚用文明儀式、祭祀不焚錠箔，類皆破除舊習。（喬詠屺編《嘉定名人傳略》、黄世祚總纂《嘉定縣續志》卷十一《人物志》）

德國陸軍考四卷　四册　**法國統將歐盟輯著　嘉定吴宗濂挹清譯文　嘉定潘元善性初執筆**

光緒辛丑（一九〇一）十一月江南製造局鉛印（局記、經眼、陳目、總目）

國圖　上圖　浙江　北大　清華

〔一〕浙江圖書館歷史文獻館藏目録著録「日本各校紀略」爲「廖壽豐輯」。

夏清貽（一八七四—一九四〇）[一]

字頌萊。别署公奴。曰琦胞姪。開明書店創辦人[二]。曾任《申報》記者有年，爲星期增刊之主編者，文名藉甚。旋入舊京任國務院交通部首席秘書，東北政務委員會徵爲機要秘書[三]。先生篆法静穆，直類楊沂孫，斯其一斑耳。（《當代名書家小記》載《上海畫報》一九三〇年第六百二十七期）

上圖

十九世紀世界大勢論　一册　**日本文學士高山林次郎撰　嘉定夏清貽譯**[四]

光緒二十八年（一九〇二）十二月發行　開明書店總發行

[一]《江蘇省教育會年鑑》（一九二二）《會員姓名録》（民國十年十二月重編）：「四十八歲。」

[二] 朱聯保《近現代上海出版業印象記》，朱誤夏爲杭州人。

[三]《中華民國政府官職資料庫》：歷任司法部江西高等監察廳書記官長、國務院秘書、中俄會議辦事處秘書、印鑄局參事等職。

[四] 該書封面題：「郊牟譯稿。」

金陵賣書記　一册　**公奴**〔二〕

光緒二十八年（一九〇二）開明書店

華東師大　金陵

英特戰記三編　三册　**東亞善鄰學館翻譯**　**夏清貽編纂**

光緒三十年（一九〇四）三月初版發行　上海開明書店藏版

國圖　上圖

地文學簡易教科書　一册　**嘉定夏清貽編**

光緒三十年（一九〇四）六月初版發行　上海開明書店藏版

孔網

〔二〕　通常引據陳乃乾考證爲開明書店主持人夏頌萊（清貽），張静廬輯注《中國現代出版史料》（甲編）亦引此。今據姚明煇《近代上海學術文化漫記》：「展夏清貽之庚子《金陵賣書記》，秀才冬烘，可資噴飯。」姚與夏熟稔，當可確信無疑。

中學本國史教科書　一册　**夏清貽編**

光緒乙巳年（一九〇五）六月初版　上海開明書店（涵目）

北師大　民目

增訂改良普通地理讀本　一册　**夏清貽編**

光緒乙巳年（一九〇五）開明書局、王氏育材學堂編譯所（涵目）

民目

龍門師範學校講義歷史教授法　一册　**夏清貽著**

光緒三十二年（一九〇六）五月初版　上海開明書局

民目

龍門師範學校西洋史講義　一册　**夏清貽著**

光緒三十二年（一九〇六）五月初版　上海開明書局

民目

蘇省鐵路營業報告一卷　一册　**夏清貽撰**

光緒三十四年（一九〇八）鉛印本（總目）

上圖

未見二種詳附表：英人經略非洲記、中學地理教科書

秦沅（一八八一——一九五一）

字蘅江。增生。日本東京物理學校畢業。民立上海中學算學教習、水産學校教務主任。與陳有豐編有《數理化學會雜誌》。（黄世祚總纂《嘉定縣續志》卷七《教育志》、顧實瑚《宣統庚戌科學部試卷》）

東洋分國史　二册　**嘉定秦蘅江編譯**

光緒二十八年（一九〇二）十一月　育材學堂編譯所校行（提要、經眼、涵目）

復旦　青海

中學數學教科書　二册　**嘉定秦沅著**

光緒甲辰年（一九〇四）六月、十二月發行　上海開明書店發行（涵目）

北師大　民目

夏清馥（一八八一—一九一四）

字穎荃。嘗有志于籌蒙，修學之餘，間關跋涉，從事探檢，迻譯地志，以餉國人。猶憶革命之際，東南大定，獨金陵負固未下，君親督健兒上天保城，戰數日夜，卒奏凱旋之績，遂獲少將之賞，世俗咸爲君榮，而君力辭不受命。民國二年（一九一三）秋寧垣之變，君已先期解職，識者以君爲知幾，而誣謗朋興，幾陷不測。獄具而幸解。既解，君知國事不可問矣，乃退而來江蘇省立水産學校。（《祭事務部長夏君穎荃文》載《江蘇省立水産學報之刊》一九一五年第一期）

印度滅亡戰史　一册　**嘉定夏清馥編譯**〔一〕

光緒二十八年（一九〇二）十二月初版發行　開明書店發行　群誼譯社印行（經眼、提要）

浙江　常州　人大

南洋風雲　一册　**夏清馥譯述**

光緒二十九年（一九〇三）五月東京并木活版所印刷

〔一〕　該書封面題：「穎荃譯稿。」

上圖　浙江　常州

學界偉人傳第一：達爾文　一册　**日本三宅驥一著　夏清馥譯**

光緒二十九年（一九〇三）群誼譯社　開明書店（涵目、浙目）

浙江

海軍　一册　**嘉定夏清馥編輯**

光緒三十年（一九〇四）七月初版發行　上海開明書店發行（涵目）

上圖　浙江

黄守恒（一八七四—一九一一）

字心舟、佛心，號復瞘、鄦臣、頑庵。世礽從姪。廩貢生。肄業江陰南菁書院。歷任普通小學校長，上海廣明師範傳習所、澄衷學堂教員，集成圖書公司編輯員。有《謀邑篇》五卷、《校訂定盦全集》、《教育習擬稿》、《煩言》、《詩話雜俎》。另有《西伯利鐵道》《新建國》《中亞西亞紀行》未見[一]。（黄世祚總纂

[一]《西伯利鐵道》，嘉定黄守恒、陽湖嚴保誠譯；《新建國》，嘉定黄守恒譯；《中亞西亞紀行》，嘉定黄守恒譯。俱日新書所出版，參《長城遊記》書後廣告。

《嘉定縣續志》卷六《自治志》、《清代硃卷集成》第一百九十一册黄世礽項下）

長城遊記　一册　**日本大鳥圭介著　嘉定黄守恒譯**

光緒二十九年（一九〇三）正月上海文明書局代印　開明書店發行　輿學叢書（提要、總目）

上圖　北師大　南開　中山大學

未見三種詳附表：小學教科初等手工教範、小學教科初等地理教科書、小學教科初等地理教授案

金壽康

日本東京高等工業學校機織科畢業，考授工科舉人。（黄世祚總纂《嘉定縣續志》卷七《教育志》、卷十《選舉志》）

道德法律進化之理　一册　**日本加藤弘之著　嘉定金壽康、陽湖楊殿玉同譯**

光緒二十九年（一九〇三）二月　上海廣智書局（涵目、浙目）

國圖　上圖　蘇州大學　北大　天津

支那歷史問答　一册　**金壽康譯**

光緒間吴縣汪氏校印　教科百種全書本

北大

植物學問答　一册　**金壽康譯**

光緒間吴縣汪氏校印　教科百種全書本

北大

動物學新書九章　一册　**日本八田三郎編纂　金壽康譯述**

光緒間吴縣汪氏校印　教科百種全書本

北大

廖世襄

生平不詳。

生理學教科書 一册 **法國包爾培原著 古畻廖世襄譯述**

光緒二十九年（一九〇三）八月首版 上海商務印書館印行（經眼、涵目）

國圖 民目

童世亨（一八八三—一九七五）

字季通。早歲入南洋公學肄業，會義和團運動，中途輟學。歸應院試，翹列前茅。適袁世凱總督直隸，札委山陰朱正元測繪山東、直隸、奉天三省沿海地圖，世亨往從之遊，始有精研地理之志。其後迭任上海務本女學、龍門師範學堂及南京高等師範學校地理教員，編著地圖十餘種，風行遠近。乙巳（一九〇五）秋，措資遊學日本。留東六載，學費所出，多取給於筆硯，每於課餘暇晷編書製圖，孜孜無休。自刊《中國形勢一覽圖》《世界形勢一覽圖》及《歷代疆域形勢一覽圖》多種，廣銷國内。宣統三年（一九一一），畢業於東京高等工業學校電器機械科，歸應部試，列最優等，授工科進士。值蘇省光復，都督程公開府金陵，招世亨籌辦江蘇省立第一工業學校，旋任南京電燈廠廠長。癸丑（一九一三）以後，辭職回滬，專意經商，無心仕進。初辦中外輿圖局，與商務印書館合資經營。繼又創辦浦東電氣股份有限公司，集資數十萬，光耀數十里。（童世亨《企業回憶録》、樊蔭南編纂《當代中國名人録》、黄世祚總纂《嘉定縣續志》卷七《教育志》）

測繪教科書　一册　**嘉定童世亨編輯**

光緒三十一年（一九〇五）三月望日出版　務本女塾、開明書店、文明書局發行（涵目）

北大　清華

新式游戲算學　一册　**嘉定童世亨編**

光緒三十二年（一九〇六）十月初版　昌明公司（涵目）

孔網

世界物産地誌　一册　**嘉定童世亨、鎮洋俞鎮合譯**

光緒三十三年（一九〇七）三月　昌明公司（涵目）

上圖

小學地理教科書　一册　**童世亨編**〔一〕

光緒三十三年（一九〇七）四月初版　上海昌明公司

〔一〕《民國時期總書目·中小學教材》原著録爲「童世高」。

山東沿海遊歷記　一册　**童世亨撰**

清末鉛印本[一]

國圖

鎮江府屬全圖　一册　**嘐西童世亨季通著**

宣統元年（一九〇九）十二月印刷發行　上海中國圖書公司出版

上圖

常州府屬全圖　一册　**嘐西童世亨季通著**

宣統三年（一九一一）七月再版發行　上海中國圖書公司出版

上圖

[一] 目録附注：據清末報紙剪切裝訂而成。

吴士毅

生平不詳。

偵探小説：大彼得遺囑（一題白藕節）　一册　**法國握興著　嘉定吴士毅譯　無竟生筆受**〔一〕

乙巳（一九〇五）三月初版　時報館（涵目、總目）

上圖　復旦

吴　競

生平不詳〔二〕。

游記小説：神女緣　一册　**荷蘭麥巴士著　嘉定吴竟口譯　秀水洪光筆受**〔三〕

光緒三十一年（一九〇五）十月初版　小説叢書第一集第二編　時報館印行（涵目）

〔一〕據書前《譯言》。

〔二〕另編輯有《中華高等小學地理教科書》（中華書局民國元年三月初版本）。

〔三〕按，書後版權頁署「譯述者：上海時報館記者」。

夏曰瑗（一八七二—一九四五）[一]

字琅雲。天性孝弟，幼奉庭訓，弱冠補博士弟子。顧數奇，鄉闈屢薦不售，入上海龍門書院肄業，爲山陰湯蟄仙先生所器賞。科舉既廢，學校肇興，君奉派東瀛考察學務，歸任龍門師範及太屬中學監督。識拔寒畯，造就極閎。民國三年（一九一四），應縣知事考試中選，分發浙江任建德縣事，旋調浦江縣。當道諗君賢能，甌海黄道尹檄調襄理政務。駸駸乎將大用矣，會江浙齊、盧肇釁，君不忍見生靈塗炭，浩然掛冠歸。所著書有《東遊日記》[二]、《龍門師範算學講義》、《代數學講義》、《代數各次開方捷術》。（唐文治《嘉定夏君琅雲墓誌銘》載《茹經堂文集》五編卷七）

龍門師範學校算學講義　三册　**夏曰瑗著**

光緒三十二年（一九〇六）一月初版　上海開明書店（涵目）

[一] 唐文治《嘉定夏君琅雲墓誌銘》：「君生於清同治十一年壬申十月二十六日，卒於民國三十四年乙酉正月十四日，春秋七十有四。」

[二] 此書未見。

民目

黄守孚（一八七八—一九三一）

字允之，號佛時、蘧公、大悲、無疣。廩生。世礽從姪。光緒三十年（一九〇四）留學日本，攻讀政法。光緒三十三年（一九〇七），任縣勸學所視學兼學務總董、上海集成圖書局編輯。光緒三十四年（一九〇八）任縣選舉事務所副所長。宣統元年（一九〇九），任省地方自治籌備處參議、南洋勸業會出品審查員。宣統三年（一九一一）任縣農務分會首屆總理。辛亥革命後任嘉定軍政分府參議、司法部副部長。民國元年（一九一二）與王元增、黄守恒等組織中國同盟會嘉定分部。翌年任省參議會秘書長，後在上海縣、吴江縣署任科長、主任等職。（王元通、印克《黄允之先生傳略》載《嘉定文史》第十六輯）

小學教科：初等國文教授案　十六册　**黄守孚著　夏清貽校閲**

光緒三十二年（一九〇六）十二月初版　商務印書館

上海師大　民目

小學教科：初等國文教科書　二册　**黄守孚著　夏曰琦校訂**

光緒三十三年（一九〇七）正月　集成圖書公司（涵目）

民目

小學教科：初等修身教授案　八册　**黄守孚、戴洪恒著　夏曰琦校閲**

光緒三十四年（一九〇八）上海集成圖書公司編輯印行（涵目）

民目

未見一種詳附表：小學教科初等修身教科書

顧樹森（一八八六—一九六七）

號蔭亭。蘇松太道立上海龍門師範學堂畢業，獎給師範科貢生訓導銜。肄業英國倫敦大學。歷任上海中華職業學校校長、國際聯合會行政會中國代表辦事處三等秘書、江蘇武進縣縣長、浙江鄞縣縣長、南京特别市政府教育局長、教育部普通教育司司長。著有《歐遊叢刊》十餘種。（顧樹森《我的八十年》、樊蔭南編纂《當代中國名人録》、黄世祚總纂《嘉定縣續志》卷十《選舉志》）

新撰實驗定性分析化學　一册　**嘉定顧樹森編譯　蕭山孔慶萊校訂**

宣統三年（一九一〇）五月上海商務印書館印行（涵目、蘇二）

孔綱

崇明縣

李鳳苞（一八三四—一八八七）

字海客，别字丹厓。縣學增生。少聰慧，究心曆算之學，精測繪。丁日昌撫吴，知其才，資以貲爲道員。歷辦江南製造局、吴淞炮臺工程局，繪地球全圖，並譯西洋諸書。日昌爲船政大臣，調充總考工。朝議遣生徒出洋，加三品卿，派爲監督。光緒三年（一八七七），率赴英、法兩國，分置肄業。明年，賜二品頂戴，充出使德國大臣，旋兼使奥、義、荷三國，往來數千里，周旋各國間，聯絡邦交。時建議興海軍，並命督造戰艦。十年（一八八四），法越構釁，暫署法使。法事決裂，遂奉命回國，歸過澳門。澳門自明中葉久爲葡萄牙人税居，及是葡人私議欲攘爲己有。鳳苞寓書部臣，乞請旨與葡人定約，免後患。部臣懼生事，寝其議。後一年，葡人遂據其地，論者惜之。既覆命，有旨發往直隸交李鴻章差遣，令總辦營務處，兼管水師學堂。未幾，以在德造艦報銷不實，被議革職。著有《四裔編年表》《西國政聞彙編》《文藻齋詩文集》《廣韻考正》等。其他音韻、地理、數學，皆有論著，未成。（黄清憲《前二品頂戴三品銜賞戴花翎出使德國欽差大臣兼署奥義荷三國欽差大臣并署法國欽差大臣記名海關道李公行狀》載黄清憲《半弓居文鈔》卷三、曹炳麟總纂《崇明縣志》卷十一《人物志一：宦蹟》、《清史稿》卷四百四十六《列傳》二百三十三）

江蘇布政司屬府廳州縣輿圖〔一〕　二十四册　**沈善登、金德鴻、李鳳苞纂**〔二〕

同治七年（一八六八）蘇州布政司刻本

北大

兵船礮法六卷　三册　**美國水師書院原書　美國金楷理口譯　嘉興朱恩錫筆述　崇明李鳳苞删潤**

光緒二年（一八七六）江南製造局刻本（事略、書録、答問、陳目）

國圖　上圖　復旦

克虜伯礮彈造法二卷餅藥造法一卷附圖　三册　**布國軍政局原書　美國金楷理口譯　崇明李鳳苞筆述**

同治十一年（一八七二）江南製造總局鋟板（事略、書録、答問、陳目）

〔一〕北京大學圖書館著録「書名取自書序」。

〔二〕曹允源等纂《民國吴縣誌》卷七十五「金德鴻」條下：「同治初，大吏奏設江蘇輿圖局，測繪大江以南州縣各圖。董其事者爲桐鄉沈善登、崇明李鳳苞與德鴻。出新意，用反羅經……西人見之，亦稱精密。」

國圖　上圖　復旦

克虜伯礮説四卷克虜伯礮操法四卷附克虜伯礮表　二册　**布國軍政局原書　美國金楷理口譯　崇明李鳳苞筆述**

同治十一年（一八七二）江南機器製造總局藏板（事略、書録、答問、陳目）

國圖　上圖　復旦　常州

四裔編年表四卷　四册　**美國林樂知、吴縣嚴良勳同譯　崇明李鳳苞彙編**

同治十三年（一八七四）江南製造總局鋟板（事略、書録、答問、陳目）

國圖　復旦　北師大　北大　美國哈佛燕京

攻守礮法一卷[一]　一册　**布國軍政局原書　美國金楷理口譯　崇明李鳳苞筆述**

光緒元年（一八七五）江南製造總局鋟板（事略、書録、答問、陳目）

〔一〕　附書五種：《克虜伯腰箍礮説》（二十一桼的長礮）、《克虜伯礮架説》（十五桼的船礮）、《克虜伯船礮操法》、《克虜伯礮架説》（十五桼的堡礮）、《克虜伯螺繩礮架説》。

國圖　上圖

克虜伯礮準心法　二册　**布國軍政局原書　美國金楷理口譯　崇明李鳳苞筆述**

光緒元年（一八七五）江南製造總局録板（事略、陳目）

國圖　上圖　北大　清華　首都

營壘圖說一卷　一册　**比利時國伯里牙芒著　美國金楷理口譯　崇明李鳳苞筆述**

光緒二年（一八七六）江南製造總局録板（事略、書録、答問、陳目）

復旦　蘇州大學

艇雷紀要一卷　一册　**李鳳苞輯譯**

甲申（一八八四）孟春天津機器局擺印（書録、答問）

國圖　中山大學

陸操新義四卷　二册　**德國提督康貝著　李丹崖星使譯定**

甲申（一八八四）孟夏天津機器局擺印（書録、答問）

國圖　上圖　華東師大　北大　清華

城堡新義一卷　一册　**德國波寧撰　李鳳苞述**

光緒乙酉（一八八五）冬月天津機器局擺印

上圖　華東師大　中山大學

海戰新義　二册　**李鳳苞譯録**〔一〕

乙酉孟夏（一八八五）天津機器局擺印

國圖　上圖

整頓水師説十五卷附英埃戰紀秘智海戰紀　七册　**李鳳苞譯**

光緒乙酉（一八八五）冬月天津機器局擺印（書録）

國圖　華東師大　中山大學

〔一〕　原書卷端題「光緒九年奥國普蘭水師官學教習阿達爾美阿著」，此據該書跋。

行海要術四卷　三册　**美國金楷理口譯　崇明李鳳苞筆述**

光緒十六年（一八九〇）江南製造總局鋟板（事略、書録、答問、局記）

國圖　上圖　南大　北大　清華

各國交涉公法論初集四卷二集四卷三集八卷附校勘記并中西紀年　十六册　**英國費利摩羅巴德著　英國傅蘭雅口譯　太倉俞世爵筆述　六合汪振聲校正　吴縣錢國祥覆校**[一]

光緒二十年（一八九四）四月江南製造局翻譯館聚珍板印（事略、書録、答問、陳目）

上圖　復旦　北大

洋務機器要訣附各國遊歷日記　一册　**李丹崖**

光緒二十一年（一八九五）文海書局石印本（中目）

北師大

[一]《崇明縣志》卷十六："《各國交涉公法論》十六册　李鳳苞譯。按是書鳳苞與傅蘭雅、俞世爵同譯。"《譯書事略》著録"譯書人"：傅蘭雅、"筆述人"：俞世爵、李鳳苞。

列國海戰記一卷　一册　**李鳳苞輯譯**

光緒乙未（一八九五）九秋上海醉六堂書坊印　西學大成本（答問、書録）

國圖　上圖

使德日記　一册　**崇明李鳳苞丹崖撰**

光緒二十三年（一八九七）湖南新學書局刻本（答問、書録）

貴州

李星使來去信二十四卷　二十四册　**李鳳苞撰輯**

光緒間抄本

北大〔一〕

未見十一種詳附表：平圓地球圖、布國兵船操練、美國兵船槍法、地説、崇明晷度更漏表、各國水雷魚雷制、雷艇圖説、鋼甲鑑程式、自怡軒算書、三才紀要、聞政彙編

〔一〕　南京大學亦藏有「李星使來去信二十四卷」，抄本，著録爲「李鴻章等撰」。

徐繼高（一八七六—？）〔一〕

字燕庭。日本宏文師範畢業。歷任浙江鹽政正監□〔二〕官文案、浙江勸業公所科員、浙江憲政調查局調查員、崇明縣公署科員。（敷文社編《最近官紳履歷彙録》）

蒙學叢書初集　六册　**徐繼高編**

光緒二十七年（一九〇一）蘇州元邑小學堂刻本

湖南

算學詞略一卷　一册　**崇明徐繼高撰稿**

光緒壬寅年（一九〇二）六月中旬蘇州開智書室印行　便蒙叢書初二集本（經眼）

國圖　復旦　北大　北師大　武大

〔一〕敷文社編《最近官紳履歷彙録》「年四十五」。
〔二〕原字不清。

十九世大事紀略　一册　**吴縣董瑞椿譯述　崇明徐繼高參校**

光緒壬寅年（一九〇二）六月中旬蘇州開智書室印行　便蒙叢書初二集本

國圖　復旦　北大　北師大　武大

教育文編一卷　一册　**崇明徐繼高輯**

光緒壬寅年（一九〇二）六月中旬蘇州開智書室印行　便蒙叢書初二集本

國圖　復旦　北大　北師大　武大

新譯萬國近世大事表　一册　**吴縣董瑞椿譯述、崇明徐繼高參校**

光緒壬寅（一九〇二）仲春仿泰西法石印

北大

錢應清（一八七八—一九三八）

字鏡平。日本早稻田大學部政治經濟科畢業，光緒三十二年舉人，授主事。有《競盧詩稿》。（曹炳麟總纂《崇明縣誌》卷十三《人物三：選舉表》）

世界歷史譚：鐵血宰相　二册　**日本吉川潤二郎著　崇明錢應清、無錫丁疇隱合譯**

光緒二十九年（一九〇三）九月上海文明書局出版（涵目、總目）

國圖　上圖　首都

自由保護貿易得失論　一册　**錢應清著**

光緒三十三年（一九〇七）科學書局（涵目）

北大

最新世界歷史　一册　**東亞公司編纂局編譯　江蘇崇明錢應清補譯**

宣統元年（一九〇九）二月東京東亞公司、三省堂發兑

孔網

會計學要論　一册　**錢應清編著**

宣統三年（一九一一）浙江官報印刷局

上圖　復旦　北師大

未見一種詳附表：最新中學代數教科書問題詳解

馮閶模

生平不詳。

學校改良論　一册　**日本寺田勇吉撰　馮閶模譯**

光緒二十九年（一九〇三）北京大學堂官書局鉛印本

國圖

國際私法圖解　**一册**　**石光三郎、森惣之祐共著　崇明馮閶模譯**

光緒三十二年（一九〇六）四月發行　教育世界社出版　作新社印刷局印刷

上圖　華東師大　北師大

陳侍御變通學堂畢業奬勵出身摺補正　一册　**馮閶模撰**

清末鉛印本

國圖

林可培（一八六八—一九一二）

字澤九，號友蘭。居崇明施翹河侯家鎮。光緒甲午科舉人。品性端謹，值清廷議變政、革制科、興學校，可培懷抱教育大志赴日本，畢業宏文師範。回國後，乃與王樹聲創設師範傳習所。丙午（一九〇六），知縣魏詩銓設學務公所，即以林可培、王樹聲等主其事。當傳習所開辦伊始，樹聲任全校管理事宜，可培總教務事，悉心訂定課程及規劃。繼又應聘長太、嘉、寶、崇中學，殫心規劃，多所改進。宣統己酉（一九〇九）預備立憲，頒縣自治章程，可培被選爲蘇省諮議局議員。民國元年（一九一二）佐邑令王紹曾辦理實業兼鹽務，多所設施，終以積勞成疾，賫志以殁。（《崇明縣志稿》卷五《人物志》、《清代硃卷集成》第一百九十五册）

論理學通義 一册 **崇明林可培編輯**

宣統元年（一九〇九）三月出版 中國圖書公司編輯印行（涵目、蘇二）

上圖

寶山縣

蔣敦復（一八〇八—一八六七）

初名金和，字純父，更名敦復，字克父，一字劍人，年五十後自號江東老劍。幼聰穎，九歲畢十三經。十六歲之維揚，嗣客江淮間，落落無所遇。客滇南范刺史仕義如皋縣署者六年，及刺史去任，敦復歸。當是時，夷難起，敦復上書總督陳十事，語過峻，觸當事者怒。既而五踏省闈，屢薦不售，乃發奮著書，慮島夷終爲中國患，蒐羅遐陬人著述，考定地球四洲形勢，作《寰鏡》[一]一書，凡十六卷。又度世莫能用，伏處海上，賣文自給。及滬城克復，敦復與英吉利人游，思得彼國要領，誘之出國史，翻譯成書。嘗自謂他著述或不足傳，惟《英志》及《宮調譜》二書必傳無疑。前所著《寰鏡》，姚方伯攜入粤西，聞有有力者易他名竄爲己作。《英志》外人多傳抄者[二]。平生著述有《嘯古堂詩集》十二卷、《古文》八卷、《駢體文》一卷、《英志》八卷、《宮調譜》三卷、《芬陀利室詞集》十卷、《詞話》八卷、《遊杭日記》二卷。《兵鑑》六册，自戰國迄唐已全，惜元、明尚未脱稿。（蔣敦復《麗農山人自叙》載《嘯古堂文集》、滕固《蔣劍人先生年

[一] 此書未見。

[二] 見《嘯古堂文集》卷七《英志自序》，又見王韜《嘯古堂詩集序》：「君自撰《英志》成，惜未授手民。」

譜》、野竹《寶山蔣劍人先生年表》）

大英國志八卷附續刻　二册　**英國慕維廉譯**〔一〕

耶穌降世一千八百五十六年（一八五六）江蘇松江上海墨海書院刊（書録、答問、總目）

國圖　復旦　南師大　北大　美國哈佛燕京

瞿昂來（一八五三—？）

字鶴汀，號蓬生館主〔二〕。居嘉定北門内〔三〕。附生。廣方言館學生。分省補用州同，出使英法義比二等翻譯官，廣方言館教習。（錢淦總纂《寶山縣續志》卷十三《選舉志：仕進》）

歐洲東方交涉記十二卷　二册　**英國麥高爾輯　美國林樂知口譯　寶山瞿昂來筆述**

光緒六年（一八八〇）江南機器製造總局藏板（局記、陳目）

〔一〕王韜《嘯古堂詩集序》：「劍人先生，余畏友也……時余方與西儒慕維廉改削《英志》及《地理全志》上下編，因薦君有史才，可當其任。」

〔二〕《經世報》第一册（一八九七年八月）載《駁改約議》，署名「蓬生館主瞿昂來」。

〔三〕《京師、上海、廣州同文館部分學生離校後情況一覽表》（一九一六）原載《京師同文館學友會第一次報告書》，轉引自黎難秋《中國科學翻譯史料》。生年亦據此推得。

國圖　上圖　復旦

格致小引　一册　**英國化學師赫施賚著　英國羅亨利、寶山瞿昂來同譯**

光緒十二年（一八八六）江南製造總局鋟板（書録、局記）

國圖　上圖　復旦

法國水師考一卷　一册　**美國副將杜默能撰　美國羅亨利、寶山瞿昂來同譯　華亭鍾天緯參校**

光緒十二年（一八八六）江南製造總局鋟板（局記、書録、答問、陳目）

國圖　復旦　華東師大　北大　川大

英俄印度交涉書一卷附續編一卷　一册　**英國馬文著　英國羅亨利、寶山瞿昂來譯稿**

光緒十三年（一八八七）江南製造總局鋟板（局記、書録、陳目、涵目）

上圖　復旦　北大

列國陸軍制三卷　三册　美國提督歐潑登撰　美國林樂知、寶山瞿昂來同譯

光緒十五年（一八八九）江南製造局刻本（局記、書録、答問、陳目）

國圖　上圖　華東師大

海國圖志續集二十五卷卷首一卷　四册　英國麥高爾輯著　美國林樂知、寶山瞿昂來同譯

光緒乙未（一八九五）冬月上海書局石印（總目）

國圖　上圖　南大　北大　南開

續瀛環志略初編一卷　四册　無錫薛福成叔耘鑒定　寶山瞿昂來鶴庭譯[一]

光緒壬寅（一九〇二）季冬無錫傳經樓印（總目）

復旦　蘇州大學　南大　南開　人大

未見一種詳附表：阿非利加洲一卷西阿非利加洲一卷

[一]　其中《日本國志》《印度史》爲瞿昂來譯。

劉鏡人（一八六八—?）〔一〕

字仕熙。由廣方言館學生經前南洋大臣曾國荃咨送總理衙門同文館，俄文學生。當宣統初，施肇基任濱江關道，鏡人筦黑龍江駐哈交涉局，時官猶知府也。錫良覲京師，肇基力薦其賢。未幾，肇基内用，鏡人乃斬薩蔭圖調充駐俄參贊。入民國，竟代陸徵祥爲俄使。外蒙獨立禍作，屢交涉，殊不得要領。徵祥方長外交，遂移京師辦理。俄京革命起，逃之莫斯科。（沃丘仲子《當代名人小傳》卷上、錢淦總纂《寶山縣續志》卷十三《選舉志：仕進》）

英國印花税章程續編　一册　**劉鏡人譯述**

光緒十七年（一八九一）吴興陸氏石印本

湖南

〔一〕　生年據《京師、上海、廣州同文館部分學生離校後情況一覽表》（一九一六）推得，原載《京師同文館學友會第一次報告書》。

黄致堯（一八五四—？）

字伯申。居上海北福建路新唐家弄六一號[一]。附貢生。廣方言館學生，任駐西班牙二等參贊代辦使事。（錢淦總纂《寶山縣續志》卷十三《選舉志：仕進》、熊月之《廣方言館學生可考名單》載《上海廣方言館史略》）

法國印花税章程一卷 一册 **法國印花局原書 黄致堯譯**

光緒二十二年（一八九六）時務報館（書録）

山西

歐洲和約輯要四卷 四册 **俄國王爵伍羅束甫輯 武進盛杏蓀甫鑒定 寶山黄致堯伯申甫譯**

光緒丁酉（一八九七）仲秋月上海鴻寶齋石印（總目）

上圖 北大 南開

[一]《京師、上海、廣州同文館部分學生離校後情況一覽表》（一九一六）原載《京師同文館學友會第一次報告書》，轉引自黎難秋《中國科學翻譯史料》，生年亦據此推得。

奧斯馬加國商辦鐵路條例一卷　一册　**黄致堯譯**

光緒間石印本（總目）

上圖

仇光裕

字蓉秋。住嘉定普通學社[一]。光緒十八年（一八九二）畢業上海約翰書院，民立上海中學英文教習。另有《少年訓》《英國三偉人》《十九世紀新地理要略》未見[二]。（錢淦總纂《寶山縣續志》卷七《教育志：學校》、顧寶瑚《宣統庚戌科學部試卷》）

生殖器新書前編　二册　**美國霍立克著　寶山仇光裕口譯　上海王建善筆述**

光緒二十八年（一九〇二）三月日新書所印行（經眼）

上圖　浙江

[一]《來函》，載《中外日報》一九〇一年十一月十一日，轉引自張仲民《出版與文化政治：晚清的「衛生」書籍研究》。

[二]《少年訓》，寶山仇光裕譯；《英國三偉人》，寶山仇光裕、嘉定黄守恒譯；《十九世紀新地理要略》，寶山仇光裕、嘉定夏清貽譯。俱日新書所出版，參《長城遊記》書後廣告。

二十世紀第二年之南北冰洋　一册　**寶山仇光裕、陽湖嚴保誠譯**

光緒二十九年（一九〇三）嘉定日新書局　輿學叢書本（提要、浙目）

中山大學

俠女碎琴緣（一題西伯利亞流竄記）　一册　**美國屠乃賴著　中國仇光裕譯**〔一〕

光緒三十三年（一九〇七）四月初版　時報館（涵目）

上圖　復旦　浙江

未見二種詳附表：　格致地理教科書、兒路士

袁希濂（一八七八—一九五〇）

字頌濂。居城廂。附生。肄業上海龍門書院，宣統元年（一九〇九）畢業日本私立法政大學。任江寧縣地方審判廳推事，松江縣地方審判廳推事、廳長，丹徒縣地方審判廳廳長，浙江高等審判廳推事、温處高等分庭庭長，永嘉地方審判廳廳長。（錢淦總纂《寶山縣續志》卷十三《選舉志：仕進》）

〔一〕　書後版權頁署「譯述者：上海時報館記者」。

財政原論　一册　**日本高野巖三郎著　王官壽、阮性存、袁希濂譯**

光緒三十二年（一九〇六）上海普及書局

浙江

行政法總論　一册　**日本法學博士美濃部達吉著　中國太倉袁希濂譯**

光緒三十二年（一九〇六）上海普及書局（涵目）

浙江

新譯國際私法　一册　**日本中村進午著　寶山袁希濂譯**

光緒三十三年（一九〇七）八月出版　中國圖書公司印行（涵目，蘇二）

國圖　浙江

議院法提要　一册　**日本工藤學士原著　上虞金保稚、寶山袁希濂編譯**

光緒三十三年（一九〇七）六月出版　東京法學社發行

上圖　天津

李方溁

生平不詳。

代數因子分解全草 二册 **寶山李方溁譯述**[一]

光緒丙午（一九〇六）十月付印 總發行所上海文明書局、上海科學書局、群學社

孔綱

李 輝

生平不詳。

未見一種詳附表：强國唱歌集

徐孝曾

生平不詳。

[一] 扉頁題「日本松岡文太郎原著 無錫顧澄漢譯 寶山李芳溁演草」。

未見一種詳附表：小學教科初等圖畫教授案

趙徵麟

生平不詳。

未見一種詳附表：小學教科初等體操教範

張嘉森（一八八七—一九六九）

字君勱、一字士林，號立齋，英文署名 Carsun Chang。附生。六歲入塾，十二歲入上海江南製造局廣方言館，十七歲中秀才，十八歲入震旦學院，習拉丁文，半年後改入南京江南高等學校攻讀。光緒丙申（一八九六）春，爲寶山縣派送日本留學，考入早稻田大學政治科預科，宣統二年（一九一〇）得政治學學士學位。回國應學部試，列優等。翌年殿試，授翰林院庶吉士。辛亥武昌起義，返寶山任縣議會議長。十一年，隨同杜里舒編譯講稿及遊歷，著《國憲議》，起草憲法。三十四年，奉派出席聯合國會議代表中華民國簽署《聯合國憲章》。有《新德國社會民主政象記》《Draft for the Chinese Constitution》《省制條議》《心與物》。（《張君勱先生傳略》載《張君勱先生九秩誕辰紀念册》、戚再玉《上海時人志》、劉紹唐主編《民國人物小傳》、蘇瑩輝《張君勱》載秦孝儀主編《中華民國名人傳》第一册）

國際立法條約集　一册　**寶山張嘉森譯纂**

民國元年（一九一二）十二月發行　上海神州大學藏板[一]

孔網

梁任公先生演説集　第一輯　一册　**張嘉森、藍公武編輯**

民國元年（一九一二）十二月初版　北京正蒙印書局發行

上圖

[一]《寶山縣續志》卷七："張嘉璈爲神州法政專門學校校長。"

二、流寓

（一）國内

李善蘭（一八一〇—一八八二）[一]

字壬叔，一字秋紉。浙江海寧人。諸生。從陳奂受經，於算術好之獨深。十歲即通《九章》，後得《測圓海鏡》《句股割圜記》，學益進。疑割圜法非自然，精思得其理。嘗謂道有一貫，藝亦然。算術大至躔離交食，細至米鹽瑣碎，其法至繁，以立天元一演之，莫不能得其法。故立天元一者，算學中之一貫也。咸豐壬子（一八五二），客上海，識英吉利偉烈亞力、艾約瑟、韋廉臣三人，偉烈亞力精天算，通華言。善蘭以歐几里《幾何原本》十三卷續二卷，明時譯得六卷，因與偉烈亞力同譯後九卷，西士精通幾

[一] 李儼《年譜》引張鳴珂《疑年賡録》：「卒光緒八年（一八八二）壬午。」《上海縣續志》作「光緒十年（一八八四），卒於官，年垂七十」。

何者匙，其第十卷尤玄奥，未易解，譌奪甚多。善蘭筆受時，輒以意匡補。譯成，偉烈亞力歎曰：西士他日欲得善本，當求諸中國也！偉烈亞力又言美國天算名家羅密士嘗取代數、微分、積分合爲一書，分款設題，較若列眉，復與善蘭同譯之，名曰《代微積拾級》十八卷。代數變天元、四元，别爲新法，微分、積分二術，又借徑於代數，實中土未有之奇秘。善蘭隨體剖析自然，得力於《海鏡》爲多。太平天國運動時，依曾國藩軍中。同治七年（一八六八），用巡撫郭嵩燾薦，徵入同文館，充算學總教習、總理衙門章京，授户部郎中、三品卿銜。課同文館生以《海鏡》，而以代數演之，合中、西爲一法，成就甚衆。自著有《則古昔齋算學》。（崔敬昌《李壬叔徵君傳》載《范溪李氏家乘》、姚文枏總纂《上海縣續志》卷二十一《游寓》、《清史稿》卷五百七《列傳》二百九十四《疇人二》、李儼《李善蘭年譜》[一]載《清華學報》第五卷第一號）

[一] 來新夏《近三百年人物年譜知見録》（增訂本）言：「是譜係據譜主門人席翰伯（淦）殘稿及裘沖曼所徵訪之材料纂輯而成。」

幾何原本十五卷　八册　**泰西利瑪竇口譯　吴淞徐光啓筆受[一]　英國偉烈亞力口譯　海寧李善蘭筆受[二]**

同治四年（一八六五）夏月刻於金陵[三]（偉目）

國圖　復旦　華東師大

植物學八卷　一册　**英國韋廉臣輯譯　海寧李善蘭筆述[四]**

咸豐丁巳（一八五七）季秋墨海書館開雕（偉目、書録）

北大

[一] 卷一至卷六。

[二] 卷七至卷十五。

[三] 原刻本爲咸豐七年（一八五七）松江韓應陛刻本，曾國藩《幾何原本序》（張文虎代）：「咸豐間，海寧李壬叔始與西士偉烈亞力續譯其後九卷，復爲之訂其舛誤，此書遂爲完帙。松江韓中翰嘗刻之印行，無幾而板燬於寇。壬叔從余安慶軍中，以是書眎余曰：此算學家不可少之書失，今不刻行，復絶矣。」今上海圖書館藏有此韓刻本，扉頁印有「第一次印刷六十七部」。

[四] 卷八署：「英國艾約瑟續譯，海寧李善蘭筆述。」李善蘭《植物學序》：「《植物學》八卷，前七卷余與韋君廉臣所譯，未卒業，韋君因病反國。其第八卷則與艾君約瑟續成之。」

火器真訣釋例　一册　**李善蘭撰**

抄本[一]

南開

光緒十年（一八八四）湖北撫署刻本（總目）

湖南社科院

代數學十三卷首一卷　四册　**英國棣麼甘撰　英國偉烈亞力口譯　海寧李善蘭筆受**

咸豐己未（一八五九）仲秋上海活字版印（書録）

蘇州大學　南圖　浙江

重學十七卷首一卷　二册　**英國艾約瑟口譯　海寧李善蘭筆述　南匯張文虎覆勘**

咸豐九年（一八五九）錢氏活字板本[二]（書録、答問）

[一]《則古昔齋算學》同治丁卯刻本中有《火器真訣》，此爲「釋例」，或稍有增益，故著録於此。顧頡剛《清代著述考》注：「按是書（《火器真訣》）作於咸豐丁巳（一八五七）」。湯志鈞整理《王韜日記》（咸豐九年正月二十日）：「壬叔近著一書，曰《火器真訣》，謂銃炮鉛子之路，皆依拋物綫法。」

[二]姚光《金山藝文志》卷七《邑人校刊書籍部》：「咸豐己未刻」。《東西學書録》：「咸豐己未錢氏活字板本作十七卷，有首卷，無附卷。」

國圖　上圖　復旦

代微積拾級十八卷　三册　**米利堅羅密士撰　英國偉烈亞力口譯　海寧李善蘭筆述**

咸豐己未（一八五九）孟夏之月墨海刊行（偉目、書録、總目）

國圖　上圖　復旦　華東師大　蘇州大學

談天　三册　**英國侯失勒著　英國偉烈亞力譯　李善蘭筆述**

咸豐九年（一八五九）墨海書館鉛印本（偉目、書録、答問、總目）

國圖　復旦

練礮宜知一卷〔一〕　一册　**李善蘭撰　黄宗憲釋補**

光緒二十三年（一八九七）古琴古研齋刻本（總目）

上圖

〔一〕《火器真訣》增補本。

王韜（一八二八—一八九七）

初名利賓，易名瀚，字懶今；遭難後避粵乃更名韜，字仲弢，一字子潛，自號天南遯叟，五十後又曰弢園老民[一]。江蘇長洲人。以衣食計，不得已橐筆滬上。時西人久通市我國，文士漸與往還，韜欲窺其象緯、輿圖諸學，遂往適館授書焉，荏苒至一十有三年。滬上當南北要衝，四方冠蓋往來無虛日，名流碩彦接跡來游，韜俱與之修士相見禮，投縞贈紵，無不以國士目之，中如姚梅伯、張嘯山、周弢甫、龔孝拱，其交尤密。西館中，時則有海寧李壬叔、寶山蔣劍人、江寧管小異、華亭郭友松並負才名，與韜爲莫逆交。同治元年（一八六二），當事者以通賊疑韜，韜不得已航海至粵，旅居香港。同治六年（一八六七）冬，西儒理雅各招往泰西佐譯經籍，遂得遍游域外諸國。光緒五年（一八七九），作東瀛之游，取道滬瀆，放棹金閶，得重見故鄉風景。光緒十年（一八八四）三月，自香港移家返滬，寄居淞北寄廬。十二年（一八八六），格致書院中西董事公舉爲掌院。光緒二十三年（一八九七）夏四月卒於城西草堂。（《弢園老民自傳》載《弢園文新編》、吴静山《王韜事蹟考略》載《上海研究資料》、《弢園著述總目》一卷）

[一] 又字子九、子詮、紫詮、无晦、弢園。

使徒保羅達羅馬人書　一册　**麥都思、王韜譯**

咸豐七年（一八五七）墨海書館鉛印本

國圖

使徒保羅達哥林多人前書（一題哥林多書注解）[一]　一册　**麥都思、王韜譯**[二]

耶穌降世一千八百五十八年（一八五八）上海墨海書館印

國圖　美國哈佛燕京

操勝要覽　一册　**王韜撰**

光緒十一年（一八八五）敦懷書屋校刻本

湖南

格致書院課藝　十二册　**王韜**

光緒十二年（一八八六）至十九年（一八九三）弢園選印

[一] 版心鐫「新約全書注解」。

[二] 據中國國家圖書館著録。

華東師大　北師大
丙戌一卷
丁亥一卷
戊子一卷
庚寅二卷
辛卯二卷
壬辰二卷
癸巳二卷

光緒史料雜志不分卷　五册　**王韜撰**

光緒十四年（一八八八）稿本

陝西

西學輯存六種　二册　**王韜輯撰**

西國天學源流一卷　**英國偉烈亞力口譯**　**長洲王韜仲弢著**（書録）

己丑（一八八九）秋淞隱廬遯叟校印

重學淺説一卷[一]　**英國偉烈亞力原譯　長洲王韜紫詮筆著**（書録）

光緒庚寅（一八九〇）仲春淞北逸民校刊

西學圖説一卷　長洲王韜紫衲輯撰（歷目）

天南遯叟手校刊行

西學原始考一卷　長洲王韜紫詮輯撰（歷目）

光緒庚寅（一八九〇）春季遯叟手校印行

泰西著述考一卷　長洲王韜仲弢甫輯撰（歷目）

庚寅（一八九〇）春仲遯叟校刊

華英通商事略一卷　英國偉烈亞力口譯　長洲王韜仲弢著（書録）

甫里逸民刊於淞北寄廬

華東師大　北大　人大　北師大

重訂法國志略二十四卷　十册　**長洲王韜無晦甫輯撰**

光緒庚寅（一八九〇）仲春淞隱廬刊

〔一〕初刻本爲咸豐八年（一八五八）墨海書館。按，馮承鈞《續修四庫全書總目提要》（西學與中外交通部分）「重學淺説」條謂：「是編首述《重學原始》，次《重學總論》。惟《重學總論》全篇與艾約瑟、李善蘭譯《重學》卷首之文首尾相同，不易一字……殆三十年前韜與偉烈合譯《重學》未竣，約瑟、善蘭因而續成之歟。」

國圖　蘇州大學　中山大學　北師大　實藤

西算明鏡録五卷　四册　**算學日新會譯　天南遯叟王韜著**

光緒二十四年（一八九八）西算經綸堂石印

蘇州大學　北大　天津

漫游隨録三卷[一]　一册　**長洲王韜紫詮甫著**

稿本

上圖

光緒十三年（一八八七）上海點石齋石印本

上圖

滇南銅政考　一册　**長洲王韜无晦編輯**

稿本

[一] 卷二有：巴黎勝概、法京古蹟。

上圖

抄本　弢園叢書本〔一〕

上圖

洋務輯要初編〔二〕　一册　王韜輯

稿本

上圖

日本疆域考日本沿革考〔三〕　一册　天南遯叟補譯

抄本

上圖

〔一〕上海圖書館藏《弢園叢書》之《弢園未刊叢書目録》爲「第一帙：忠義録；第二帙：吴中財賦考（長洲王韜仲弢編輯）、滇南銅政考、治安八議；第三帙：進呈鷹論、農事直説、衿陽雜録；第四帙：續墨客揮犀；第五帙：仇池筆記、東人詩話；第六帙：斷腸詩集、斷腸詞集」。

〔二〕封面題：「商務門、布茂林譯、金匱鄒弢筆述。」

〔三〕封面題：「洋務輯要、疆域門、日本疆域考。」

亞細亞疆域説〔一〕　一册　**王韜撰**

稿本

上圖

日本書籍襍記〔二〕　一册　**王韜輯**

藍格稿本

上圖

臺事紀聞　一册　**長洲王韜紫詮甫著**

抄本

國圖　上圖

〔一〕封面題：「洋務輯要、疆域門、滿洲疆域説」。

〔二〕《日本書籍襍記》書後附《洋務輯要初編所采輯各書目録》：《西國近事彙編》辛巳秋季：廿一篇；《西國近事彙編》庚辰冬季：四十九篇；《西國近事彙編》、《求闕齋弟子記》、《中西聞見録》、《四述奇》、《中西聞見録》、《四述奇》、《聽黄鸝館外篇》、《西國近事彙編》辛巳、《列國歲計政要》。

蘅花館雜著五種七卷　二册　**王韜撰**

稿本

國圖

蘅花館雜稿不分卷　七册　**王韜撰**

稿本

國圖

東遊日記　一册　**王韜撰**

稿本

國圖

管嗣復（？—一八六〇）

字小異。江蘇江寧人。揚州汪户部喜孫未取婿也。博雅好經術，一時耆彦方聞之士，多折行輩與之交，又研算術，窺代微積之略。太平天國占據金陵，小異陷身城中，經歲始得脱。移家吴會，繼來滬上，主於英人合信。合信以刀圭擅名一時，小異亦雅好岐黄術，因譯成醫書三種，曰《西醫略論》《内科新説》《婦嬰新説》，風行海内。庚申春，應懷午橋太守聘，往客山陰，未幾而吴門失守，蘇鄉風鶴頻驚，小異奔走道路，竟以憂殞其身。（王韜《瀛壖雜誌》卷五、諸可寶《疇人傳》三編卷五）

西醫略論 一册 **英國醫士合信氏著 江寧管茂材同撰**

咸豐七年（一八五七）新鐫 江蘇上海仁濟醫館藏板（偉目、歷目、徐基）

上圖 北大 北師大 中山大學

婦嬰新説一卷 一册 **英國醫士合信氏著 江寧管茂材同撰**

咸豐八年（一八五八）新鐫 江蘇上海仁濟醫館藏板〔一〕（書録、答問、徐基）

上圖 實藤

内科新説 一册 **英國醫士合信氏著 江寧管茂材同撰**

咸豐八年（一八五八）新鐫 江蘇上海仁濟醫館藏板（偉目、歷目、徐基）

〔一〕此書牌記頗長，録引於此：「咸豐元年刊《全體新論》，五年刊《博物新編》，七年刊《西醫略論》，八年刊《婦嬰新説》、續刊《内科新説》，板片俱存上海仁濟醫館。如有欲閲者，自備紙墨就板刷印，悉聽其便，本館不取分文。特白。」

上圖　復旦

大美聯邦志略　一册　**馬邦畢禮遮邑裨治文撰**〔一〕

辛酉（一八六一）夏續刻　滬邑墨海書館活字板（偉目、書録、答問、徐樓、總目）

湖南　美國哈佛燕京

馮祖憲

字澤夫，號辨齋。浙江慈谿人。在滬經營錢莊〔二〕。家有畊餘樓，藏書不下數十萬卷，而乙部尤富。（馮祖憲《史姓韻編序》）

英話注解　一册　**馮澤夫、張寶楚、馮對山、尹紫芳、鄭久也、姜敦五著**

咸豐庚申年（一八六〇）鐫　守拙軒藏板

〔一〕《王韜日記》（咸豐九年十有三日癸未）：「小異近於裨治文處譯改美理哥地志，已得數卷。米利堅新闢之地，人至者少，是編乃裨君紀其往來足跡所經，見聞頗實。倘得譯成，亦考證海外輿地之學之一助也。」

〔二〕見徐潤《徐愚齋自叙年譜》光緒九年癸未《記地畝股票合業始終興敗事略》：乾通莊馮澤夫。

陝西

馮桂芬（一八〇九—一八七四）

字林一，號景亭。江蘇吴縣人。道光庚子榜眼。累官中允。長於曆算勾股之術。罷官後，究心西學。避兵至滬，當事延主敬業書院，士林奉爲矜式。廣方言館既建，總司厥事，一切章程，皆所擬定。學問文章，群推爲巨擘，固巋然一靈光矣。晚年乃卜居木瀆。（馮芳緝、馮芳植《馮景亭行狀》，左宗棠《中允馮君景庭家傳》載《顯志堂稿》，李鴻章《墓志銘》載《顯志堂稿》，王韜《瀛壖雜誌》卷四，諸可寶《疇人傳》三編卷五，姚文枏總纂《上海縣續志》卷二十一《游寓》）

校邠廬抗議二卷　二册　吴縣馮桂芬林一箸

抄本

廈大

咸豐十一年（一八六一）廣仁堂刻本（書録、答問）

北大

光緒十年（一八八四）冬雕于豫章

華東師大　北大

西算新法直解十八卷　二册　**馮桂芬、陳子璠著**〔一〕

同治四年（一八六五）刻本（書録、答問）

華東師大

光緒二年（一八七六）吴縣馮氏校邠廬刊

華東師大　清華

黄伯禄（一八三〇—一九〇九）〔二〕

原名裳，號志山、成億〔三〕，又號斐默，洗名伯多禄，西文署名 Pierre Hoang。江蘇海門人。先世奉天主教，由來已邈。二十三年（一八四三）四月來上海，入修道院。讀拉丁文、格物、超性等學，常列前茅，故上峰器之。咸豐十年（一八六〇）四月晉陞司鐸，奉派理小修院，授拉丁文，旋又授格物學，後傳教於上海、蘇州、海門等處。洞庭山向無天主堂，公設法購地購屋，彼方聖域之開，公之功居多。光緒二年（一八七

〔一〕《疇人傳》三編卷五：「新法者，米利堅人羅密士撰《代微積拾級》一書也，以初譯奥澀不可讀，商榷凡例，各日課二三條，咸豐十一年全書成，遂用名之。」又該書《序》：「自此轉徙無定蹤，不能攜書。子璠留衡山，獨任其事。踰年，遇子璠於滬上而書成矣。」

〔二〕《黄斐默司鐸傳》：「生於道光九年十二月初九日」。

〔三〕堯山《黄伯禄司鐸傳略及其著作》。

六），調回徐匯，理公塾兼小修院。六年（一八八〇），偕倪主教會議漢臯，九江白主教見而重之，自是恒居匯堂充主教文案，尤致力於著述。所作有《聖女斐樂默納傳》、《正教奉褒》、《正教奉傳》、《集説詮真》、《聖教源流合表圖》〔一〕、《訓真辨妄》、《聖教理證》、《函牘舉隅》、《函牘碎錦》、《聖母院函稿》、《契券彙式》諸書，皆華文。又有西文書五種，曰《置産契據式》〔二〕、曰《中國婚姻例》〔三〕、曰《中國官制考》〔四〕、曰《中西歷書合璧》〔五〕、曰《執業律》〔六〕，久已風行，馳名海外〔七〕。公著書必求詳盡，疑則查，查而不得，則連日披書，必欲得之而後已。公善辭令，亹亹不窮。葬於上海南門外耶穌會坟上。（《黄斐默司鐸傳》載《聖心

〔一〕此書未見。

〔二〕《漢學叢書》（Variétés Sinologiques）第十一號：Notions techniques sur la propriété en Chine，1897.

〔三〕《漢學叢書》（Variétés Sinologiques）第十四號：Le mariage chinois au point de vue legal，1898.

〔四〕《漢學叢書》（Variétés Sinologiques）第二十一號：Mélanges sur l'administration，1902.

〔五〕《漢學叢書》（Variétés Sinologiques）第二十九號：Concordance des chronologies néoméniques chinoise et européenne，1910.

〔六〕此篇不明所指，據王國强《近代華人天主教徒的西文著作及其影響：以「漢學叢書」爲例》（載《世界宗教研究》二〇一六年六期），黄伯禄發表於《漢學叢書》的著作共計八部，其餘四部爲：第十五號 Exposé du commerce public du sel（官鹽論），一八九八；第二十八號 Catalogue des tremblements de terre signalés en Chine（中國地震考），一九〇九／一九一三；第五十二號 Mélanges sur la chronologie chinoise（中西新月對照），一九二〇；第五十六號 Catalogue des éclipses de soleil et de lune（日月蝕考），一九二五。

〔七〕堯山補充：《恩綸曠典》、《四庫書目字彙》四册、《明一統志輿地字彙》六册、《廣輿記地方字彙》七册、《歷代職官表字彙》三册、《大清輿地字彙》三册、《佩文韻府彙目》。另參見高迪愛（H. Cordier）撰著作目録，載《通報》（T'oung Pao）一九一〇年，第一三九—一四〇頁。

報》一九〇九年第二十三卷第十二期、堯山《黃伯祿司鐸傳略及其著作》載《公教學校》一九三八年第四卷第二十二期）

正教奉傳　一册　**黃伯祿輯**

光緒丁丑年（一八七七）鐫　上海慈母堂藏板（徐天、涵目）

上圖　北師大　吉大

聖女斐樂默納傳　一册　**司鐸黃伯祿斐默氏譯**

光緒己卯年（一八七九）鐫　上海慈母堂藏板（徐天）〔一〕

澳門大學

集説詮真一卷續編一卷提要一卷　六册　**司鐸黃伯祿斐默氏輯　司鐸蔣超凡邢胙氏校**

光緒己卯年（一八七九）〔二〕　上海慈母堂藏板（徐天）

〔一〕《徐家匯藏書樓所藏天主教圖書目録稿初編》另有《聖女斐樂默納行實聖蹟》鈔本一册，或疑爲同一書。

〔二〕《徐家匯藏書樓所藏天主教圖書目録稿初編》：一八八五年上海慈母堂重校刻本，附提要一卷續編一卷歷代永統紀年表圖一卷。

上圖　華東師大　北大　人大

契券彙式一卷　一册　**海門綠斐齋主人輯**

光緒壬午（一八八二）季秋月上海慈母堂鉛印本（徐樓）

復旦

函牘舉隅十卷附碎錦一卷　十册　**海門黄伯禄斐默氏著　崇明蔣超凡邢胙氏校**

光緒壬午（一八八二）季冬月上海慈母堂排印（徐樓）

華東師大　首都　吉大

訓真辨妄一卷[二]　一册　**司鐸黄伯禄斐默氏**

光緒九年（一八八三）上海慈母堂（徐天）

[二]　書前《序》略謂："「《聖教理證》一書，久已風行，屢經重梓，而作者姓氏，自諱不傳。其申明至理，别具精心。兼又用字措詞，悉尚淺近。閲者展卷之餘，便得領略，誠善本也。惟其詮真闢妄，間有未盡精當，瑜不掩瑕，不無遺憾。爰因同志之請，輒忘譾陋，特爲增删……但是書既删易過半，增益倍差，原書面目，幾已無存。因并易其名曰『訓真辨妄』，以符書中大旨。」

國圖　上圖　北大

正教奉褒　二册　**海門黄伯禄斐默氏編**

光緒甲申（一八八四）仲秋月上海慈母堂排印（徐天、涵目）

上圖　蘇州大學　北大

聖教理證一卷　一册　**黄伯禄潤色**〔一〕

光緒十年（一八八四）上海慈母堂鉛印本（徐天）

華東師大

〔一〕《序》謂：「此《聖教理證》一書，所以語不雕搜，詞皆樸實也。特其所述諸神來歷，大率得諸傳聞，未盡爲載籍所記。戊寅秋，余因同志之請，曾稍加釐訂，逐一補刊。今夏，滙堂以原板朽蝕，擬用鉛字排印。同志又謂：原書措詞闡理，尚有未妥處，既欲重付手民，曷弗再爲潤色。余……遂忘不才，重爲加墨。其中篇章意旨，悉從其朔，以存原書面目。……光緒十年甲申季夏司鐸黄伯禄斐默氏識於申江聖方濟各大堂之書齋。」

中西曆日合璧[一]　一册　**海門黄伯禄斐默甫輯譯**

光緒乙酉（一八八五）仲秋滬西徐匯書坊排印（徐樓）

上圖　輔仁

聖年廣益總目　一册　**黄伯禄**

光緒十三年（一八八七）河間府勝世堂鉛印本（總目）

國圖

駐劄上海主教中法職官表　一册　**黄伯禄輯**

光緒十六年（一八九〇）稿本

上圖

聖母院函稿　一册　**緑斐士輯**

[一] 據王國强《近代華人天主教徒的西文著作及其影響》，*Concordance des chronologies néoméniques chinoise et européenne* 或即此書之西文版，載《漢學叢書》（Variétés Sinologiques）第二十九號，一九一〇年。

大清光緒十八年（一八九二）仲冬上海慈母堂排印（徐樓、總目）

人大

真教通行録一卷　一册　**黄伯禄原輯**

光緒三十三年（一九〇七）重慶聖家書局鉛印本（徐天）

國圖

未見八種詳附表：廣輿記地名字彙十二卷、群書地名字彙十二卷、京兆釋字彙十二卷、府州廳縣總録一卷、明一統志輿地字彙不分卷、輿地字彙十二卷、黄伯禄函稿、公牘體例

徐壽（一八一八—一八八四）

號雪村。江蘇無錫人。幼嫻帖括，習舉業，思以爲無裨實用，棄之，遂專究乎致知格物之學。潛心經濟，討論經史，旁及諸子百家，凡與格致有涉者如數學、律吕、幾何、重學、化學、礦産、醫學，靡不窮源竟委焉。嘗言格致之理，必藉製器以顯，而製器之學原以格致爲旨歸，故於製器之學爲尤精。曾國藩以深明器數，博涉多通奏舉奇才異能而以賓師相待。更有足欽者，惟與人交遊而宛同寒素，渾然敦樸，自奉儉約，而購備格致器物多金不惜，因是見者歎服，聞者心傾，遂相傳爲化學專門製器名家，當道者遠慕盛名，屢次相

招，而先生以爲恐廢學業，不願應聘。嗣決意久居上海，以便與西士考證西學，故請曾國藩派於江南新設製造局内，與西士傅蘭雅專譯格致諸書，不辭勞悴者十年。然雖譯有成書，尤恐學者難尋門徑，擬於上海設立格致書院以爲會集講論之所，此事亦與傅蘭雅諸君刱議及之。（程培芳《雪村徐公家傳》載《錫金四哲事實彙存》、錢基博《徐壽傳》載《國學叢刊》第一卷第一期、姚文枬總纂《上海縣續志》卷二十一《游寓》、《清史稿》卷五百五《列傳》二百九十二《藝術》四）

汽機發軔九卷　四册　**英國美以納、英國白勞那合撰　英國偉烈口譯　無錫徐壽筆述**

同治十年（一八七一）江南製造總局鋟板（事略、書録、答問、陳目）

國圖　上圖　復旦

化學鑑原六卷　四册　**英國韋而司撰　英國傅蘭雅口譯　無錫徐壽筆述**

同治十年（一八七一）江南製造總局鋟板（事略、書録、答問、陳目）

國圖　復旦　華東師大

歷覽英國鐵廠記略（一題歷覽紀略）　一册　**英國傅蘭雅口譯　徐壽述潤**

同治十三年（一八七四）江南製造局刻本（事略、書録、答問）

國圖

化學鑑原續編二十四卷　六册　**英國蒲陸山撰　英國傅蘭雅口譯　無錫徐壽筆述**

光緒元年（一八七五）江南製造總局鋟板（事略、書録）

國圖　上圖　華東師大

營城揭要二卷　二册　**英國儲意比撰　英國傅蘭雅口譯　無錫徐壽筆述**

光緒二年（一八七六）江南製造總局鋟板（事略、書録、答問、陳目）

國圖　上圖　美國哈佛燕京

測地繪圖十一卷附鋅板印圖一卷　四册　**英國富路瑪撰　英國傅蘭雅口譯　無錫徐壽筆述**

光緒二年（一八七六）江南製造總局鋟板（事略、書録、答問、陳目）

國圖　上圖　復旦　常州

西藝知新初集十卷　六册　**英國傅蘭雅口譯　無錫徐壽筆述**

光緒三年（一八七七）江南機器製造摠局藏板（事略、書録、總目）

國圖　上圖　北大　清華　首都

匠誨與規三卷　英國諾格德撰　英國傅蘭雅口譯　無錫徐壽筆述

回特活德鋼礮一卷　英國傅蘭雅口譯　無錫徐壽筆述

造管之法一卷　英國傅蘭雅口譯　無錫徐壽筆述

回熱爐、鎔金類罐一卷　英國傅蘭雅口譯　無錫徐壽筆述

硫强水一卷〔一〕　英國傅蘭雅口譯　無錫徐壽筆述

色相留真一卷　英國傅蘭雅口譯　無錫徐壽筆述

周羃知裁一卷　美國布倫編輯　英國傅蘭雅口譯　無錫徐壽筆述

水衣全論一卷　英國傅蘭雅口譯　無錫徐壽筆述

化學鑑原補編六卷附一卷　六册　**英國傅蘭雅口譯　無錫徐壽筆述**

光緒八年（一八八二）江南製造總局鋟板（事略、書録、局記）

國圖　上圖　復旦

〔一〕《譯書事略》「已譯成未刻」另有《造硫强水法》一本，金楷理譯、徐建寅述。

化學考質八卷　六册　**德國富里西尼烏司著　英國傅蘭雅口譯　無錫徐壽筆述**

光緒九年（一八八三）江南製造總局鋟板（書録、答問、局記）

上圖　華東師大　南大　清華

化學求數十五卷附表一卷　十四册　**德國富里西尼烏司著　英國傅蘭雅口譯　無錫徐壽筆述**

光緒九年（一八八三）江南製造總局鋟板（書録、答問、局記）

國圖　華東師大　南大　北大　首都

西藝知新續集十二卷　八册

光緒十年（一八八四）江南機器製造摠局藏板（局記、書録）

國圖　上圖　北大　清華　首都

垸髹致美一卷　英國傅蘭雅口譯　無錫徐壽筆述

製肥皂法二卷　美國林樂知口譯　海鹽鄭昌棪筆述（事略）

製油燭法一卷　美國林樂知譯　海鹽鄭昌棪述（事略）

鍍金四卷　布國金楷理口譯　無錫徐華封筆述

製造玻璃二卷　英國傅蘭雅口譯　無錫徐壽筆述

鐵船針向一卷[一] 英國傅蘭雅口譯 無錫徐壽筆述

機動圖説一卷 英國傅蘭雅譯 無錫徐壽筆述

寶藏興焉 十六册 **英國費爾奔著 英國傅蘭雅口譯 無錫徐壽筆述**

光緒十年（一八八四）江南製造總局鋟板（事略、書録、答問、局記）

國圖 上圖 華東師大 北師大

化學材料中西名目表一卷 一册 **江南製造總局編譯**[二]

光緒十年（一八八四）十二月江南製造總局鋟板（書録、答問、局記、益智）

上圖 華東師大 南大 北大

[一] 據王揚宗《江南製造局翻譯書目新考》：即《譯書事略》「已譯成未刻」之「造船指南針法」。王文引爲「鐵船指南針法」。

[二] 據華東師範大學圖書館著録。

物體遇熱改易記四卷　二册　**英國瓦特斯輯　英國傅蘭雅口譯　無錫徐壽筆述　新陽趙元益校録**

光緒己亥年（一八九九）刊於江南製造局（事略、書録、局記）

國圖　上圖　華東師大　南大　北大

法律醫學二十四卷首一卷　十册　**英國該惠連、英國弗里愛同撰　英國傅蘭雅口譯　無錫徐壽、新陽趙元益筆述**

光緒己亥年（一八九九）刊於江南製造局（局記、陳目）

國圖　上圖　北大　川大

化學體積分劑一卷　一册　**英國傅蘭雅口譯　徐壽筆述**

光緒二十七年（一九〇一）上海日新社石印

北大

造橡皮法二卷十五章　一册　**傅蘭雅譯　徐壽筆述**

抄本（事略）

上圖

未見四種詳附表： 試驗鐵煤法、營城要説、造指南針法、燥濕表説

華蘅芳（一八三三—一九〇二）

字若汀。江蘇金匱人。咸豐間佐曾國藩幕，以奇材異能保薦。同治初，滬上設製造局，建築工廠，安置機器，蘅芳經始其事，並於龍華藥廠仿製强水。後天津武備學堂購輕氣球，西人居奇不售，蘅芳用强水發輕氣，演放飛升。在翻譯館時，與無錫徐壽譯述之暇，研求物理：用水晶印章磨成三角，以驗日光之分七色；設立遠近多靶，以測槍彈之行拋物綫。其在安慶製木質輪船，一艘長五丈餘，命名「黄鵠」，每小時行二十餘里，爲吾國自造輪船之始。究其制器利用罔非權輿算學。今《行素軒稿》風行海内，咸稱爲李善蘭後一人。（錢基博《華蘅芳傳》載《碑傳集補》卷四十三《疇人二》、姚文枏總纂《上海縣續志》卷二十一《游寓》、李儼《華蘅芳年譜》載《中算史論叢》第四集）

防海新論十八卷 六册 **布國希理哈撰 英國傅蘭雅口譯 金匱華蘅芳筆述**

同治十年（一八七一）江南製造總局鋟板（事略、書録、答問、陳目）

上圖 復旦 南大 美國哈佛燕京

行素軒文存　一册　**金匱華蘅芳撰**[一]

同治十一年（一八七二）刻本（歷目）

蘇州大學　吉大　北大

金石識别十二卷（一題礦物學手册）　六册　**美國代那撰　美國瑪高温口譯　金匱華蘅芳筆述**

同治十一年（一八七二）江南機器製造總局藏板（事略、書録、答問、陳目）

國圖　復旦　南大　民刊

代數術二十五卷首一卷　六册　**英國華里司輯　英國傅蘭雅口譯　金匱華蘅芳筆述**

同治十二年（一八七三）[二]　江南製造總局鋟板（事略、經眼、陳目）

國圖　上圖　復旦

御風要術三卷　二册　**英國白爾特撰　日耳曼金楷理口譯　金匱華蘅芳筆述**

同治十二年（一八七三）江南製造總局鋟板（事略、陳目）

[一] 收録有《金石識别序》《地學淺釋序》《御風要術序》等。

[二] 按，此書《譯書事略》作「一千八百七十二年」，今據《序》款「同治十二年十月二十日金匱華蘅芳序」改正。

國圖　復旦

地學淺釋三十八卷　八册　**英國雷俠兒撰　美國瑪高温口譯　金匱華蘅芳筆述**

同治十二年（一八七三）江南機器製造總局藏板（事略、書録、答問、局記、涵目）

國圖　上圖　復旦

微積溯源八卷　六册　**英國華里司輯　英國傅蘭雅口譯　金匱華蘅芳筆述**

光緒元年（一八七五）江南製造捴局藏板（事略、書録、答問、陳目）

上圖　復旦　美國哈佛燕京

測候叢談四卷　二册　**美國金楷理口譯　金匱華蘅芳筆述**

光緒三年（一八七七）江南製造總局録板（事略、書録、答問、陳目）

國圖　上圖　復旦

三角數理十二卷　六册　**英國海麻士輯　英國傅蘭雅口譯　金匱華蘅芳筆述**

光緒四年（一八七八）江南製造總局録板（事略、書録、答問、陳目）

國圖　上圖　美國哈佛燕京

行素軒算稿五種十九卷　八册　**金匱華蘅芳學**

光緒壬午（一八八二）開雕　梁溪華氏藏板

北大　清華

開方別術一卷

數根術解一卷

開方古義二卷

積較術三卷

學算筆談十二卷

金石表　一册　**華蘅芳**〔一〕

光緒九年（一八八三）三月江南製造總局鋟板（局記、益智）

北師大　北大　川大

〔一〕不題撰人，爲《金石識別》書後《金石識別表》的校訂增補版。

代數難題解法十六卷　六册　**英國倫德編輯　英國傅蘭雅口譯　金匱華蘅芳筆述**

光緒九年（一八八三）江南製造總局鋟板（事略、書録、答問、陳目）

國圖　上圖　復旦　華東師大　南大

算草叢存四卷　二册　**華蘅芳撰**

光緒十九年（一八九三）石印本

鹽城

代數菁華録十六卷　**四册**　**傅蘭雅口述　華蘅芳筆述　徐國棟等輯**

光緒二十三年（一八九七）上海書局石印本

東臺

決疑數學十卷　四册　**英國傅蘭雅口譯　金匱華蘅芳筆述**

光緒廿三年（一八九七）新鐫　上海格致書室發售（事略、書録）

國圖　上圖　常州　陝西

氣學叢談[一]　一册　**英國傅蘭雅口譯　金匱華蘅芳筆述**

光緒二十三年（一八九七）上海時務報館石印（事略、書録）

國圖　上圖

天文地球圖説正續　四册　**華蘅芳撰**

光緒戊戌（一八九八）上海石印　文淵山房發兑

復旦　東臺　青海

算式解法十四卷　二册　**美國好敦司、美國開奈利同著　英國傅蘭雅口譯　金匱華蘅芳筆述**

光緒己亥年（一八九九）刊於江南製造局（局記）

上圖　華東師大　南大　北大

合數術十一卷[二]　五册　**英國白爾尼著　英國傅蘭雅譯　華蘅芳述**

抄本（事略、書録）

[一] 據王揚宗《江南製造局翻譯書目新考》：此書即《譯書事略》「已譯成未刻」之《風雨表説》。

[二] 據王揚宗《江南製造局翻譯書目新考》：此書《譯述事略》定名作《代數總法》。

未刊一種詳附表：海用水雷法

徐建寅（一八四五—一九〇一）

字仲虎。江蘇無錫人。父壽，有奇才，開中士格致之先。昆弟三人，建寅其次也。同治元年（一八六二），隨父之安慶大營軍械所，時建寅父方謀造黄鵠輪船，建寅累出奇思以佐之，得建寅之助爲不少也。建寅於是器象之學日益進，復在上海製造局助成惠吉、操江、測海、澄慶、馭遠等船，時建寅父方與西士傅蘭雅、金楷理等譯西書，建寅亦朝夕從事，成《化學分原》《汽機尺寸》《器象顯真》《器象顯真圖》《造鐵全法》《水師操練》《輪船布陣》《營城揭要》《汽機必以》《汽機必以附卷》《攝鐵器説》《石板印法》《砲與鐵甲論》《年代表》《造硫强水法》《操格林礮法》《海軍章程》《運規約指》《汽機新制》《藝器記珠》《聲學》《電學》若干種行世，動中肯綮，闢西學之門户，皆建寅父子力也。同治十三年（一八七四），奉調天津製造局，創造强水，較之購自外洋，值廉數倍。光緒元年（一八七五），東撫丁寳楨傾倒建寅才名，調其總辦山東機器局，躬自創造，未嘗延用西人，越兩年而完竣。文誠以心思縝密、條理精詳入告，奉總署傳諭，速往西洋考求一切，旋授德國參贊，因是歷游英法諸國，有所聞見，悉筆諸書，成《歐游雜録》二卷、《德國議院章程》一卷、《德國合盟紀事本末》一卷。二十二年（一八九六），派充福建船政提調，公暇，博考中外群籍，纂成《兵學新書》十六卷，並著《議院章程》一卷、《測地捷法》一卷進呈。鄂督張之洞奏留湖北，總辦全省營務並教吏館武備總教習，時以自强淬勵將弁，並於公事之餘，手譯《造船全書》二十卷、《繪畫船綫》四卷。二十七年（一九〇一）春，造成棉質無煙藥，試驗其力，可與外洋之藥相仿，方喜可以大造，日率工人，親莅指授，乃於配合時，藥然而轟，建寅遂遇害。（孫景康《仲虎徐公家傳》載《錫金四哲事實彙存》、汪廣仁《徐建寅年譜》載《清華學報》第十二卷第三期）

運規約指三卷　一册　**英國白起德輯　英國傅蘭雅口譯　無錫徐建寅筆述**

同治十年（一八七一）[一]　江南製造總局鋟板（事略、書録、答問、陳目）

國圖　上圖　復旦　美國哈佛燕京

化學分原八卷　二册　**英國蒲陸山撰　英國傅蘭雅口譯　無錫徐建寅筆述**

同治十年（一八七一）江南製造總局鋟板（事略、書録、答問、陳目）

[一] 刊刻年份據傅蘭雅《江南製造總局翻譯西書事略》，傅氏曰：「此翻譯館起於西曆一千八百六十八年，而初印之書爲一千八百七十一年。始成者有《運規約指》與《開煤要法》二書，由此至今，連譯不息。」一八八〇年以後之書從《江南製造局記》，《江南製造局記》無刊刻年月者從王揚宗《江南製造局翻譯書目新考》。

國圖　上圖[一]　復旦

水師操練十八卷首一卷附一卷　三册　**英國戰船部原書　英國傅蘭雅口譯　無錫徐建寅筆述**

同治十一年（一八七二）江南機器製造総局藏板（事略、書録、答問、陳目）

上圖　復旦　美國哈佛燕京

器象顯真四卷附圖一卷　三册　**英國白力蓋輯　英國傅蘭雅口譯　無錫徐建寅删述**

同治十一年（一八七二）江南製造總局鋟板（事略、書録、答問、陳目）

上圖　復旦

汽機必以十二卷首一卷附一卷　六册　**英國蒲而捺撰　英國傅蘭雅口譯　無錫徐建寅筆述**

同治十一年（一八七二）江南製造總局鋟板（事略、書録、答問、陳目）

上圖　復旦

[一]　王揚宗《徐建寅和傅蘭雅翻譯「化學分原」的一個譯稿本》：「上海圖書館藏清末抄本《化分説》一册，實爲徐建寅和傅蘭雅翻譯的《化學分原》前四卷譯稿本。」

汽機新制八卷　二册　**英國白爾格撰　英國傅蘭雅口譯　無錫徐建寅筆述**

同治十二年（一八七三）江南製造總局鋟板（事略、書録、答問、陳目）

上圖　復旦

輪船布陣十二卷首一卷圖一卷　二册　**英國賈密倫、英國裴路原書　英國傅蘭雅口譯　無錫徐建寅筆述**

同治十二年（一八七三）江南製造局刻本（事略、書録、經眼、答問）

國圖　復旦　美國哈佛燕京

聲學八卷　二册　**英國田大里著　英國傅蘭雅口譯　無錫徐建寅筆述**

同治十三年（一八七四）江南製造總局鋟板（事略、書録、答問、局記）

國圖　上圖　復旦

歐游雜録二卷　二册

清光緒間刻本

國圖　上圖　南圖　内蒙古

格林礮操法一卷　一册　**美國前任武官傅蘭克令作　英國傅蘭雅口譯　無錫徐建寅筆述**

光緒元年（一八七五）[一]　上海江南機器製造總局刊版（事略、局記）

國圖　上圖

電學（一題電學大全）　六册　**英國瑙挨德著　英國傅蘭雅口譯　無錫徐建寅筆述**

光緒五年（一八七九）江南機器製造總局藏板（事略、陳目、涵目）

復旦　美國哈佛燕京

談天十八卷附表　四册　**英國侯失勒原本　英國偉烈亞力口譯　海寧李善蘭删述　無錫徐建寅續述**

光緒五年（一八七九）江南機器製造總局藏板（事略、陳目）

國圖　美國哈佛燕京

[一]　按《江南製造局記》，疑有誤，此書《譯書事略》入「已譯成未刻」，當刊於一八八〇年後。

德國議院章程　一册　德國議院首領芬福根鑒定　奉使德國參贊徐建寅譯述

光緒八年（一八八二）刻本

國圖　上圖　南圖　内蒙古

德國合盟記事本末一卷　一册　派駐德國參贊徐建寅譯述

清光緒間刻本

上圖

光緒八年（一八八二）石印本

國圖　上圖　南圖

藝器記珠　一册　英國暮司活德著　英國傅蘭雅譯　無錫徐建寅筆述

光緒甲申年（一八八四）四月江南製造總局譯刻（事略、書録、答問、陳目）

國圖　清華

德國擴充海軍條議　一册　**徐建寅譯**

光緒十三年（一八八七）石印本

國圖

徐建寅函稿一卷　一册　**徐建寅撰**

稿本（總目）

南圖

擬設公議堂章程　一册　**徐建寅訂**

清刻本

國圖

炮甲合論（一題炮與鐵甲論）　十册　**傅蘭雅譯　徐建寅述**

稿本（事略）

柏克萊加州[一]

未見三種詳附表：造鐵全法四卷、石板印法、年代表

王德均

安徽懷遠人。供職江南製造局翻譯館。約一八七五年前後調往他任。（王揚宗《江南製造局翻譯館史略》）

開煤要法十二卷　二册　**英國士密德輯　英國傅蘭雅口譯　懷遠王德均筆述**

同治十年（一八七一）江南機器製造總局藏板（書録、答問、陳目）

上圖　復旦

航海簡法四卷　二册　**英國那麗撰　美國金楷理口譯　懷遠王德均筆述**

同治十年（一八七一）上海江南機器製造總局刊版（事略、書録）

[一] 王揚宗《江南製造局翻譯書目新考》：「美國伯克利加州大學東亞圖書館藏譯稿本（十册）。」

上圖　復旦

海道圖説十五卷附長江圖説一卷　十册　**英國金約翰輯　英國傅蘭雅口譯　懷遠王德均筆述**

同治十三年（一八七四）江南製造總局鋟板（事略、書録、陳目）

上圖　復旦

繪地法原一卷　一册　**美國金楷理口譯　懷遠王德均筆述**

光緒元年（一八七五）江南機器製造總局藏板（事略、書録、答問、陳目）

上圖　復旦

造船全法（一題造船理法）　一册　**英國勒色利著　英國傅蘭雅口譯　無錫徐建寅筆述　新陽趙詒璹校正**

紅格抄本（事略）

上圖

蔣其章（一八四二—一八九二）[一]

字子相、芷湘，號公質，又號質莽，别署小吉羅庵主、蘅夢庵主、蠡勺漁隱、蠡勺居士。浙江錢塘人，原籍安徽歙縣。光緒丁丑進士。肄業詁經精舍，敷文、崇文書院，東城講舍，前肄業紫陽書院、上海敬業書院。倡雅望於東南，士林望重，建騷壇於滬瀆，《申報》紛馳。著有《澤古堂集》。（《清代硃卷集成》第四十二、二百五十八册，鄔國義《第一部翻譯小説昕夕閒談譯事考論》載《中華文史論叢》二〇〇八年第四期）

昕夕閒談三卷[二]　四册　**蠡勺居士譯**

同治十一年（一八七二）申報館仿袖珍版印（書録、總目）

華東師大　北大

[一] 見鄔國義《申報第一任主筆蔣其章卒年及其他》載《華東師範大學學報》（哲學社會科學版）二〇一一年一期。

[二] 版心有「瀛寰瑣紀」。按，「同治甲戌（一八七四）仲冬滬江申報館印」本版心亦有「瀛寰瑣紀」。

趙元益（一八四〇——一九〇二）

字静涵。江蘇新陽人。光緒戊子舉人。好醫書，篤信張仲景法。同治初，當道延入翻譯館，譯述西國格致醫學書，術業益精。屬於算學者，譯成《行軍指南》《測繪海圖》《數學理》，凡三種；屬於醫學者，譯成《儒門醫學》《西藥大成》《内科理法》《法律醫學》《濟急法》《保全生命論》，凡六種。未成者，有《小學校新律》《測繪算器圖説》《英民史略》若干種。無錫薛福成奉命使英法義比四國，以醫官招先生隨行。更以公餘譯成西國地志若干種。尤嗜古籍，黄蕘圃、汪閬源諸家所藏及宋元祕本購藏頗富。嘗仿刻十餘種行世，名曰《高齋叢刻》。晚年卜居滬南以終。（丁福保《趙静涵先生家傳》載《醫學世界》一九〇九年第十二期、姚文枏總纂《上海縣續志》卷二十一《游寓》、《清代硃卷集成》第一百七十六册）

冶金録三卷　二册　**美國阿發滿撰　英國傅蘭雅口譯　新陽趙元益筆述**

同治十二年（一八七三）江南製造總局鋟板（事略、書録、答問、陳目）

國圖　復旦　常州

行軍測繪十卷　二册　**英國連提撰　英國傅蘭雅口譯　新陽趙元益筆述**

同治十二年（一八七三）江南製造總局鋟板（事略、書録、答問、陳目）

國圖　上圖　復旦

海塘輯要十卷　二册　**英國韋根斯撰　英國傅蘭雅口譯、新陽趙元益筆述**

同治十二年（一八七三）江南機器製造總局藏板（事略、書録、答問、陳目）

國圖　上圖　復旦

光學二卷附視學諸器圖説一卷　二册　**英國田大里輯　布國金楷理口譯　新陽趙元益筆述**

光緒五年（一八七九）江南機器製造總局藏板（事略、書録、答問、局記）

國圖　上圖　復旦　首都　湖南

儒門醫學三卷附一卷　四册　**英國海得蘭撰　英國傅蘭雅口譯　新陽趙元益筆述**

光緒五年（一八七九）江南製造總局鋟板（事略、書録、答問、陳目）

國圖　復旦　西安交通

數學理九卷附一卷　四册　**英國棣麼甘撰　英國傅蘭雅口譯　新陽趙元益筆述**

光緒五年（一八七九）江南製造總局鋟板（事略、書録、答問、陳目）

國圖　上圖　復旦　首都

井礦工程三卷　二册　**英國白爾捺輯　英國傅蘭雅口譯　新陽趙元益筆述**

光緒五年（一八七九）江南機器製造總局藏板（事略、書録、答問、陳目）

上圖　復旦

西藥大成十卷首一卷　十六册　**英國來拉、海得蘭同撰　英國傅蘭雅口譯　新陽趙元益筆述**

光緒五年（一八七九）江南機器製造總局藏板（事略、書録、答問）

國圖　復旦　華東師大　南大

爆藥記要六卷　一册　**美國水雷局原書　慈谿舒高第口譯　新陽趙元益筆述**

光緒六年（一八八〇）江南製造總局鋟板（事略、答問、陳目）

國圖　上圖　華東師大　中山大學　北大

臨陣管見九卷[一]　四册　**布國兵官斯拉弗司撰　布國金楷理口譯　新陽趙元益筆述**

光緒十二年（一八八六）江南製造局刻本（局記、書録、答問、陳目）

上圖　復旦

内科理法前編六卷後編十六卷附録一卷　十二册　**英國虎伯撰　慈谿舒高第口譯　新陽趙元益筆述**

光緒十五年（一八八九）江南製造總局鋟板（局記、答問、陳目）

上圖　華東師大　川大

格致書院課藝　一册　**趙元益監理**[二]

光緒甲午（一八九四）格致書院選印

[一] 據王揚宗《江南製造局翻譯書目新考》：此即《譯書事略》「已譯成未刻」之「布奥交戰論」「布法交戰論」。按，《譯書事略》中，「布奥交戰論」「布法交戰論」與「行軍指要」三者合計爲「八本」。

[二] 趙元益《格致書院甲午課藝弁言》：「癸巳以前，王廣文紫詮已取課藝著前列者用活字印行以傳於世，甲午以後，廣文屢病，竟致不起，非特佳卷有散失者，即校士之舉曠廢者一載有餘。去年仲夏，中西董事會議於院中，憂其事之將廢也，延余監理課藝事，辭之不獲。……光緒二十四年歲次戊戌十月上澣新陽趙元益識於滬上格致書院。」

華東師大　北師大

水師保身法　一册　**法國勒羅阿撰　英國伯克雷譯　嘉善程鑾、新陽趙元益重譯**

光緒二十二年（一八九六）江南製造總局鋟板（局記、書録、答問、陳目）

國圖　南大　北大　北師大

澳大利亞洲新志　一册　**嘉定吴宗濂、新陽趙元益同譯**

光緒二十三年丁酉（一八九七）二月中旬元和江氏刻于長沙　靈鶼閣叢書本（書録）

國圖　華東師大　浙江

英法義比志譯略四卷　二册　**無錫薛福成叔耘鑒定　嘉定吴宗濂挹清譯　新陽趙元益静涵述**〔一〕　**鐵嶺世增益三譯　如皋顧錫爵延卿述**〔二〕

光緒己亥（一八九九）四月上海石印　無錫薛氏遺稿（提要）

〔一〕卷一《英吉利志譯略》。

〔二〕卷二《佛郎西志譯略》、卷三《意大里志譯略》、卷四《比利時志譯略》。

國圖　華東師大　蘇州大學　浙江　常州

法律醫學二十四卷首一卷　十册　**英國該惠連、英國弗里愛同撰　英國傅蘭雅口譯　無錫徐壽、新陽趙元益筆述**

光緒己亥年（一八九九）刊於江南製造局（局記、陳目）

國圖　上圖　北大　川大

測繪海圖全法八卷附一卷　六册　**英國華爾敦著　英國傅蘭雅口譯　新陽趙元益筆述**

光緒己亥年（一八九九）刊於江南製造局（局記、書録）

國圖　華東師大　北大　川大

行軍指要六卷　六册　**英國哈密撰　布國金楷理口譯　新陽趙元益筆述**

光緒辛丑年（一九〇一）刊於上海製造局（事略、經眼、陳目）

國圖　華東師大　北大　清華

保全生命論　一册　**英國古蘭肥勒撰　英國秀耀春口譯　新陽趙元益筆述**

光緒辛丑年（一九〇一）刊於上海製造局（局記、經眼、陳目）

國圖　上圖　西安交通

濟急法　一册　**英國舍白辣撰　英國秀耀春口譯　新陽趙元益筆述**

歲在癸卯（一九〇三）江南製造局刊（局記、涵目）

國圖　復旦　華東師大　北師大

西藥大成補編六卷　六册　**英國哈來撰　英國傅蘭雅口譯　新陽趙元益筆述**

光緒甲辰（一九〇四）江南製造局刻（陳目）

上圖　復旦　北大

未見三種詳附表：眼科書、測量儀器説、醫學總説

鄭觀應（一八四一——一九二三）

又名官應，字陶齋。廣東香山人。少時隨父讀書，研究八股。咸豐七年（一八五七），英法聯軍陷廣

州，目擊時艱，遂棄舉業。十七歲，由廣州北上滬濱，先從英教士傅蘭雅學習英文，不久即在滬經商，時與泰西各國洋商往來，對於中外貿易之經驗日益豐富。三十二歲受聘英商太古輪船公司爲經理兼管棧房。又受李鴻章委託主辦上海電報局，並創辦機器織布廠、造紙廠等。三十九歲，始由太古輪船公司轉入官督商辦之上海招商局任幫辦之職，並代表該局赴南洋各地考察商務。次年，中法越南戰起，先生去國外採購新式軍械並偵探法越軍情。先生本其不斷與西方朝野接觸之經驗，對於西方國家富强之本深具心得，其改造中國之方略，一一書於文章之中。同治十年（一八七一），彙集文三十六篇，定名《易言》，於香港出版，傳至日本、朝鮮，均有翻印。嗣又删併爲二十篇，仍名《易言》，於光緒元年（一八七五）出版。光緒十八年（一八九二），增訂改名爲《盛世危言》[一]，在上海出版。另著有《陶齋誌果》《詩草》《海行日記》及序刻道書多種。（胡秋原《鄭觀應生平及其思想》載大陸雜誌社編《中國近代學人象傳》初輯、夏東元《鄭觀應年譜長編》）

救時揭要　一册　**鄭官應撰**

同治十二年癸酉（一八七三）余蓮村刻本

上圖

[一] 參見夏東元《盛世危言版本簡表》附《鄭觀應年譜長編》，然搜求不全。

管刻洋務抉要易言二卷　四册　**杞憂生撰**

光緒十三年（一八八七）管可壽齋刻本

國圖

中外衛生要旨五卷　五册　**香山鄭觀應編輯**

光緒十六年（一八九〇）印本

華東師大　人大

盛世危言正續編十卷　五册　**香山鄭觀應陶齋輯著**

光緒十八年（一八九二）鉛印本

復旦

葛元煦

字理齋，號嘯翁、嘯園主人，浙江仁和人。自云「游上海十五年，寓廬屬在洋場」〔一〕，後「舍書業而專醫術」〔二〕。

〔一〕《滬游雜記》光緒二年自序。

〔二〕《重修滬游雜記》倉山舊主序。

滬游雜記四卷　四册　**武林葛元煦理齋**

光緒二年（一八七六）葛氏嘯園藏板（總目）

上圖　南圖　天津

沈毓桂（一八〇八—一九〇七）[一]

字壽康，子徵，晚號贅翁，亦曰覺齋。江蘇吴江人。先後應本行省、京兆試，均薦而未售。中更兵燹，辟地申城，賣文賣字，並授生徒，聊資日給。英國蘭林君延主講英華書館，英才陶鑄，造就甚多。嗣偕墨海書館麥都思、慕維廉、艾約瑟、威力亞烈諸君編譯諸書，如《新舊約》初刻本、《英國志》、《釋教正謬》、《天道實義》、格致[二]、化學、天文、算學、醫理、性理等書約有三十餘種。此外，西儒丁韙良、德子固、傅蘭雅、韋廉臣、孫文普、施約瑟、湯藹禮、李提摩太、李佳白、范約翰、潘慎文、劉樂義諸君，咸與先生訂文字交，稱莫逆焉。光緒壬午（一八八二），林樂知奉幣致聘，商創中西兩分院，復合建大書院於美界崑山路，前後掌教十有三年，畢業生共一千餘人，凡海關、製造、招商、電報、礦務、鐵路各局，以次中西、商務等，胥皆備材於此，實爲開通風氣之始。林樂知創《萬國公報》，亦中國華字報之先河，特請先生主筆，十有八載，所譯中西國

[一]《褒揚耆儒奏摺書後》《清稗類鈔·異稟類》「沈毓桂百歲」條均載「生於嘉慶戊辰」。

[二]《褒揚耆儒奏摺書後》前引奏摺：「復與諸西儒共譯《格致探源》及天文、算學等書三十餘種。」

政及叙述一切見聞，尤能力持大體，不涉偏頗，識者咸推公允。暇時與林樂知譯書，亦有幾種，即《中西書目表》並許爲西學之上駟，殆無愧也。當咸同之際，中西隔閡，民智未開，先生早以先知先覺爲己任，五十年來不變宗旨，故遊其門者恪守師法，莫或異趨。（鄒佩紳譯《百歲老人沈毓桂先生傳略》載《通問報》一九〇一年第二百六十六期，《褒揚耆儒奏摺書後》載《萬國公報》一九〇六年第二百一十五期，美國劉樂義撰、吴江任保羅譯《百齡耆碩沈君毓桂傳略》載《萬國公報》一九〇七年第二百二十四期）

格致新機七卷（一題格致新法） 一册 **英國慕維廉著**〔一〕

光緒丁酉年（一八九七）重印 廣學會校訂（書録）

復旦 南大 北大 北師大

匏隱廬詩文合稿 三册 **吴江沈毓桂贅叟甫著**〔二〕

光緒丙申（一八九六）冬開雕於滬上

〔一〕沈壽康《格致新機序》：「慕師維廉……曾與余翻譯華文，風雨晦明，一編坐對。」

〔二〕《文稿》收録有《興復萬國公報序》《西學必以中學爲本説》《興礦利説》等；《詩稿》收録有《中西書院示從學諸子》《送艾約瑟先生回國截句三首》《題總税務司赫公鷺賓小影》《贈英國進士艾約瑟先生四詩并序》等。

國圖　上圖　復旦　蘇州大學　北大

鄭昌棪

字熙臺。浙江海鹽人。咸豐初年，在西湖講舍[一]。明曉洋務[二]。供職江南製造局翻譯館。曾任廣方言館庶務委員。（朱有瓛《中國近代學制史料》第一輯）

列國歲計政要十二卷　六册　**英國麥丁富得力編纂　美國林樂知口譯　海鹽鄭昌棪筆述**

光緒四年（一八七八）江南製造總局鋟板（事略、書録、答問、陳目）

上圖　復旦

水師章程十四卷續編六卷　十六册　**英國水師兵部原書　美國林樂知口譯　海鹽鄭昌棪筆述**

光緒五年（一八七九）江南製造總局鋟板（事略、書録、答問、陳目）

上圖　復旦

[一] 見《中西關係略論》鄭昌棪《序》。

[二] 見傅蘭雅《翻譯西書事略》。

水雷秘要五卷　六册　**英國史理孟纂　慈谿舒高第口譯　海鹽鄭昌棪筆述**

光緒六年[一]（一八八〇）江南製造總局鋟板（局記、書録、答問、陳目）

國圖　上圖　華東師大　常州　清華

格致啓蒙四卷　四册　**美國林樂知、海鹽鄭昌棪同譯**

光緒六年（一八八〇）江南機器製造總局藏板（事略、書録）

復旦　浙江　人大　清華

化學　英國化學師羅斯古纂　美國林樂知、海鹽鄭昌棪同譯

格物學　英國格物師司都藿纂　美國林樂知、海鹽鄭昌棪同譯

天文　英國天文師駱克優纂　美國林樂知、海鹽鄭昌棪同譯

地理　英國地理師祁覯纂　美國林樂知、海鹽鄭昌棪同譯

製肥皂法二卷製油燭法一卷　一册　**美國林樂知口譯　海鹽鄭昌棪筆述**[二]

光緒十年（一八八四）江南機器製造總局藏板　西藝知新續集本（局記、書録）

[一] 卷首題下小字注：「西曆一千八百八十年即光緒六年新出。」

[二] 《西藝知新續集》本，《製肥皂法》二卷與《製油燭法》一卷合爲一册。

國圖　上圖　北大　清華　首都

西國近事彙編乙酉　四册　**海鹽鄭昌棪編輯**

光緒十一年（一八八五）上海機器製造局刊印（書録、答問）

國圖　上圖　復旦　華東師大　北大

西國近事彙編丙戌　四册　**海鹽鄭昌棪編輯**

光緒十二年（一八八六）上海機器製造局刊印（書録、答問）

國圖　上圖　復旦　華東師大　北大

英國水師律例四卷　二册　**英國德麟、英國極福德同纂　慈谿舒高第、海鹽鄭昌棪同譯**

光緒十二年（一八八六）江南製造總局鋟板（局記、書録、答問、陳目）

國圖　上圖　華東師大　南大　北大

鍊石編三卷圖一卷　二册　**英國亨利黎特撰　慈谿舒高第、海鹽鄭昌棪同譯**

光緒十五年（一八八九）江南機器製造總局藏板（書録、答問、局記）

國圖　上圖　復旦　清華

前敵須知四卷　五册　**英國兵官克利賴著　慈谿舒高第、海鹽鄭昌棪同譯**

光緒十六年（一八九〇）江南製造總局鋟板（局記、書録、答問、陳目）

國圖　上圖　華東師大　南大　北大

海軍調度要言三卷圖一卷　二册　**英國水師統領拏核甫、英國水師學堂教習賴甫呑、英國水師魯脱能鬬麥爾同撰　慈谿舒高第、海鹽鄭昌棪同譯**

光緒十六年（一八九〇）江南製造局鉛印本（局記、書録、答問、陳目）

國圖　上圖　復旦　湖南

礮乘新法三卷首一卷　六册　**英國製造官局原書　慈谿舒高第口譯　海鹽鄭昌棪筆述**

光緒十六年（一八九〇）江南製造總局鋟板（局記、書録、答問、陳目）

國圖　上圖　復旦　南大　北大

鐵甲叢譚五卷附一卷　二册　**英國製造水師船廠總管黎特著　慈谿舒高第、海鹽鄭昌棪同譯**

光緒二十二年（一八九六）江南製造局（局記、書録、答問、陳目）

國圖　復旦　華東師大　北師大

臨陣傷科捷要四卷　四册　**英國陸軍醫官帕脱編　慈谿舒高第、海鹽鄭昌棪同譯**

光緒二十四年（一八九八）江南機器製造總局藏板（局記、書録、答問、陳目）

國圖　上圖　南大　南師大　北大

婦科　六册　**美國紐約醫學院婦科教習湯麥斯著　慈谿舒高第、海鹽鄭昌棪同譯**

光緒庚子年（一九〇〇）仿聚珍版印於製造局（局記、書録、陳目、徐基）

國圖　南大　清華

鍊金新語一卷　三册　**英國礦師奥斯呑著　慈谿舒高第、海鹽鄭昌棪同譯**

光緒三十一年[一]（一九〇五）江南製造局刻本（書録、局記）

[一] 卷首題下注：「一千八百九十一年。」

國圖　上圖　北大　清華

產科　四册　**英國產科醫院首座密爾纂　慈谿舒高第口譯　海鹽鄭昌棪筆述**

光緒三十一年（一九〇五）江南機器製造總局藏板（局記、陳目）

上圖　華東師大　北師大

美國憲法纂釋二十一卷附憲法一卷續增憲法一卷　二册　**美總統海麗生著　慈谿舒高第口譯**

海鹽鄭昌棪筆述　江浦陳洙潤色

光緒丁未（一九〇七）江南製造局譯刻本（陳目、涵目）

國圖　上圖　復旦　北大　清華

未見一種詳附表：造鐵路書

徐華封（一八五八—一九二八）

字祝三。江蘇無錫人。壽三子。性超穎，爲壽所鍾愛。壽平生所得秘密學説及精捷械皿悉以貽之，故

華封造詣亦有獨到之處。（徐星、汪廣仁《近代科技專家徐華封年譜》載《無錫文史資料》第三十四輯）

鍍金四卷（一題電學鍍金）　二册　**布國金楷理口譯　無錫徐華封筆述**

光緒十年（一八八四）江南機器製造總局藏板　西藝知新續集本（局記、書録）

國圖　上圖　北大　清華　首都

電氣鍍鎳　一册　**英國傅蘭雅口譯　無錫徐華封筆述**

光緒十二年（一八八六）江南製造總局鋟板（書録、答問、局記）

上圖　華東師大　南大　北大

考試司機七卷　六册　**英國拖爾那著　英國傅蘭雅口譯　無錫徐華封筆述**

光緒二十一年（一八九五）江南製造總局鋟板（局記）

上圖　復旦

種植學二卷　一册　**傅蘭雅口譯　徐華封筆述**

光緒二十五年（一八九九）農學叢書初集本（書録）

國圖　上圖

舒高第（一八四四—一九一九）

字德卿。浙江慈谿人。已在美國多年肄業[一]，考取醫學，回至上海，因請之譯醫學諸書，蓋在美國時已精練此藝，故譯此書甚宜也。（傅蘭雅《江南製造總局翻譯西書事略》）

爆藥記要六卷　一册　**美國水雷局原書　慈谿舒高第口譯　新陽趙元益筆述**

光緒六年（一八八〇）江南製造總局録板（事略、答問、陳目）

國圖　上圖　華東師大　中山大學　北大

水雷秘要五卷　六册　**英國史理孟纂　慈谿舒高第口譯　海鹽鄭昌棪筆述**

光緒六年（一八八〇）[二]　江南製造總局録板（局記、書録、答問、陳目）

[一] 傅蘭雅《江南製造總局翻譯西書事略》此句及以下主語爲「華士舒鳳」，按下段所述經歷爲「舒高第」無疑，或疑「舒鳳」爲舒氏本名。

[二] 卷首題下小字注：「西曆一千八百八十年即光緒六年新出。」

國圖　上圖　華東師大　常州　清華

英國水師律例四卷　二册　**英國德麟、英國極福德同纂　慈谿舒高第、海鹽鄭昌棪同譯**

光緒十二年（一八八六）江南製造總局鋟板（局記、書録、答問、陳目）

國圖　上圖　華東師大　南大　北大

鍊石編三卷圖一卷　二册　**英國亨利黎特撰　慈谿舒高第、海鹽鄭昌棪同譯**

光緒十五年（一八八九）江南機器製造總局藏板（書録、答問、局記）

國圖　上圖　復旦　清華

内科理法前編六卷後編十六卷附録一卷　十二册　**英國虎伯撰　慈谿舒高第口譯　新陽趙元益筆述**

光緒十五年（一八八九）江南製造總局鋟板（局記、答問、陳目）

上圖　華東師大　川大

海軍調度要言三卷圖一卷　二册　**英國水師統領拏核甫、英國水師學堂教習賴甫吞、英國水師**

魯脱能鬬麥爾同撰　慈谿舒高第、海鹽鄭昌棪同譯

光緒十六年（一八九〇）江南製造局鉛印本（局記、書録、答問、陳目）

國圖　上圖　復旦　湖南

礮乘新法三卷首一卷　六册　**英國製造官局原書　慈谿舒高第口譯　海鹽鄭昌棪筆述**

光緒十六年（一八九〇）江南製造總局鋟板（局記、書録、答問、陳目）

國圖　上圖　復旦　南大　北大

前敵須知四卷　五册　**英國兵官克利賴著　慈谿舒高第、海鹽鄭昌棪同譯**

光緒十六年（一八九〇）江南製造總局鋟板（局記、書録、答問、陳目）

國圖　上圖　華東師大　南大　北大

鐵甲叢譚五卷附一卷　二册　**英國製造水師船廠總管黎特著　慈谿舒高第、海鹽鄭昌棪同譯**

光緒二十二年（一八九六）江南製造局（局記、書録、答問、陳目）

國圖　復旦　華東師大　北師大

臨陣傷科捷要四卷　四册　**英國陸軍醫官帕脱編　慈谿舒高第、海鹽鄭昌棪同譯**

光緒二十四年（一八九八）江南機器製造總局藏板（局記、書録、答問、陳目）

國圖　上圖　南大　南師大　北大

婦科　六册　**美國紐約醫學院婦科教習湯麥斯著　慈谿舒高第、海鹽鄭昌棪同譯**

光緒庚子年（一九〇〇）仿聚珍版印於製造局（局記、書録、陳目、徐基）

國圖　南大　清華

探礦取金六卷續編一卷附編一卷　二册　**英國礦工密拉著　慈谿舒高第譯　六合汪振聲述**

江南製造局譯書館甲辰（一九〇四）秋刊（局記）

國圖　華東師大　北大　川大

鍊金新語一卷　三册　**英國礦師奥斯呑著　慈谿舒高第、海鹽鄭昌棪同譯**

光緒三十一年〔一〕（一九〇五）江南製造局刻本（書録、局記）

〔一〕　卷首題下注：「一千八百九十一年。」

國圖　上圖　北大　清華

産科　四册　**英國産科醫院首座密爾纂　慈谿舒高第口譯　海鹽鄭昌棪筆述**

光緒三十一年（一九〇五）江南機器製造總局藏板（局記、陳目）

上圖　華東師大　北師大

淡氣爆藥新書　四册　**英國山福德著　慈谿舒高第口譯　海寧沈陶璋筆述　江浦陳洙勘潤**[一]

慈谿舒高第口譯　江浦陳洙筆述[二]

光緒丙午（一九〇六）冬月江南製造局刻（陳目）

華東師大

萬國密號旗公簿　十册　**舒高第口譯　趙詒琛、沈陶璋筆述**

光緒三十二年（一九〇六）鉛印本（總目）

湖南

[一] 上編。

[二] 下編。

美國憲法纂釋二十一卷附憲法一卷續增憲法一卷　二册　**美總統海麗生著　慈谿舒高第口譯　海鹽鄭昌棪筆述　江浦陳洙潤色**

光緒丁未（一九〇七）江南製造局譯刻本（陳目、涵目）

國圖　上圖　復旦　北大　清華

礦學考質上編五卷　二册　**美國奥斯彭纂　慈谿舒高第口譯　海鹽沈陶璋筆述　江浦陳洙勘潤**

光緒丁未（一九〇七）江南機器製造總局譯刻本（陳目）

華東師大　北大　清華

礦學考質下編五卷　二册　**美國奥斯彭纂　慈谿舒高第口譯　江浦陳洙筆述**

光緒丁未（一九〇七）江南機器製造總局譯刻本（陳目）

華東師大　北大　清華

農務全書上編十六卷　八册　**美國哈萬德大書院農務化學教習施妥縷撰　慈谿舒高第口譯　新陽趙詒琛筆述**

光緒丁未（一九〇七）春江南機器製造總局譯刻本（涵目）

華東師大　南大　北大　北師大

農務全書中編十六卷　八册　**美國哈萬德大書院農務化學教習施妥縷撰　慈谿舒高第口譯　新陽趙詒琛筆述**

宣統元年（一九〇九）春江南製造局刻（涵目）

華東師大　南大　北大　北師大

農務全書下編十六卷　八册　**美國哈萬德大書院農務化學教習施妥縷撰　慈谿舒高第口譯　新陽趙詒琛筆述**

宣統元年（一九〇九）江南製造局刻本（涵目）

華東師大　南大　北大　北師大

礟法求新六卷附編三卷補編一卷　八册　**英國烏理治礟廠原書　慈谿舒高第口譯　海鹽鄭昌棪譯**

清末江南製造局鉛印本（陳目）

上圖　北大　首都　中山大學

種葡萄法十二卷　二册　**美國赫思滿著　慈谿舒高第口譯　江浦陳洙筆述**

民國元年（一九一二）江南製造局刻（陳目）

華東師大　北大　清華　民刊

西藥新書八卷　八册　**英國馬汀臺耳、韋斯考脱同輯　慈谿舒高第口譯　陽湖趙宏筆述**

民國元年（一九一二）江南製造局刻

南大　清華

英國定準軍藥書四卷附二卷　二册　**英國陸軍水師部編纂　慈谿舒高第譯　六合汪振聲述**

民國元年（一九一二）江南製造局刊本（總目）

華東師大　南師大　北師大

未見七種詳附表：造鐵路書、眼科書、英話入門、鑄銅書、煉鋼書、醫學總説、裝船檣繩索書

徐勱（一八五一——一九三二）[二]

字伯愚，聖名斯德望，西文署名 Etienne Zi[一]。江蘇平江人。一八六〇年，隨父母徙居奉賢縣之道院村。一八七五年，棄俗入耶穌會。一八八二年，晋鐸品，敷教於蘇皖兩省，前後共歷十餘縣。一九〇八年調上海徐家匯，主《匯報》及《聖心報》報務，明年他遷。及一九二一年，公年已古稀，復主《聖心報》報務。公嚴明勤奮，好著述或編譯，若《露德聖母紀略》《聖母善導記要》《顯靈聖牌考》《真福高隆汴小傳》《聖女德肋撒行實》《聖女嬰孩耶穌德肋撒小史》《福女伯爾納德傳略》《聖達尼老九德默想》《金訓》《若瑟小篇》《首瞻禮六簡本》《大赦短經彙編》《會赦摭陳》《聖母會友袖珍》《祈禱宗會袖珍》等，外有小日課三種，雖皆奇零小本，而甚適合日用者也。若法文之《中華文武科試實則》及徐州銅山縣之《五團志》，則且傳誦海外，咸稱傑構。（《徐大司鐸伯愚遺像》載《聖心報》一九三二年第四十六卷第九期）

露德聖母紀略二卷 一册 徐勱彙編

光緒七年歲次辛巳（一八八一）三月 上海慈母堂活字板（徐天、總目）

[一] 據《徐大司鐸伯愚遺像》：「生於一八五一年一月四日。」

[二] 據王國强《近代華人天主教徒的西文著作及其影響：以「漢學叢書」爲例》，載《世界宗教研究》二〇一六年第六期。

國圖　上圖　澳門大學

聖母會公規　一册　**徐勱譯**

光緒十一年（一八八五）土山灣鉛印本（徐天）

輔仁

顯靈聖牌約考二卷　一册　**徐勱撰**

天主降生一千八百八十八年（一八八八）上海慈母堂活板（徐天、總目）

國圖　復旦　北大

聖母善導記要　一册　**徐勱撰**

天主降生一千八百九十一年（一八九一）聖心月　上海慈母堂活板（徐天）

國圖

五洲圖考四卷　四册　**前京龔柴古愚氏撰　平江徐勱伯愚氏編輯　上海許彬采白氏譯輯**

光緒二十八年壬寅（一九〇二）冬十二月上海徐家匯印書館印竣（書録、經眼）

上圖　復旦　華東師大　浙江　南大

首瞻禮六簡本　一册　**陳士謙、徐勱輯**

光緒三十三年（一九〇七）上海土山灣印書館發行（徐天）

耶圖　輔仁

耶穌聖心小日課　一册　**耶穌會司鐸徐勱譯**

光緒三十三年（一九〇七）上海土山灣

孔網

可敬高隆汴司鐸小傳　一册　**徐勱撰**

天主降生一千九百八年（一九〇八）上海慈母堂活板（徐天、總目）

國圖　北大

大赦短經彙編　一册　**蘇州耶穌會司鐸徐勱編輯**

宣統元年（一九〇九）上海土山灣印書館鉛印本（徐天）

孔綱

袁祖志（一八二七—一八九八）

字翔甫，自號倉山舊主。浙江錢塘人。前上海縣知縣袁又村大令祖德之弟，袁子才太史枚之稚孫也。咸豐十年（一八六〇）署邑丞，解組後遂寓滬。其舊居在南門内花園弄，而賃廡於福州路胡家宅之東。門前有柳樹，因顔其室曰「楊柳樓臺」，以爲友朋敘晤之所，與諸名士郵筒唱和。晚年總持新聞報筆政，議論風生，多中肯語。至花甲後，以精力衰憊，始辭職養閒，返花園弄舊邸，與故舊漸疏，旋老病侵尋而逝。生平著述不自收拾，唯《隨園瑣記》一卷刊入葛氏《嘯園叢書》。游歷歐美，著《談瀛録》，香山徐氏刊行之。另有《滬城備考》及《上海竹枝詞》等，風行於時。手編《袁隨園全集》，尤爲煞費苦心。另有《海上聞見録》十二卷未見〔一〕。（海上漱石生《倉山舊主軼事》載《滬壖話舊録》、姚文枏總纂《上海縣續志》卷二十一《游寓》）

談瀛録六卷　四册　**錢塘袁祖志翔甫**

光緒十年（一八八四）孟冬上海同文書局石印

〔一〕光緒二十一年（一八九五）上海新聞報館，參陳大康《中國近代小説編年》。

上圖　天津　南開　人大　實藤

卷一瀛海採問[一]

卷二涉洋管見

卷三西俗雜誌

卷四出洋須知

卷五海外吟

卷六海上吟

重修滬游雜記四卷　二册　**西泠嘯翁編　倉山舊主修**

光緒十三年（一八八七）仲秋之月印

北大

洋務論説新編四卷　八册　**錢塘袁祖志翔甫**

光緒戊戌（一八九八）孟夏文苑書局石印（中目）

[一] 此書坊間翻印、抽印較多，兹將各卷名開列。

上圖　蘇州大學　天津

未見一種詳附表：海上聞見録十二卷

應祖錫（一八五五—一九二七）

字璧如，號韓卿。浙江永康人。光緒戊子科舉人。肄業上海廣方言館、麗正書院。供職江南製造局翻譯館。編有《增廣尚友録統編》二十二卷。（《清代硃卷集成》第二百七十七、三百九十九册）

佐治芻言　三册　**英國傅蘭雅口譯　永康應祖錫筆述**

光緒十一年（一八八五）江南製造總局鋟板（局記、書録、答問、陳目）

國圖　上圖　首都　河南大學

銀礦指南一卷　一册　**美國亞倫著　英國傅蘭雅口譯　永康應祖錫筆述**

光緒十七年（一八九一）江南製造總局鋟板（書録、答問、局記）

國圖　上圖　復旦

洋務經濟通考　十二册　**永康應祖錫韓卿甫纂定　句章徐毓洙笑僊、鴛湖沈維堉静安校正**

光緒戊戌（一八九八）孟秋月上海鴻寶齋石印

上圖　復旦　浙師大　北師大

經濟通考續集　十二册　**永康應祖錫韓卿甫纂定　鴛湖沈維堉静安校正**

光緒癸卯年（一九〇三）仲春之時　上海鴻寶書局石印（中目）

人大　山東大學

汪振聲[一]

字曉村。江蘇六合人。供職江南製造局翻譯館，格致書院董事。同治光緒間人。光緒三年丁丑（一八七七），南海馮焌光請開缺[二]出關尋覓父柩，振聲請從。三月初，自上海乘輪，溯江抵武漢，北遊豫陝甘諸省，遍訪各地風物，多所記述考證，並雜以詩詞。著有《西征日記》一卷。（陳左高《歷代日記叢談》、《格致校史稿》第一卷一八七四—一九四九）

[一] 按，劉紹唐主編《民國人物小傳》有汪振聲（一八八三—一九四五），字楞伯，原籍浙江吴興，當係同名而異人。

[二] 原注：「時主江南機器製造局。」

行軍鐵路工程二卷　一册　**英國武備工程課則　英國傅蘭雅、六合汪振聲同譯**

光緒十二年（一八八六）江南製造總局鋟板（局記、書録、答問、陳目）

上圖　南大　南師大　北大

開地道轟藥法三卷附圖一卷　二册　**英國武備工程學堂編定　英國傅蘭雅口譯　六合汪振聲筆述**

光緒十九年（一八九三）江南製造總局鋟板（局記、書録、答問、陳目）

上圖　南師大　北師大　北大

營工要覽四卷　二册　**英國武備工程課則　英國傅蘭雅、六合汪振聲同譯**

光緒二十二年（一八九六）江南製造總局鋟板（局記、書録、陳目）

上圖

西國近事彙編丁酉　四册　**蒙古鳳儀譯　六合汪振聲編**

光緒二十三年（一八九七）上海機器製造局刊印（書録、答問）

國圖　上圖　復旦　華東師大　北大

西國近事彙編戊戌　四册　**香山楊召芬譯　六合汪振聲編**

光緒二十四年（一八九八）上海機器製造局刊印（書録、答問）

國圖　上圖　復旦　華東師大　北大

意大里蠶書一卷　一册　**意國丹吐魯著　英國傅蘭雅、英國傅紹蘭口譯　六合汪振聲筆述　新陽趙元益校録**

光緒二十四年（一八九八）江南製造局印（局記）

復旦　北大　中山大學

化學工藝初集四卷二集四卷三集二卷附一卷　十三册　**英國能智著　英國傅蘭雅、六合汪振聲譯　無錫徐華封校**

光緒戊戌（一八九八）秋七月江南製造局擺印（書録、局記）

華東師大　蘇州大學　北大

養蒙正軌　一册　**英國秀耀春、六合汪振聲同譯**

光緒二十五年（一八九九）江南製造局鉛印本（局記、書録）

上圖　復旦　浙江

取濾火油法一卷　一册　**美國日得烏著　英國秀耀春、美國衛理譯　六合汪振聲述**

光緒庚子（一九〇〇）秋製造局鋟板（局記、總目）

上圖　北大　清華　北師大

鑄金論略六卷　六册　**英國工程家司布勒村著　英國傅蘭雅口譯　六合汪振聲筆述**

光緒壬寅年（一九〇二）刊於江南製造局（局記）

華東師大　南大　北師大

農學津梁一卷　一册　**英國恒里湯納耳著　美國衛理口譯　六合汪振聲筆述**

光緒壬寅年（一九〇二）孟冬月刊江南製造局藏板（局記）

上圖　復旦

造洋漆法一卷　一册　**日本田原良純著　日本藤田豐八譯　六合汪振聲參校**

歲次癸卯（一九〇三）之夏江南製造局刊（局記）

國圖　北大　清華

探礦取金六卷續編一卷附編一卷　二册　**英國礦工密拉著　慈谿舒高第譯　六合汪振聲述**

江南製造局譯書館甲辰（一九〇四）秋刊（局記）

國圖　華東師大　北大　川大

顔料篇三卷　二册　**日本江守襄吉郎編　日本藤田豐八譯　六合汪振聲重編**

宣統元年（一九〇九）江南製造局刻（陳目）

復旦　華東師大　清華

蠡測巵言　一册　**六合汪振聲録存**

清末鉛印本

南大　北大

英國定準軍藥書四卷附二卷　二册　**英國陸軍水師部編纂　慈谿舒高第譯　六合汪振聲述**

民國元年（一九一二）江南製造局刊本（總目）

華東師大　南師大　北師大

顔邦固

歷戎行二十餘年。甲申（一八八四）冬，供職江南製造局礮隊。（顔邦固《洋槍淺言》跋）

洋槍淺言　一册　**馮國士直臣譯表　葛道殷莘墅、顔邦固仙橋繪圖輯説**

光緒十二年（一八八六）上海江南機器製造總局刊版（局記、總目）

華東師大　北大　北師大

李嶽蘅

字茹真。湖南湘鄉人。供職江南製造局翻譯館，廣方言館漢文教習。有《策倭要略》一卷。（朱有瓛《中國近代學制史料》第一輯）

西國近事彙編丁亥　四册　**湘鄉李嶽蘅編輯**

光緒十三年（一八八七）上海機器製造局刊印（書録、答問）

國圖　上圖　復旦　華東師大　北大

西國近事彙編戊子　四册　**湘鄉李嶽蘅編輯**

光緒戊子年（一八八八）翻譯　上海機器製造局刊印（書録、答問）

國圖　上圖　復旦　華東師大　北大

西國近事彙編己丑　四册　**湘鄉李嶽蘅編輯**

光緒己丑年（一八八九）翻譯　上海機器製造局刊印（書録、答問）

國圖　上圖　復旦　華東師大　北大

西國近事彙編庚寅　四册　**湘鄉李嶽蘅、張通煜編輯**

光緒庚寅年（一八九〇）翻譯　上海機器製造局刊印（書録、答問）

國圖　上圖　復旦　華東師大　北大

俄國水師考一卷　一册　**英國伯爵百拉西撰　英國傅少蘭、湘鄉李嶽蘅同譯**

光緒二十六年（一九〇〇）江南製造總局鋟板（局記、經眼、陳目）

上圖　南大　北大　北師大

馬良（一八四〇——一九三九）

原名志德，字斯臧，又名欽善、建常、紹良，字相伯，亦作湘伯、薌伯，別署求在我者，晚號華封老人。江蘇丹陽人，寄籍丹徒，遷居松江之泗涇。馬氏世奉天主教，良受洗，聖名若瑟，故亦號若石。幼岐嶷，十二歲入上海徐匯公學肄業，校長義人晁德莅甚器重之，國學與拉丁文、法文及科學皆大進，尤嗜度數。同治元年（一八六二）入耶穌會，攻哲學及神學。九年（一八七〇）晋司鐸，傳教宣城、徐州等地。著《度數大全》一百二十餘卷，呈教會付梓，不允，因久已不滿外籍教士，至是益憤慨。後調南京，遂辭神職。入李鴻章幕，赴朝鮮襄助新政、練軍、外交等。自朝鮮歸，絶意仕進，致力譯著。光緒二十二年（一八九六）秋，梁啓超從良習拉丁文。二十四年（一八九八），隱居青浦佘山。同年，啓超上書清廷，請設譯學館，並邀良主其事，會政變，議遂寢。二十八年（一九〇二），蔡元培亦隨習拉丁文。次年，在徐家匯創立震旦學院。刊行《拉丁文通》，著《致知淺説》，成《原言篇》，又著《法文關鍵》及《尺算徵用》。三十一年（一九〇五），外籍教士議改校政，乃與嚴復等另立復旦公學，自爲校長。民國元年（一九一二），初任南京府尹，嗣任都督府外交司長、總統府高等顧問。九年（一九二〇）冬，息影上海之土山灣。（方豪《馬良事略》載《民國人物碑傳集》卷十二、徐宗澤《馬相伯先生傳略》載《慈音》一九三九年第五期、方豪《馬相伯先生著述系年擬目》載《上智編譯館館刊》一九四七年第二卷第一期）

尺算徵用　一册　**南徐求在我者纂　南徐適可居士斠**

光緒十有七年歲次辛卯（一八九一）春二月　上海城内三牌坊胡傳墨齋刻印（書録）

國圖　華東師大　北大

新史合編直講二十卷　二十册　**馬相伯譯**〔一〕

光緒二十年（一八九四）上海土山灣印書館印〔二〕（徐天）

上圖

馬建忠（一八四五—一九〇〇）〔三〕

字眉叔，譜名欽良，學名乾，字斯才。江蘇丹陽人。甫就塾識字，則逢太平天國運動，隨家轉徙凡十八

〔一〕方豪編《新史合編直講音譯名稱合璧引言》注曰：「《新史合編直講》爲馬公所譯《新約》，而刊本不署名，卷帙頗厚。原書本有序，據馬公自云：原序已在辛亥革命時遺失。」

〔二〕未見初印本，此處出版時間據陸永玲編《馬相伯著譯目録》，載朱維錚主編《馬相伯集》。另，方豪《馬相伯先生事略》：「二十四年（一八九八）冬，先生與弟積二十年而成之《馬氏文通》前六卷初版行世……翌年冬，後四卷亦付梓，乃以全力譯《新史合編直講》。」

〔三〕馬建忠《適可齋記言自記》：「生於道光五口互市後之第三年。」

還而抵上海。方執筆學舉子業而蘇松又陷，未幾而又有庚申之變。君乃深惟太平天國僅足爲目前患；獨洋人以師舟於數萬里外載一旅之師北上，款成全師屯上海，民與安焉，若罔知有變故也者。而國朝士夫被此莫大之恥，專務掩匿覆蓋，以絶口不談海外事爲高，直無有深求其得失之故，以冀得一當者。然則他日彼族爲禍之烈，不察可知矣。於是決然舍其所學而學所謂洋務者，始求上海所譯書，觀之未足饜意，遂乃學其今文字與其古文詞，以進求其格物致知之功，與所以馴至於致治之要，窮原竟委，恍然有得於心。無何而于役津門，奔走域外。光緒二十二年（一八九六）七月，與次兄相伯同居滬上，與梁任公爲毗鄰。二十六年（一九〇〇）八月十四日晨卒於滬寓。（馬建忠《適可齋記言自記》、《清史稿》卷四百四十六《列傳》二百三十三）

尺算徵用　一册　**南徐求在我者纂　南徐適可居士斠**

光緒十有七年歲次辛卯（一八九一）春二月上海城内三牌坊胡傳墨齋刻印（書録）

國圖　華東師大　北大

法國海軍職要　一册　**適可居士撰**

光緒十七年（一八九一）刻本

國圖

適可齋記言四卷　二册　**南徐馬建忠**

光緒二十二年（一八九六）刻本

國圖　復旦　南大　南開　吉大

適可齋記行六卷〔一〕　二册　**南徐馬建忠**

光緒二十二年（一八九六）刻本

復旦　華東師大　北師大　北大

文通十卷〔二〕　十册　**丹徒馬建忠**

光緒二十四年（一八九八）孟冬上海商務印書館排印（徐樓）

國圖　蘇州大學　北大　人大

〔一〕《適可齋紀行》本《東行初録》「四月二十日」條下，有「筆談」一篇，抽去未刻，兹依小方壺齋本補入，俾成全豹。見《東行初録、續録、三録》序言（程演生輯録《中國内亂外禍歷史叢書》第三十三册，神州國光社）

〔二〕據梁任公云：「眉叔選《文通》之時，在光緒二十一、二年，寓居上海昌壽里，因相與比鄰，每成一條，即得先覩爲快。」轉引自《馬眉叔》，載《華安》第二卷第六期（一九三四）

政藝新書　二册　**丹徒馬建忠譯述**

光緒辛丑（一九〇一）教育世界社印（中目）

北大　首都　中山大學

藝學統纂　十二册　**馬建忠編輯**

光緒二十八年（一九〇二）上海文林石印本

上圖　北師大

馬眉叔觀察洋務留稿　一册　**馬建忠撰**

抄本

上圖

任廷旭

改名保羅，字申甫[一]，别署困學居士。江蘇吴江人。光緒辛巳（一八八一），廷旭尊人見交涉事繁，謂

[一]《萬國公報》第一百三十六册載《俄國政俗通考弁言》，署名「吴江任廷旭申甫」，見《中國近代期刊篇目彙録》

廷旭已食廪餼，宜涉歷洋務，遂命赴滬，應唐景星觀察之招，勷理招商局事，因得問字於特賞五品銜美國進士林君樂知。己丑（一八八九），廷旭尊人稾筆遊滬，見洋場學塾雖多，創自華人者蓋寡，因命廷旭設養正學堂於上海，課授中英兩學，與林樂知所設之中西書院後先相望。數年以來，造就甚夥。壬辰（一八九二），前出使大臣崔惠人星使聞廷旭名，招致出洋。奏保華英文理俱優，派充駐美使署隨員兼辦翻譯要件。以援例請給川裝，致忤憲意，撤回奏參。比佐上海廣學會西儒翻譯泰西經世新學諸書。（任廷旭、任廷杲、任廷曦《吴江任徠峰先生行述》載《萬國公報》第一百零一卷）

英興記二卷附同時美興略記廣學會記一卷　二册　**英國鄧理槎著　美國林樂知、中國任廷旭同譯　上海蔡爾康校印**

光緒二十年（一八九四）圖書集成書局鉛印本（雷目、涵目、總目）

上圖　蘇州大學　北大　川大

天倫詩一卷　一册　**英國璞拍撰　英國李提摩太譯　中國任廷旭筆述**

光緒二十四年歲次戊戌（一八九八）上海廣學會藏板　上海美華書館刊印

北大　陝西

保華全書四卷（一題中國將裂）　四册　**英國議院大臣兼水師提督軍門貝思福著　美國林樂知榮章甫譯意　上海蔡爾康芝紱甫、吴江任廷旭申甫氏同述**

大清光緒歲次己亥（一八九九）十月上海廣學會校刊（書録、總目）

上圖　復旦　寶藤

古史探源二卷　一册　**英國克羅德撰　英李提摩太鑒定、吴江任廷旭譯述**

光緒二十五年歲次己亥（一八九九）上海廣學會藏板　上海美華書館擺印（涵目）

北大　人大　中山大學

俄國政俗通考三卷　二册　**印度廣學會原本　美國林樂知榮章氏、吴江任保羅申甫氏同譯**

光緒二十六年（一九〇〇）三月上海廣學會校刊（書録、雷目、涵目、總目）

北大　内蒙古大學

庚子教會受難記二卷　二册　**英國季理斐譯　任廷旭筆述**

光緒二十九年歲次癸卯（一九〇一）上海廣學會譯　上海美華書館擺印（經眼、總目）

北大　清華　中山大學　美國哈佛燕京

印度史攬要三卷　三册　**英國寶星亨德偉良撰　英國李提摩太鑒定　吴江任廷旭申甫譯**

大清光緒二十七年歲次辛丑（一九〇一）上海廣學會新譯　上海美華書館擺印（雷目、涵目、總目）

上圖　北師大　北大　人大

廣學類編十二卷　六册　**英國唐蘭孟編輯　英國李提摩太鑒定　吴江任保羅廷旭申甫譯**

光緒二十七年（一九〇一）廣學會鉛印本（總目、雷目）

上圖　清華　中山大學

全地五大洲女俗通考　二十一册　**美國林樂知榮章甫輯譯　吴江任保羅譯述**

光緒二十九年歲次癸卯（一九〇三）上海廣學會編行　上海華美書局擺印（雷目、徐樓、總目）

上圖　實藤

進化論十六章　四册　**英國泰勒著　任保羅譯**

光緒二十九年（一九〇三）上海廣學會鉛印本（涵目、總目）

國圖

大英治理印度新政考　六册　**英國亨德偉良撰　吴江任保羅廷旭申甫譯**

大清光緒三十年甲辰（一九〇四）上海廣學會校刊　上海商務印書館代印（雷目、總目）

復旦　蘇州大學　北大　北師大

中國政俗考略　一册　**美國佑尼干、美國林樂知、任保羅譯**

光緒三十二年（一九〇六）廣學會（雷目）

上圖　浙江

埃及變政史略　三册　**英國密理納著　任保羅譯**

光緒三十三年（一九〇七）廣學會藏板　上海商務印書館代印

浙江　北大　北師大

中等地理教本　二册　**英國漢勃森原著　吴江任廷旭、元和范禕譯述**

光緒三十三年（一九〇七）元月初版　上海廣智書局印行（涵目、總目）

上圖　浙江

李文司敦播道斐洲遊記　一册　**英國霍偉氏**〔一〕**撰　吴江任保羅譯**

宣統元年（一九〇九）九月出版　上海廣學會藏版（雷目）

上圖

聖保羅寶訓　一册　**任保羅、季理斐譯**

宣統二年（一九一〇）廣學會（雷目）

孔網

奥后特勒薩實録　一册　**英國哲美森夫人撰　吴江任保羅譯**

宣統二年歲次庚戌（一九一〇）上海廣學會藏版　上海商務印書館代印（雷目）

國圖

〔一〕 Rev. H. R. Haweis, M. A..

家範溯源　一册　**美國戈爾騰原著　中國任保羅譯意**

清末上海廣學會出版

蘇州大學

未見四種詳附表：格致源流説、戰爭非道論、高麗信道紀略、窮兵大幻辨

王汝駒

浙江烏程人。供職江南製造局翻譯館。

西國近事彙編甲午　四册　**烏程王汝駒編輯**

光緒二十年（一八九四）上海機器製造局刊印（書録、答問）

國圖　上圖　復旦　華東師大　北大

西國近事彙編乙未　四册　**烏程王汝駒編輯**

光緒二十一年（一八九五）上海機器製造局刊印（書録、答問）

國圖　上圖　復旦　華東師大　北大

西國近事彙編丙申　四册　**烏程王汝騑編輯**

光緒二十二年（一八九六）上海機器製造局刊印（書録、答問）

國圖　上圖　復旦　華東師大　北大

化學源流論四卷　二册　**英國化學師方尼司輯　烏程王汝騑譯**

光緒二十六年（一九〇〇）江南製造總局鋟板（局記、總目）

上圖　復旦　華東師大　北大

照相鏤板印圖法　一册　**美國貝列尼原本　美國衛理、烏程王汝騑同譯**

光緒庚子年（一九〇〇）製造局鋟板（局記）

復旦　北大　清華

工業與國政相關論二卷　二册　**英國司旦離遮風司撰　美國衛理、烏程王汝騑同譯**

光緒庚子年（一九〇〇）仿聚珍版印於製造局（局記、歷目）

復旦　華東師大

相地探金石法四卷　四册　**英國喝爾勃特喀格司著　烏程王汝駢譯**

歲在癸卯（一九〇三）之夏江南製造局刊（局記）

西安交通

金工教範　一册　**美國康潑吞撰　烏程王汝駢、上海范熙庸同譯**

光緒甲辰（一九〇四）江南製造總局刊行（局記）

國圖　上圖　華東師大　浙江　南大

農學理説二卷表一卷　二册　**美國以德懷特福利斯撰　烏程王汝駢口譯　新陽趙詒琛筆述**

光緒丙午（一九〇六）冬月江南製造局刻（陳目、涵目）

華東師大　清華

機工教範 一册 **烏程王汝駠譯述 上海曹永清繪圖**〔一〕

民國元年（一九一二）十月初板 上海製造局發行

北大 北師大

張坤德

字少塘。浙江桐鄉人。居上海新閘路十四號〔二〕。廷傑姪孫。上海廣方言館畢業，隨袁世凱至朝鮮充釜山領事館翻譯兼副領事。馬關議和，裕庚奉使駐日，辟爲翻譯，草約悉出其手。日外省餽以金，峻拒之，謝病還上海，英人擔文爲律師於滬，倚之如左右手。嘗爲某鉅商索外逋訟不勝，走香港上訴，復敗訴。某商力竭，願屈坤德舉數證，强擔文赴英申辯，卒得直。其能不負所學也如此。嘗爲《時務報》英文翻譯〔三〕。另有《英律釋義》未見〔四〕。（鄭之章《張少塘傳》、盧學溥續修《烏青鎮志》卷二十九）

〔一〕據書後版權頁。

〔二〕《京師、上海、廣州同文館部分學生離校後情況一覽表》（一九一六）原載《京師同文館學友會第一次報告書》，轉引自黎難秋《中國科學翻譯史料》。

〔三〕見《時務報》第三册（一八九六年八月二十九日）

〔四〕參《鄭孝胥日記》光緒三十二年（一九〇六）十月初十日。

時務報匯編　十六册　**張坤德譯**
光緒二十四年（一八九四）刻本
北師大

泰西育蠶新法　一册　**張坤德撰**
光緒二十四年（一八九八）春强齋石印本（總目）
清華

白路文律意　一册　**英國白路文原著　張坤德譯述**
光緒三十三年（一九〇七）商務印書館（涵目）
浙江

海外紀事前編十卷後編六卷　十册　**桐鄉張坤德譯**
清末刻本
南大　北大

會審信隆行租用南洋兵輪轇轕全案　一册　**桐鄉張坤德譯**

清末石印本

國圖　中山大學

未見一種詳附表：英律釋義

鄒弢（一八五〇—一九三一）

字翰飛。江蘇金匱人。諸生。性嗜酒，故又自署曰梁溪酒丐。少年時富於情，讀《紅樓夢》一書，拜倒林黛玉之爲人，因又署曰瀟湘館侍者。旅居滬西徐家匯，任《益聞録》主筆，撰述甚多。其生平之著作，有《三借廬贅談》及《澆愁集》《斷腸碑》等行世。年七十，體氣衰弱，病莫能興，乃建屋一楹，顏曰待死樓，昕夕伏處其中，不復與友朋相見，自是悒悒以終。另有《蛛隱瑣言》三卷、《海上尋芳譜》二卷、《海上塵天影》（即《斷腸碑》）六十章、《海上花天酒地傳》、《詩學捷徑》、《詞學捷徑》。（海上漱石生《瘦鶴詞人軼事》載《滬壖話舊録》、《瘦鶴詞人自述》不分卷）

萬國近政考略十六卷　四册　**金匱鄒弢翰飛氏編輯**

光緒二十一年（一八九五）三借廬鉛印本（徐樓、中目）

國圖　復旦　北大　清華　首都

速成文訣　一册　**金匱翰飛鄒弢輯**

光緒三十三年（一九〇七）上海徐家匯啓明女塾發行（總目）

國圖

列國編年紀要一卷　一册　**金匱鄒弢翰飛氏編輯**

光緒間通學齋叢書本

北大

鳳　儀

字夔九。正黃旗蒙古人。歷任户部員外郎、廣方言館教員、新加坡總領事官。（張德彝《四述奇·光緒二年九月至十二月》、《京師同文館學友會第一次報告書》三館館員録）

航海章程一卷附航海章程初議紀録　一册　**美國弗蘭克林纂　蒙古鳳儀口譯　無錫徐家寶筆述**

光緒二十一年（一八九五）江南機器製造總局藏板（書録、答問、局記）

上圖

西國近事彙編丁酉　四册　**蒙古鳳儀譯　六合汪振聲編**

光緒二十三年（一八九七）上海機器製造局刊印（書録、答問）

國圖　上圖　復旦　華東師大　北大

徐家寶（一八六七——一九一二）

字獻廷。江蘇無錫人。建寅長子。邑庠生。製造局譯員。

航海章程一卷附航海章程初議紀録　一册　**美國弗蘭克林纂　蒙古鳳儀口譯　無錫徐家寶筆述**

光緒二十一年（一八九五）江南機器製造總局藏板（書録、答問、局記）

上圖

煉鋼要言一卷　一册　**無錫徐家寶譯述**

光緒二十二年（一八九六）江南製造總局鋟板（局記、書録、答問）

上圖　復旦

保富述要二卷　二册　**英國布來德著　英國傅蘭雅口譯　無錫徐家寶筆述**

光緒二十二年（一八九六）江南製造總局鋟板（局記、書録、答問）

上圖　南大　北大

國政貿易相關書二卷　二册　**英國法拉著　英國傅蘭雅口譯　無錫徐家寶筆述**

光緒二十三年（一八九七）江南製造局刻本（局記、陳目）

復旦　南大　北大　清華

工藝準繩　六册　**英國傅蘭雅口譯　無錫徐家寶筆述**[一]

光緒二十六年（一九〇〇）江南製造局本

上圖

葉瀚（一八六三—一九三三）

字浩吾。浙江仁和人。少時不樂仕進，意欲以文章自見，期爲古學者。得交浙錢塘夏君曾佑，聞老輩

[一] 該書個别章數後有署款。

有海寧李壬叔善蘭、錢唐戴謌士與夏君父紫笙先生鸞翔，均精數學。又得聞西儒奈端力學三例説，知地爲球體，星有八種，均繞日而轉。又聞江南製造局譯書處有理化諸書，乃宛轉求得一二種，私自講習。又獲見《製造局譯書目》，知兵工製造原本於數理化，不先精數學等，餘無可言者。於是立意爲經世文學，内則購求《東華録》《海國圖志》《瀛寰志略》《中西紀事》及條約交涉等事研求之，期得其病根所在，可講對治之方。年二十二，至江蘇松江華亭司信札，半年復至江蘇省會，得識江君標、烏程嚴君某，於是在杭所私習者粗得頭緒門徑。又得赴江蘇耶教會所立天賜莊醫學校，獲覩西醫生理模型等。君秉體素弱而善病，乃託友人赴上海者代購英醫合信編著西醫五種暨《全體闡微》等讀云。又喜講求動植物學，然本計所在，仍主學習西文，通數理化。又以軍政所關最要爲地理，乃購西儒所譯《地理全志》等暨中外所著關於地理學書合而讀之，始知魏氏《海國圖志》、徐氏《瀛寰志略》等皆舊而未備，而圖書雜行諸書訛謬處尤多。時新會潘學使衍桐爲浙江學使，命題云：《海國圖志》糾謬。閲君作，詫而奇才，拔置第一。於是杭人士始知新學講求之有益，聞風而起者大有人矣。二十五歲，前上海道劉襄孫燕翼尊翁劉乙笙司馬延至滬教其子姪，約十年始許別就。感其意，慨然許之，得賢主人意，益得購所欲讀書，若經、史、子、集、時務書等，或假或購，一不吝。嗣又得杭州金忠甫世丈保泰推薦力，得入江南製造局充文案，月入益豐。又得局中會辦潘琴蓀觀察學祖嘉許，獲交廣方言館諸教師，如興化劉彝程、桐鄉沈善蒸、無錫徐祝三、南匯賈步緯、長沙葛道殷、桐城蕭穆等，并許在圖書處賒購本局書籍。於是譯籍一二年間驟增二、三巨篋。友人中隨使外洋者，又多函贈新譯圖籍。江蘇洪侍郎鈞之《中俄交界圖》《元史譯文證補》，錢念劬公使著《中俄界約新斠注》《帕米爾圖》等，又得許竹筠侍郎著《海圖師船圖表》、顧少逸《日本水師考》、姚子良《日本地理兵要》等，始知列强闢地保民，全恃武力。讀《萬國公法》等書，知公法爲强國擁護强權所得之權力之具，吾國對外交涉，專恃公法約文爲辯護資，不啻作繭自縛。兩湖總督張之洞閲瀚作《帕米爾界説考》，意奇之，勉留鄂辦事，俟得機會送歐美留學，遂居鄂。丁酉（一八九七）春，偕福州柯振賢鴻年譯法文《比較商法》成。秋赴滬，與吴縣汪甘卿崇陵副大臣鍾霖同辦《蒙學報》。戊戌（一八九八）夏，清德宗下詔變法，廢科舉，立學校。君乃開會，商設立速成師範傳習所事，衆力贊其得當。嗣得友人南潯龐青城元澂助，游日本，實地參觀學校教育。蓋青城捐巨金立南潯公學，延君爲總教，此行購置中小教育教科書及模型儀器等綦備，蓋皆出友人杜亞泉之計議也。壬寅（一九〇二）開校後因事力謝去。閲七八年，受雲南提學使葉栢皋學使爾愷聘，赴雲南襄理學務，充學務公所圖書課長兼任雲南高等學校教務長。辛亥（一九一一）春，公推爲雲南高等學校監督，仍兼教務長。九月，雲南反正，遂辭職反浙。民國元年夏，入都議教育部教育行政會議事。與前教育總長蔡元培述己所懷，似宜注重民生，培地方之基，爲方今教育之要圖。察聞言不以所言爲然，遂乞假南旋。民國六年（一九一七）秋間至北京，就北京大學史學系教授兼國史館編輯員。有《晚學廬叢稿》，未刊行。（葉瀚《塊餘生自紀》[二]）

[二] 手稿，藏上海圖書館，此據《中國文化研究集刊》（第五輯）整理本内容。

初學讀書要略四種（一題初學宜讀諸書要略、國學凡初編） 一册 **葉瀚著**

光緒丁酉（一八九七）夏五月仁和葉氏刊（涵目）

國圖 北大 南京曉莊

初學宜讀諸書要略一卷

初學稍進讀書要略一卷

讀譯書須知一卷

讀格致理法綱要一卷

地學歌略 一册 **仁和葉瀚、葉瀾著**

光緒二十四年（一八九八）刻本（徐樓）

國圖 常州

天文地理歌略 一册 **葉瀚、葉瀾撰**

光緒二十七年（一九〇一）李光明莊刻本

國圖 上圖

泰西教育史二卷　一册　**日本能勢榮著　葉瀚譯**

辛丑（一九〇一）六月金粟齋版（經眼、提要、徐樓）

上圖　華東師大　南師大　中山大學　北師大

新撰亞細亞洲大地志二卷　四册　**日本山上萬次郎編　仁和葉瀚譯**

光緒二十七年（一九〇一）上海正記書局石印（經眼、提要、徐樓、浙目）

國圖　上圖　復旦　天津

世界通史三編　三册　**德國篤爾布勒志著　日本文學士和田萬吉譯述　仁和葉瀚重譯**

光緒二十九年（一九〇三）十月出版　鏡今書局製版（徐樓）

上圖　浙江

最新憲法要論初篇　一册　**日本市村光惠撰　葉瀚譯**

光緒三十三年（一九〇七）保定官書局

北師大

潘松（一八六七—？）[一]

浙江烏程人。附貢生。供職江南製造局翻譯館。遵新海防例捐知縣，遇缺先選用。（《清代官員履歷檔案全編·光緒朝》）

鐵路紀要三卷 一册 **美國柯理集 烏程潘松譯 善化章壽彝校**

光緒二十三年（一八九七）江南機器製造總局藏板（局記、書録、總目）

人大 北大 中山大學

俄國新志八卷 三册 **英國陔勒低撰 英國傅蘭雅口譯 烏程潘松筆述**

光緒二十四年（一八九八）孟夏刊於上海製造總局（局記、經眼、陳目、總目）

上圖 華東師大 南大 北大

[一] 據《清代官員履歷檔案全編》：「光緒二十八年九月」「年三十六歲」。

法國新志四卷　二册　**英國該勒低輯　英國傅紹蘭口譯　烏程潘松筆述　英國秀耀春、上海范熙庸仝校**

光緒戊戌（一八九八）製造局刊（局記、經眼、書録、陳目）

上圖　復旦　華東師大　南大　北師大

美國鐵路彙考十三卷　二册　**美國柯理集　英國傅蘭雅口譯　烏程潘松筆述**

光緒己亥（一八九九）五月江南製造總局鋟板（局記、涵目、總目）

華東師大　北師大

求礦指南十卷　二册　**英國礦師安德孫撰　英國傅蘭雅、烏程潘松同譯**

光緒己亥（一八九九）五月江南製造總局鋟板（經眼、局記、總目）

北大　清華

孫文楨

字士章。安徽泗州人。徐匯公學學生。（蔣升《坤輿撮要問答》序）

坤輿撮要問答四卷附編一卷　一册　**孫文楨譯**

光緒二十四年（一八九八）孟秋上海土山灣書館印（書録、徐樓、涵目、總目）

國圖　上圖　人大

徐匯課本：中國地輿志略　二册　**法國夏之時撰　泗州孫文楨譯**〔一〕

光緒三十二年（一九〇六）上海土山灣印書館印行（徐樓、涵目）

上圖　浙江　民目

地理撮要四卷　一册　**孫文楨編譯**

光緒三十三年（一九〇七）上海土山灣印書館鉛印本（徐樓）

上圖　復旦

聖教鑑略八卷　一册　**耶穌會後學孫文楨撮録**

天主降生一千九百十一年（一九一一）上海土山灣印書館排印（徐天）

〔一〕　據該書《序》。

上圖

楊召芬

廣東香山人。肄業廣方言館，供職江南製造局翻譯館。（上海圖書館編《江南製造局翻譯館圖志》）

西國近事彙編戊戌　四册　**香山楊召芬譯　六合汪振聲編**

光緒二十四年（一八九八）上海機器製造局刊印（書録、答問）

國圖　上圖　復旦　華東師大　北大

孟森（一八六八—一九三八）

字心史，號莼孫。江蘇陽湖人。南洋公學師範生[一]。光緒辛丑（一九〇一）東渡入東京法政大學習法律。甲辰（一九〇四）返國，商務印書館刊行孟所譯述梅謙次郎原著日本民法要義《債權篇》。乙巳（一九〇五）至廣西龍洲邊防軍參與戎機。在職期間，編撰《廣西邊事旁記》，由商務印書館出版。戊申（一九〇八）任《東方雜誌》編輯。宣統己酉（一九〇九）當選爲江蘇省諮議局議員。民國二年（一九

[一]《交通大學校史資料選編》第一卷引《南洋公學師範班學生名單》載「光緒廿四年二月進學」。

一三）在江蘇第三區當選國會衆議員。自袁世凱解散國會，乃南下，開始轉向文壇及學術研究。民國二十年（一九三一），受聘爲北京大學歷史系教授，課餘著述，七年之間，成書數百萬言，中以《明元清系通紀》爲最鉅。二十六年（一九三七），抗戰爆發，困居北平。日軍因其曾撰有《宣統三年調查之俄蒙界綫圖考證》，脅其交出此一界綫圖，深感屈辱憤恨，致攖胃疾，鬱鬱以終。（劉紹唐主編《民國人物小傳》，吴智和《孟森》載秦孝儀主編《中華民國名人傳》第三册）

步兵操典 二册 **日本陸軍省原本 陽湖孟森譯述 日本稻村新六校訂 閩縣鄭孝檉覆校**

光緒二十五年（一八九九）南洋公學譯書院（書録、中目）

北大 首都

日本陸軍學校章程彙編 四册 **陽湖孟森譯述 日本稻村新六校訂 閩縣鄭孝檉覆校**

光緒二十八年（一九〇二）南洋公學譯書院鉛印本（書録、中目）

國圖 上圖 北師大

日本憲兵制 一册 **陽湖孟森譯述 日本稻村新六校訂 閩縣鄭孝檉覆校**

光緒二十八年（一九〇二）二月南洋公學譯書院第二版（書録、中目）

蘇州大學　天津

日本軍隊給與法一卷　一册　**陽湖孟森、無錫楊志洵譯述　日本稻村新六參訂　閩縣鄭孝檉覆**

光緒二十八年（一九〇二）十月南洋公學譯書院第二版（書録、中目）

蘇州大學　北大　中山大學

廣西邊事旁記　一册　**陽湖孟森著**

光緒三十一年（一九〇五）七月初版　商務印書館總發行（總目）

上圖

銀行簿記學　一册　**孟森、謝霖編**

光緒三十三年（一九〇七）四月商業編輯社、商業銀行學彙編（涵目）

浙江

地方自治淺説　一册　**陽湖孟森著**

光緒三十四年（一九〇八）二月初版　上海商務印書館藏版（中目、總目）

國圖

改訂增補統計通論　一册　**日本橫山雅男著　陽湖孟森譯**

戊申年（一九〇八）四月初版　商務印書館發行（涵目）

上圖　天津　人大

各省諮議局章程箋釋附議員選舉章程箋釋　一册　**陽湖孟森、山陰杜亞泉編纂　長樂高鳳謙、秀水陶葆霖參訂**

光緒三十四年（一九〇八）冬月初版　上海商務印書館印行（涵目）

上圖　天津

諮議局章程講義　一册　**孟森編**

光緒三十四年（一九〇八）預備立憲公會（涵目）

國圖　常州

城鎮鄉地方自治事宜詳解　一册　**陽湖孟森編纂**

宣統己酉（一九〇九）仲夏上海商務印書館印行（涵目）

上圖　華東師大　浙江　天津

商法調查案理由書第二編總則　一册　**編輯主任：上海商務總會、預備立憲公會、上海商學公會　編輯員：青浦張家鎮、陽湖孟森、無錫秦瑞玠、仁和邵羲、武進湯一鶚、陽湖孟昭常**

宣統元年（一九〇九）十一月出版　預備立憲公會編輯所發刊（涵目）

上圖

新編法學通論　一册　**陽湖孟森編纂**

宣統二年（一九一〇）正月初版　上海商務印書館印行（涵目、蘇二）

上圖　浙江　天津

法學名著：日本民法要義總則編　一册　**日本梅謙次郎原著　陽湖孟森譯述**

宣統二年（一九一〇）上海商務印書館印行（涵目）

浙江

法學名著：日本民法要義債權編　一册　**日本梅謙次郎原著　陽湖孟森譯述**

宣統三年（一九一一）五月初版　上海商務印書館印行（涵目）

浙江

步兵各個教練書一卷　二册　**日本軍事教育會原本　日本稻村新六輯補　陽湖孟森譯述**

清末南洋公學譯書院鉛印本（書録、浙目）

上圖　北大　首都　中山大學

步兵部隊教練書（一題步兵部隊戰鬥教練）　二册　**德國阿屋土記著　日本户山學校編譯　日本稻村新六輯補　陽湖孟森譯述**

清末南洋公學譯書院鉛印本（浙目）

蘇州大學　首都　實藤

謝洪賚（一八七三—一九一六）[一]

字鬯侯，別號寄塵，晚自署廬隱。浙江山陰人。年十一歲，以天資聰穎，由紹興本鄉選送蘇州博習書院[二]肄業。入博習之前，在家入蒙學，對於四書、《詩經》，多能背誦。在博習時，以學行優異，國文教員寶山朱鼎卿對之深爲器重。年未二十，即有以著述爲教會干城之志。光緒壬辰（一八九二）夏，畢業博習書院，協助院長美國潘慎文博士編輯三角、代數、幾何等教科書，并與潘夫人合譯《動物學新編》。光緒乙未（一八九五），潘博士改任上海中西書院院長，君隨赴中西，任圖書管理員，仍協助編輯事宜。時與通人學士接觸，廣讀中外新出書報，學識猛進，次年升任書院教授。除與潘博士繼續譯著《格物質學》《八綫備旨》《代形合參》《舊約注釋》諸書外，並爲商務印書館編輯中小學教科書十餘種。其中如《瀛寰全志》《華英初階》《英文進階》《中英文典》等，均爲甲午前後講新學者所必讀之書。當時商務印書館草創伊始，編輯之事，悉以委之君，雖不必居總編輯之名，而任其實。光緒戊戌（一八九八），君在上海中西書院首先組織幼徒會，嗣改稱青年會。翌年組織全國青年會協會，創刊青年會報，任副主筆，編輯叢書七十餘種，啓迪後學。所編《德育故事》《名牧遺徽》《免痨神方》等，曾風行一時。著述目録參見《謝洪賚紀念册》之

[一] 史拜言《妹丈謝君洪賚行述》：「君以前清同治十二年癸酉四月十三日建生於寧波慈谿丈亭鎮長老會教堂。」

[二] 原注：「後爲東吳大學。」

《手澤》。(胡玉峰《謝廬隱先生傳略》載《謝洪賚紀念册》,史拜言《妹丈謝君洪賚行述》載《興華》一九一六年第十三卷第四十一期,胡貽穀授意、王莕生遺辭《中華基督教青年會全國協會書報部主任幹事謝公洪賚傳》載《青年》一九一六年第十九卷第七期,朱謝文秋《敬述先君謝公洪賚行誼》載《傳記文學》一九七三年第二十二卷第四期)

代形合參三卷　一册　**美國羅密士原著　美國潘慎文譯文　山陰謝洪賚筆述**

光緒二十四年歲次戊戌(一八九九)上海美華書館〔一〕

國圖　煙臺

商務書館華英音韻字典集成　一册　**英國羅布存德氏原著　企英譯書館增訂**〔二〕

光緒二十八年(一九〇二)正月首次出版　上海北京路商務印書館

孔網

〔一〕此書牌記頗長,録引如下:「此書係益智書會囑託本館經手轉託杜柄記石印,餘無别刊,亦不准私刻翻印並改名陰戳。如有察出,定行禀請道憲從嚴懲辦,恐有未知,特綴數語以告。上海美華書館告白。」

〔二〕此書疑即《中英文典》。

格物質學十一卷　一册　**美國史砥爾原本　美國潘慎文譯文　山陰謝洪賚筆述**

大清光緒二十八年歲次壬寅（一九〇二）申江中西書院撰　上海美華書館擺印（涵目）

北大　首都

最新中學教科書：化學　一册　**中西譯社編譯　山陰謝洪賚訂定**

光緒二十九年（一九〇三）九月初版　商務印書館（涵目）

孔網　民目

最新中學教科書：瀛寰全志　一册　**山陰謝洪賚編輯　元和奚若校勘**

光緒二十九年（一九〇三）十月首版　商務印書館（涵目）

上圖　浙江　民目

最新中學教科書：物理學　一册　**山陰謝洪賚原譯**

光緒三十年歲次甲辰（一九〇四）季春月初版　商務印書館（涵目）

北師大　民目

最新中學教科書：生理學　一册　**山陰謝洪賚原譯**

光緒三十年歲次甲辰（一九〇四）仲秋初版　商務印書館（涵目）

北師大　民目

最新高等學堂教科書：微積學二卷　一册　**美國潘慎文原譯　山陰謝洪賚筆述**

光緒三十年歲次甲辰（一九〇四）十二月上海商務印書館印行（經眼）

浙江　天津

最新高等小學理科教科書　四册　**山陰謝洪賚編纂**

光緒三十年歲次甲辰（一九〇四）十二月初版　上海商務印書館印行（涵目）

國圖　南京曉莊　北師大　民目

二十週教科叢書：質學新編　一册　**謝洪賚譯**

光緒三十年歲次甲辰（一九〇四）上海廣學會校刊　上海美華書館擺印（雷目）

浙江　蘇州大學　北大　首都

高等小學堂課本：最新地理教科書　四冊　**謝洪賚編纂**
光緒三十年（一九〇五）一月初版　上海商務印書館印行（涵目）
北師大　天津　民目

最新中學教科書：代數學　二冊　**山陰謝洪賚原譯**
光緒三十年（一九〇五）十二月初版　商務印書館（涵目）
天津　民目

最新中學教科書：幾何學（立體部）　一冊　**紹興謝洪賚編輯　嘉定周承恩校訂**
丙午年（一九〇六）正月　商務印書館（涵目）
北師大　民目

最新中學教科書：幾何學（平面部）　一冊　**山陰謝洪賚編譯　疁城周承恩校勘**
光緒三十二年歲次丙午（一九〇六）正月初版　商務印書館（涵目）
浙江　民目

最新高等小學理科教科書教授法　四册　**山陰謝洪賚編輯**

光緒三十二年丙午（一九〇六）十二月初版　上海商務印書館印行（涵目）

民目　孔網

最新中學教科書：三角術坿對數表弦切表　一册　**美國費烈博、美國史德朗原著　山陰謝洪賚編譯　嘉定周承恩校訂**

光緒三十三年歲次丁未（一九〇七）季春　商務印書館（涵目）

北師大

天國偉人（一題宗教界六大偉人之生平）　一册　**謝洪賚輯**

光緒三十三年丁未（一九〇七）孟秋月中韓基督教青年合會總委辦刊行　上海商務印書館排印　布道小叢書（雷目）

上圖

基督教與大國民　一册　**謝洪賚譯**

光緒三十三年（一九〇七）青年會書報發行所（雷目）

國圖　天津

聖經要道讀課　一册　**謝洪賚譯**

光緒三十三年（一九〇七）青年會書報發行所（雷目）

國圖

德育故事　一册　**謝洪賚編**

光緒三十四年（一九〇八）青年會書報發行所（雷目）

浙江　天津

使徒實蹟讀課　一册　**謝洪賚譯**

光緒三十四年（一九〇八）青年會書報發行所（雷目）

國圖

祈禱經課　一册　**謝洪賚編**

宣統二年（一九一〇）青年會書報發行所（雷目）

國圖

免癆神方　一册　**山陰謝洪賚著編纂**

宣統二年（一九一〇）七月初版　青年合會總委辦發行　上海商務印書館印刷（雷目、涵目）

中山大學　南開　天津

衛生新義　一册　**山陰謝洪賚編纂**

救主降生一千九百十一年（一九一一）春季初版　青年會總委辦發行　華美書局印刷（雷目）

南大　天津

世界名人與聖經　一册　**山陰謝洪賚纂輯**

救主降生一千九百十一年（一九一一）秋季首版　基督教青年合會總委辦（雷目）

國圖　北大

路加福音讀法　一册　**謝洪賚譯**

宣統三年（一九一一）青年會書報發行所（雷目）

國圖

未見十六種詳附表： 化學一卷、耶穌與使徒要訓日課、百蟲圖説、百魚圖説、小先知書目課、晨更説、個人傳道説、密禱論、靈劍、修德金鍼、學生衛生譚、青年詩歌、保羅一生指掌、原習、定命新論、耶穌一生指掌

樊炳清（一八七六—一九三一）

字少泉，一字抗父，又作抗甫，號志厚。浙江山陰人。上世游宦貴陽，遂以貴陽爲寄籍。光緒中葉，與海寧王静安國維、桐鄉沈昕伯紘同入上海東文學社學東文。畢業後與王、沈皆留館。其間静安先生雖留學日本東京物理學校，旋以病歸，仍與君同硯席。一九〇〇年，羅振玉應湖廣總督張之洞召赴武昌任湖北農務局總理兼農務學堂監督，因學堂譯員不得人，召君與静安先生去代替。辛亥（一九一一），羅振玉與静安先生同避地日本京都，君就上海商務印書館經理張菊生之聘任編輯，編《高小理科教科書》五、六兩册。時館中督課甚嚴，君以善病不受迮促。又以理科隔行，請專編國文，菊生許之。嗣又包譯日本版四卷之《中國通史》，譯費千字二元半或三元。於是君遂以筆耕爲資生之需。商務凡有編纂大役，幾無不預。如《辭源》及輯印《四部叢刊》，尤以《叢刊》出力爲多。菊生作《重印四部叢刊刊成記》，末附從事者九人姓名，君名居首，後遂終其身。（羅繼祖《王國維與樊炳清》載《魯詩堂談往録》）

東洋史要二卷附圖一卷 二册 **日本文學士桑原騭藏原著 山陰樊炳清譯**

光緒二十五年（一八九九）格致學堂譯 東文學社印（書録、涵目）

上圖 復旦 天津

西洋史要 二册 **日本小川銀次郎著 山陰樊炳清、侯官薩端同譯**

辛丑（一九〇一）七月金粟齋版（書録、經眼、徐樓）

復旦 蘇州大學 北大

科學叢書第一集八種 十册 **樊炳清譯**

光緒二十七年（一九〇一）教育世界出版所（經眼、中目）

上圖 天津 實藤

萬國地誌三卷 日本矢津昌永著 山陰樊炳清譯

近世博物教科書一卷附一卷 日本藤井健次郎編纂 松村任三校 樊炳清譯

理化示教二卷 山陰樊炳清譯

普通動物學一卷 日本五島清太郎著 樊炳清譯

新編小學物理學一卷 日本木村駿吉編 樊炳清譯

應用心理學一卷　**日本林吾一**　**樊炳清譯**

中等植物教科書一卷　**日本松村任三、日本齊田功太郎合著**　**樊炳清譯**

倫理書一卷　**日本文部省原本**　**樊炳清譯**

近世化學教科書三卷　二册　**日本大幸勇吉編**　**樊炳清譯**

光緒二十九年（一九〇三）教育世界出版所　教育叢書（總目）

實藤

植物學實驗初步　一册　**樊炳清譯**

光緒二十九年（一九〇三）江楚編譯官書局

實藤

歷代中外史要二卷　四册　**日本桑原鷺藏著**　**樊炳清譯**

光緒二十九年（一九〇三）鉛印本

天津

斐利迭禮璽王農政要略不分卷 一册 **德國師他代爾曼撰 日本和田維四郎譯 樊炳清重譯**

光緒三十一年（一九〇五）時新書室石印本（總目）

南圖

步兵工作教範四卷附録一卷 一册 **日本陸軍省原本 樊炳清譯**

光緒間南洋公學譯書院鉛印本（總目）

上圖

德意志法律書一卷 一册 **樊炳清譯**

抄本

上圖

丁福保（一八七四—一九五二）

字仲祜，號疇隱。江蘇無錫人。七歲啓蒙讀書，光緒乙未（一八九五）入江陰之南菁書院就讀，受教於長沙王先謙，精研《爾雅》與《説文解字》，甚得王氏器重。丁酉（一八九七）應舉人試失敗，翌年返南菁書院，從華蘅芳治算學，庚子（一九〇〇）出版《算學書目提要》。辛丑（一九〇一）盛宣懷在上海創設東文學堂，君以優異成績考取，由是習日文，復習醫學、化學等。壬寅（一九〇二）出版《日文典問答》與《廣和文漢讀法》。未幾與友人合創文明書局於上海。癸卯（一九〇三）赴北京，任京師大學堂及譯學館之算學與生理學教習凡二年有半，以非其所好，力辭返滬，寓滬整理算稿，成《筆算數學》《代數備旨》《八綫備旨》及《形學備旨》等書。宣統己酉（一九〇九）正月，盛宣懷囑君聘請譯員八人譯《財政叢書》。（《疇隱居士七十自叙》、《疇隱居士自傳》、《疇隱居士學術史》、《回憶八十年》、劉紹唐主編《民國人物小傳》、《疇隱居士自訂年譜》）

衛生學問答　一册　**無錫丁福保述**

庚子（一九〇〇）六月無錫竢實學堂排印[一]

上圖

傳種改良問答　一册　**日本森田峻太郎編纂**[二]

光緒二十七年（一九〇一）第一次印本　上海商務印書館印

[一] 新訂第四版爲「疇隱廬叢書之四」。
[二] 此據該書後廣告，譯者不署名，據丁福保《辛丑日記》，袁家剛整理，載《上海檔案史料研究》第十四輯。

國圖　孔網

東文典問答一卷附東文雜記一卷　一册　**無錫丁福保仲祜編纂　常熟屈璠景韓參校**

光緒二十七年（一九〇一）十二月發行　上海文明印書局出版[一]（徐樓）

孔網

廣和文漢讀法　一册　**丁福保編輯**[二]

光緒壬寅（一九〇二）四月刊本

國圖　孔網

開闢新世界之鼻祖：哥侖波　一册　**美國勃臘忒著　無錫丁疇隱譯**

光緒二十八年（一九〇二）文明書局鉛印本（涵目、浙目）

[一] 排印本牌記作：「是書成於辛丑冬，初用寫真石版印刷五千部，至秋間銷售已罄，購索者日有數十至。茲重爲脩正改良，徇文明書局之請編入普通教科問答。全書用活字排印，以歸一律。」《徐家匯藏書樓所藏古籍目録初編》著録爲「疇隱廬叢書之八」。

[二] 據《疇隱居士七十自叙》。

北師大

婚姻進化新論　一册　**日本藤根常吉著　無錫丁福同譯**〔一〕

光緒癸卯（一九〇三）三月出版　上海文明編譯書局代印

上圖

光緒癸卯（一九〇三）三月出版印行　上海科學書局藏版〔二〕

孔網

中等日本文典譯釋　三册　**日本三士忠造著　無錫丁福同譯釋**

光緒二十九年（一九〇三）四月出版　上海文明書店（涵目）

貴州

初等小學堂學生用書：蒙學生理教科書　一册　**無錫丁福保編譯**

光緒二十九年（一九〇三）八月初版　上海文明書局出版

〔一〕丁福保化名，參見丁福保《疇隱居士七十自叙》三十六「楊棣訪問記」，中華書局本。

〔二〕此版書名「婚姻衛生進化新論」，封面標有「少年男女須知」。

民目

初等小學堂學生用書：蒙學筆算教科書　一册　**文明書局編纂**〔一〕

光緒二十九年（一九〇三）八月初版　上海文明書局

華東師大　民目

初等小學堂學生用書：蒙學衛生教科書　一册　**文明書局編纂**〔二〕

光緒二十九年（一九〇三）九月初版　上海文明書局出版

華東師大　民目

初等小學堂學生用書：蒙學心算教科書　一册　**無錫丁福保著**

光緒二十九年（一九〇三）九月初版　上海文明書局

民目

〔一〕版權頁署「著作者：無錫丁福保」。

〔二〕版權頁署「著作者：無錫丁福保」。

學務大臣鑒定：初等代數學講義　一册　**無錫丁福保著**

光緒三十一年（一九〇五）五月初版　上海文明書局發行所

上圖　華東師大　民目

蒙學算學畫　一册　**丁福同著**

光緒三十一年（一九〇五）六月初版　上海文明書局（經眼）

民目　南京曉莊

初等小學讀本　四册　**丁福保著**

光緒三十二年（一九〇六）一月初版　上海文明書局

民目

高等小學讀本　二册　**丁福保著**

光緒三十二年（一九〇六）六月初版　上海文明書局

民目

近世婦人科全書　三册　**無錫丁福保仲祜譯述**

光緒三十二年（一九〇六）上海醫學書局發行　丁氏醫學叢書

浙江

高等小學生理衛生教科書　一册　**日本齋田功太郎原著　無錫丁福保譯著**

光緒三十三年（一九〇七）三月初版　上海文明書局出版（經眼、涵目）

國圖　民目

肺癆病預防法　一册　**日本醫學士竹中成憲原本　京師譯學館算學兼生理學教授無錫丁福保仲祜編譯**

光緒三十四年（一九〇八）正月出版　總發行所上海文明書局　丁氏醫學叢書（涵目）

浙江

竹氏産婆學　一册　**日本醫學士竹中成憲原本　京師譯學館生理學教授無錫丁福保達恉**

光緒三十四年（一九〇八）二月發行　總發行所上海文明書局　丁氏醫學叢書（涵目）

天津

藥物學綱要　一册　**日本鈴木幸太郎原本　日本醫學士竹中成憲補訂　京師譯學館生理學教授無錫丁福保達愔**

光緒三十四年（一九〇八）五月發行　總發行所上海文明書局　丁氏醫學叢書（涵目）

浙江

内科學綱要　一册　**日本醫學士安藤重次郎、日本醫學士村尾達彌、日本醫學士瀨尾雄三原本　京師譯學館生理學教授無錫丁福保仲祜達愔**

光緒三十四年（一九〇八）六月發行　文明書局總發行　丁氏醫學叢書（涵目）

上圖　浙江

臨牀實驗内科全書　一册　**日本河内龍若原本　無錫丁福保達愔**

光緒三十四年（一九〇八）七月出版　總發行所上海文明書局　丁氏醫學叢書（涵目）

上圖　浙江

實驗却病法附疇隱廬詩存　一册　**無錫丁福保譯述**
光緒三十四年（一九〇八）七月出版　總發行所上海文明書局　丁氏醫學叢書（涵目）
上圖　天津

育兒談　一册　**日本足立寬原本　無錫丁福保達恉**
光緒三十四年（一九〇八）七月出版　總發行所上海文明書局　丁氏醫學叢書（涵目）
上圖　浙江

醫學指南附疇隱廬詩存　一册　**無錫丁福保著**
光緒三十四年（一九〇八）七月出版　總發行所上海文明書局（涵目）
上圖　浙江

醫學綱要　三册　**無錫丁福保譯述**
光緒三十四年（一九〇八）七月出版　總發行所上海文明書局　醫學世界社（涵目）
天津

新傷寒論　一册　**日本醫學士宫本叔原本　無錫丁福保編譯**

光緒三十四年（一九〇八）十一月發行　總發行所上海文明書局　丁氏醫學叢書（涵目）

浙江

國醫補習科講義（一題醫學補習科講義正續編）　二册　**無錫丁福保仲祜述**

光緒三十四年（一九〇八）文明書局（涵目）

浙江

初等診斷學教科書　一册　**無錫丁福保仲祜編**

宣統元年（一九〇九）正月出版　上海静安寺路醫學書局發行　丁氏醫學叢書（涵目）

孔網

公民衛生必讀初編　一册　**無錫丁福保譯仲祜編**

宣統元年己酉（一九〇九）正月初版　上海文明書局（涵目）

北師大

家庭新醫學講本　一册　**無錫丁福保仲祜述**

宣統元年己酉（一九〇九）二月出版　總發行所上海文明書局　丁氏醫學叢書（涵目）

上圖

公民醫學必讀　一册　**無錫丁福保仲祜編**

宣統元年己酉（一九〇九）二月發行　總發行所上海文明書局

孔網

普通藥物學教科書正續二編　二册　**無錫丁福保仲祜譯述**

宣統元年己酉（一九〇九）閏月發行　總發行所上海文明書局　丁氏醫學叢書（涵目）

上圖　浙江

家庭新本草　一册　**無錫丁福保仲祜編纂**

宣統元年己酉（一九〇九）閏月出版　總發行所上海文明書局　丁氏醫學叢書（涵目）

浙江

化學實驗新本草　一册　**無錫丁福保仲祜編纂**

宣統元年（一九〇九）四月出版　總發行所上海文明書局　丁氏醫學叢書（涵目）

上圖　天津

喉痧新論　一册　**無錫丁福保仲祜編**

宣統元年（一九〇九）四月出版　上海醫學書局發行　丁氏醫學叢書（涵目）

國圖　浙江

花柳病療法　一册　**無錫丁福保仲祜譯述**

宣統元年（一九〇九）四月出版　上海醫學書局發行　丁氏醫學叢書（涵目）

天津

丁譯生理衛生教科書　一册　**高橋本吉、山内繁雄合編　丁福保譯**

宣統元年（一九〇九）四月初版　文明書局（涵目）

民目

霍亂新論瘧疾新論合編　一册　**無錫丁福保仲祜譯述**

宣統元年（一九〇九）五月出版　上海醫學書局發行　丁氏醫學叢書（涵目）

國圖　浙江

診斷學實地練習法　一册　**無錫丁福保仲祜譯述**

宣統元年（一九〇九）六月出版　總發行所文明書局　丁氏醫學叢書（涵目）

國圖　浙江

南洋醫科考試問題答案附疇隱廬一夕話　一册　**南洋大臣考取最優等内科醫士丁福保仲祜**

宣統元年（一九〇九）八月出版　總發行所上海文明書局　丁氏醫學叢書（涵目）

上圖　天津

實驗衛生學講本　一册　**無錫丁福保譯述**

宣統元年（一九〇九）八月出版　總發行所上海文明書局　丁氏醫學叢書（涵目）

孔網

新萬國藥方　二册　**日本恩田重信撰　無錫丁福保譯述**
宣統元年（一九〇九）八月出版　總發行所上海文明書局　丁氏醫學叢書（涵目）
浙江

產科學初步　一册　**南洋考取最優等醫生京師譯學館生理教習無錫丁福保譯述**
宣統元年（一九〇九）八月出版　總發行所上海文明書局　丁氏醫學叢書（涵目）
北大

普通醫學新智識　一册　**南洋考取最優等内科醫士無錫丁福保譯編譯**
宣統元年（一九〇九）九月出版　總發行所上海文明書局　丁氏醫學叢書（涵目）
天津

腦髓與生殖之大研究　一册　**中國黄章森若甫著述**[一]
宣統元年（一九〇九）十月出版　文明書局總發行（涵目）

[一] 見《疇隱居士自傳》第七章「著述」，詁林精舍本。

國圖

子之有無法　一册　**日本醫學士田村化三郎原著　南洋大臣考取最優等内科醫士無錫丁福保達恉**

宣統元年（一九〇九）十一月出版　總發行所上海文明書局　丁氏醫學叢書（涵目）

上圖　浙江

德國醫學叢書　三册　**日本寺尾國平原譯　無錫丁福保重譯**

宣統元年（一九〇九）五月出版　文明書局（涵目）

浙江

中外醫通　一册　**南洋考取最優等内科醫士無錫丁福保仲祜譯述**〔一〕

宣統元年（一九〇九）上海醫學書局發行　丁氏醫學叢書（涵目）

浙江

〔一〕《中外醫通凡例》：「是書以日本赤木勘三郎所著之和漢藥製劑篇爲原本。」

看護學　一册　無錫丁福保仲祜譯述
宣統元年（一九〇九）文明書局　丁氏醫學叢書（涵目）
浙江

妊娠生理篇　一册　日本醫學博士今淵恒壽原著　無錫華文祺純甫、無錫丁福保仲祜譯述
宣統二年（一九一〇）二月出版　總發行所上海文明書局　丁氏醫學叢書
天津

胃腸養生法　一册　日本胃腸病院長醫學博士長與稱吉補　胃腸病院副院長醫學士杉本東造述　胃腸病院醫員管稻吉筆記　南洋考取最優等醫士無錫丁福保達恉
宣統二年（一九一〇）二月出版　總發行所上海文明書局　丁氏醫學叢書（涵目）
國圖　上圖　浙江

新纂兒科學　一册　日本 Doctor 伊藤龜治郎纂著　南洋考取最優等内科醫士無錫丁福保譯述
宣統二年（一九一〇）二月出版　上海醫學書局發行　丁氏醫學叢書（涵目）

浙江

實用人體寄生蟲病編 一册 **日本醫學得業士小西俊三編 南洋考取最優等内科醫士無錫丁福保譯**

宣統二年（一九一〇）二月出版 總發行所上海文明書局 丁氏醫學叢書（涵目）

浙江

新撰病理學講義 三册 **南洋大臣考取最優等内科醫士無錫丁福保仲祜譯述**

宣統二年（一九一〇）三月 文明書局總發行（涵目）

上圖 天津

赤痢新論 一册 **無錫丁福保編輯**

宣統二年（一九一〇）三月出版 上海醫學書局發行 丁氏醫學叢書（涵目）

浙江

分娩生理篇産褥生理篇合編　一册　**日本醫學博士今淵恒壽原著　無錫華文祺純甫、無錫丁福保仲祜譯述**

宣統二年（一九一〇）四月　文明書局

國圖　天津

病理學一夕談　一册　**無錫丁福保仲祜譯述**

宣統二年（一九一〇）五月出版　總發行所上海文明書局　丁氏醫學叢書（涵目）

上圖　天津

中西醫方會通　一册　**南洋大臣考取最優等内科醫士無錫丁福保編纂**

宣統二年（一九一〇）五月初版　醫學書局總發行（涵目）

國圖　上圖　清華

診斷學一夕談　一册　**無錫丁福保編纂**

宣統二年（一九一〇）六月出版　上海醫學書局發行　丁氏醫學叢書（涵目）

浙江

新脈學一夕談附發熱之原理　一册　**無錫丁福保仲祜述**

宣統二年（一九一〇）六月出版　上海醫學書局發行　丁氏醫學叢書（涵目）

天津

家庭侍疾法　一册　**無錫丁福保編纂**

宣統二年（一九一〇）八月出版　上海醫學書局發行　丁氏醫學叢書（涵目）

浙江

脚氣病之原因及治法　一册　**無錫丁福保仲祜述**

宣統二年（一九一〇）八月出版　文明書局總發行　函授新醫學講義之一（涵目）

上圖　天津

神經衰弱之大研究　一册　**無錫丁福保仲祜、金匱華文祺純甫譯述**

宣統二年（一九一〇）八月出版　上海醫學書局發行　丁氏醫學叢書（涵目）

國圖　浙江

身之肥瘦法　一册　**日本田村化三郎原著　江陰徐雲蘊宣、無錫丁福保仲祜譯述**
宣統二年（一九一〇）八月出版　上海醫學書局發行　丁氏醫學叢書（涵目）
上圖

診斷學大成　二册　**無錫丁福保譯述**
宣統二年（一九一〇）九月出版　總發行所上海醫學書局　丁氏醫學叢書（涵目）
浙江

食物新本草　一册　**無錫丁福保仲祜述**
宣統二年（一九一〇）九月發行　上海醫學書局發行　丁氏醫學叢書（涵目）
上圖

皮膚病學美容法　一册　**日本醫學士山田弘倫原著　無錫丁福保仲祜譯述**
宣統二年（一九一〇）九月出版　文明書局

天津

生殖譚　一册　日本渡邊光國原著　無錫華文祺純甫、無錫丁福保仲祜譯述

宣統二年（一九一〇）十月出版　上海醫學書局發行　丁氏醫學叢書

上圖　天津

西洋按摩術講義　一册　無錫丁福保仲祜編纂

宣統二年（一九一〇）十月出版　上海醫學書局發行　丁氏醫學叢書

浙江

外科學一夕談　一册　無錫丁福保仲祜譯述[一]

宣統二年（一九一〇）十月出版　上海醫學書局發行　丁氏醫學叢書

浙江

[一] 該書《緒言》謂：「此日本外科專家桂秀馬君之原本也。」

醫話叢存　一册　**無錫丁福保仲祜編**
宣統二年（一九一〇）十一月出版　總發行所上海文明書局　丁氏醫學叢書
浙江

新撰急性傳染病講義　一册　**無錫丁福保仲祜譯述**
宣統二年（一九一〇）十二月發行　總發行所上海文明書局　丁氏醫學叢書
上圖　浙江

西藥實驗談　一册　**無錫丁福保仲祜述**
宣統二年（一九一〇）十二月初版　上海醫學書局發行　丁氏醫學叢書（涵目）
浙江

赤痢實驗談附病痢二周記　一册　**無錫丁福保仲祜譯述**
宣統二年（一九一〇）文明書局　丁氏醫學叢書（涵目）
浙江

肺癆病一夕談　一册　**無錫丁福保仲祜譯述**

宣統三年（一九一一）正月出版　上海醫學書局發行　丁氏醫學叢書（涵目）

國圖　天津

肺癆病救護法　一册　**無錫丁福保譯述**

宣統三年（一九一一）二月出版　總發行所上海文明書局　丁氏醫學叢書

國圖　上圖　浙江

免疫學一夕談　一册　**江陰徐雲蘊宣、無錫丁福保仲祜譯述**

宣統三年（一九一一）二月發行　總發行所上海文明書局　丁氏醫學叢書（涵目）

浙江

傳染病之警告　一册　**無錫丁福保仲祜譯述**

宣統三年（一九一一）三月出版　上海醫學書局發行　丁氏醫學叢書

天津

預防傳染病之大研究　一册　**無錫丁福保仲祜譯述**
宣統三年（一九一一）五月出版　總發行所上海文明書局　地方自治必讀書之一
國圖　天津

妊婦診察法　一册　**無錫丁福保譯述**
宣統三年（一九一一）五月出版　上海醫學書局發行　丁氏醫學叢書
上圖　浙江

近世法醫學　一册　**日本田中祐吉原本　江陰徐雲藴宣、無錫丁福保仲祜譯**
宣統三年（一九一一）六月出版　總發行所上海文明書局　丁氏醫學叢書
上圖

新醫學六種　一册　**丁福保編**
宣統三年（一九一一）六月初版　醫學書局（民目）
國圖　浙江

近世催眠術　一册　**日本熊代彥太郎原本　金匱華文祺純甫、無錫丁福保仲祜譯**

宣統三年（一九一一）七月出版　上海醫學書局發行　丁氏醫學叢書

人大

藥物學一夕談附良方偶存　一册　**無錫丁福保仲祜譯述**

宣統三年（一九一一）八月出版　上海醫學書局發行　丁氏醫學叢書

上圖　浙江

醫界之鐵椎　一册　**日本和田啓十郎原著　無錫丁福保仲祜譯述**

宣統三年（一九一一）九月出版　上海醫學書局發行　丁氏醫學叢書

國圖　浙江

學校健康之保護　一册　**無錫丁福保仲祜編纂**

宣統三年（一九一一）十月發行　譯書公會總發行　丁氏醫學叢書

華東師大

皮膚病學　一册　**日本醫學博士筒井八百珠著　無錫丁福保仲祜譯述**

民國元年（一九一二）六月出版　上海醫學書局發行　丁氏醫學叢書

上圖　浙江

新撰解剖學講義　四册　**東京慈惠醫院醫學專門學校講師森田齊次纂著　北京譯學館生理學教授南洋考取最優等醫士無錫丁福保譯**

民國元年（一九一二）六月發行[一]　文明書局

上圖　浙江

未見一種詳附表：初等算術講義

虞和欽（一八七九—一九四四）　附：上海科學儀器館

字自勛，諱銘新。浙江鎮海人。幼誦經治史，兼及諸子百家言，亦習古文辭及制藝文。稍長，值外患日亟，知墨守不足恃，慨然以革新學術自任，與同學鍾憲鬯等立實學社於家中，取各種格致學譯本，共同研究，

〔一〕　清宣統三年七月付印。

且欲一一驗之。入上海東文學堂，學習日語。嗣與鍾君憲鬯、張君伯岸創辦科學儀器館於上海，俾國内學校及習理化者得購置器藥之便。嗣以營業漸佳，遂在館内創辦雜誌，名《科學世界》，自任主筆。并與胞弟和寅譯著理化各書，以灌輸理科智識。創辦理科傳習所，與鍾君同任教師，以造就理科師資。《蘇報》案後，以名列中國教育會，東渡日本，入東京帝國大學，肄業理科，習化學三年，於光緒三十四年（一九〇八）畢業回國。旋入京，應部試，列最優等，詔賜格致科進士。宣統元年（一九〇九）殿試列一等，欽授翰林院檢討，由學部奏調爲圖書局理科總編纂。宣統二年（一九一〇），被舉爲碩學通儒，充資政院候補議員。著述極富，二十歲後，醉心科學，其所編著科學各書約七、八種，多由科學儀器館印行。復編著《科學世界》，月出一册，約有二年。在日本時，即以編著所入充學費，兼任上海文明書局駐日總編纂，編有數理化諸講義十餘種，除四、五種已印行外，多爲脱稿，值書局改組，其事遂寢。有《和欽全集》〔一〕。（虞和寅《亡兄蒔薰先生述》載《民國人物碑傳集》卷八）

〔一〕 中有《和欽文初編》等，民國二十七年鉛印本。

化學歌括一卷植物學歌略一卷[一]　一册　**虞和欽著**[二]

光緒二十六年（一九〇〇）味經官書局（經眼、中目）

陝西

實用分析術　三册　**日本山下脇人著　鎮海虞和欽、虞和寅譯**

光緒二十八年（一九〇二）八月　科學儀器館（涵目、浙目）

華東師大

地質學簡易教科書　一册　**日本橫山又次郎著　鎮海虞和欽、虞和寅同譯**

光緒二十八年（一九〇二）三月初版　科學儀器館（經眼、涵目、浙目）

民目

化學講義實驗書　一册　**日本理學士龜高德平編　鎮海虞銘新譯**

光緒三十二年（一九〇六）二月再版發行　上海普及書局發行

[一]《植物學歌略》署「仁和葉瀾著」。

[二] 原書不題撰名，書前「例言」署「光緒二十六年庚子鎮海虞和欽識」。

國圖

中學化學教科書 一册 **日本龜高德平著 鎮海虞和欽譯**

光緒三十二年（一九〇六）八月初版 文明書局出版（涵目）

華東師大 民目 孔網

科學館叢書：化學提綱 一册 **科學儀器館編輯所譯述**

光緒三十三年（一九〇七）六月發行 上海科學儀器館發行（涵目）

上圖

物理器圖解九編（一題物理器械圖解） 六册 **上海科學儀器館編**

宣統二年（一九一〇）正月發行 上海科學彝器館藏版（涵目）

上圖

未見六種詳附表： 礦物界教科書、中學生理教科書、中學參考普通物理學講義、礦物標本圖説、世界發明

原始家略傳、夢遊天

傅運森（一八七四—一九五三）

字韞生，一字緯平。湖南寧鄉人。南洋公學師範生[一]。光緒癸巳恩科舉人，甲午恩科進士。供職商務印書館。（《交通大學校史資料選編》第一卷）

新譯列國歲計政要（一題萬國統計要覽） 十二册　**寧鄉傅運森譯纂　通州白作霖校正**

光緒二十七年（一九〇一）第一次印　海上譯社（經眼、中目）

常州　中山大學　人大　山東大學

泰西事物起源四卷 二册　**日本澁江保編纂　寧鄉傅運森譯補**

光緒二十八年（一九〇二）十一月發行　上海文明書局印行（經眼）

國圖　蘇州大學　中山大學　人大

[一]《交通大學校史資料選編》第一卷引《南洋公學師範班學生名單》載「光緒廿三年十一月進學」。

白作霖（一八七五—？）〔一〕

字振民。江蘇通州人。光緒丁酉舉人。南洋公學師範院畢業〔二〕，留充上院教員。任上海澄衷中學校監督、京師譯學館提調、内閣中書一等書記官、教育部僉事轉任視學。有《質盦集》二卷〔三〕（敷文社編《最近官紳履歷彙録》）

各國學校制度三卷 一册 **日本寺田勇吉著 通州白作霖振民譯 日本栗林孝太郎校**

辛丑（一九〇一）十二月 海上譯社印行（提要、總目）

中山大學

〔一〕敷文社編《最近官紳履歷彙編》（民國九年七月）：「年四十六歲。」另據《國務總理呈大總統核議給予教育部已故視學白振民一次卹金文》：「茲於本年（民國六年）四月請假出京，道經山東濟南，猝得中風之病，卒於旅次。」則白作霖已卒於民國六年，未知孰是。

〔二〕《交通大學校史資料選編》第一卷引《南洋公學師範班學生名單》載「光緒廿三年四月進學」。

〔三〕見張舜徽《清人文集别録》卷二十三。

小學各科教授法九卷附教授法論一卷、各科教授表一卷　二册　**日本寺内頴、日本兒崎爲槌同著　通州白作霖譯編**

光緒三十年（一九〇四）再版　文明書局（經眼、涵目）

浙江

各科教授法精義　一册　**通州白作霖譯著　武進蔣維喬校訂**

宣統元年（一九〇九）三月初版　上海商務印書館出版（涵目）

浙江　天津　民目

未見一種詳附表：新編萬國歷史

楊廷棟（一八七八—一九五〇）〔一〕

字翼之。江蘇吴縣人。原籍安徽休寧，先世六齋公宦游江蘇家焉，遂爲吴縣人。童年即有遠志，舍科舉而習新學。由隱貧會之助，得畢業於蘇州中西學堂。光緒二十三年丁酉（一八九七），考入南洋公學。

〔一〕　劉垣《楊君翼之家傳》：「君生於前清光緒四年戊寅七月二十三日，殁於民國三十九年十月十五日，春秋七十有三。」

入校後，君又從劉垣與孟森及森之弟昭常修習國文，皆武進人也。君之國文冠其曹，下筆千言，頃刻而就。戊戌之冬，公學選擇優異學生六人赴日本遊學，君與是選。至日後，進早稲田專門學校習法政，學成歸國，同學均應考作官吏，君獨不赴京。光緒三十二年丙午（一九〇六），張謇在南通設立法政講習所，延君主講。宣統元年己酉（一九〇九），江蘇初設諮議局，君當選爲議員，始參預政治。江蘇諮議局議長張謇尤負人望，君與松江雷奮皆以長於演説，左之右之，相得益彰，隱然執東南牛耳。民國成立，君先後當選衆議院及參議院議員，不久即辭歸。（劉垣《楊君翼之家傳》載《吴縣文史資料》第八輯）

女子教育論　一册　**日本成瀨仁藏撰　吴縣楊廷棟、周祖培譯**

明治三十四年（一九〇一）十一月發行　譯書彙編社藏版（浙目）

上圖

政教進化論一卷　一册　**日本加藤弘之著　吴縣楊廷棟譯**

光緒二十八年（一九〇二）四月　發行者出洋學生編輯所　印刷所廣智書局　發行所普通學書室

（中目、總目）

上圖　浙江　天津

公法論綱　一册　**吴縣楊廷棟述**

明治三十五年（一九〇二）八月發行　出洋學生編輯所藏版（浙目）

浙江　天津

政治學教科書　一册　**吴縣楊廷棟著**

光緒二十八年（一九〇二）十月作新社發行（涵目）

國圖　北師大　吉大　民目

理財學教科書　一册　**吴縣楊廷棟著**

光緒二十八年（一九〇二）陰曆十月作新社發行（涵目）

上圖　浙江

路索民約論一卷　二册　**吴縣楊廷棟譯**

光緒二十八年（一九〇二）十一月發行　文明書局印刷所印刷　作新社、開明書店發行（浙目）

上圖　浙江　南大　天津

原政 一册 **英國斯賓率爾著 吴縣楊廷棟譯**〔一〕

光緒二十八年（一九〇二）十一月發行 作新社發行（涵目）

上圖 復旦 天津

新編政治學 一册 **美國柏蓋司著 吴縣楊廷棟譯**

光緒二十九年（一九〇三）三月發行 作新社藏版（涵目、總目）

上圖

中學及師範用法制理財教科書：政治學 一册 **吴縣楊廷棟編輯**

光緒三十四年戊申（一九〇八）八月初版 中國圖書公司編輯印行（涵目）

上圖 天津 民目

中學及師範用法制理財教科書：法律學 一册 **吴縣楊廷棟編輯**

光緒三十四年戊申（一九〇八）八月初版 中國圖書公司編輯印行（涵目）

〔一〕 卷首「廷」字誤植爲「迅」。

上圖　天津

中學及師範用法制理財教科書：經濟學　一册　**吴縣楊廷棟編輯**

光緒三十四年戊申（一九〇八）十月初版　中國圖書公司編輯印行（涵目）

上圖

城鎮鄉地方自治章程通釋　一册　**吴縣楊廷棟編纂**

宣統元年（一九〇九）四月初版　上海商務印書館印行（涵目）

上圖　浙江

諮議局職務須知　三册　**楊廷棟編**

宣統元年（一九〇九）上海商務印書館印行（涵目）

孔網

欽定憲法大綱講義　二册　**吴縣楊廷棟編纂**

宣統二年（一九一〇）二月初版　上海商務印書館印行（涵目）

戢翼翬（一八七八—一九〇八）

字元丞。湖北房縣人。游學畢業進士。其尊人以軍功叙守備，隸湖廣總督督標標下。元丞隨父居武昌，得與當地士大夫遊，始識讀書之法，頗有四方之志。會甲午中日戰争，馬關和議告成，兩國既復邦交，來往須用日本文字，裕庚乃派其參隨安徽吕某，來鄂招使館練習學生，元丞應選。東京留學生日衆，元丞遂領袖諸生，宣播革新、革命兩種政派之説。元丞與雷奮、楊廷棟、楊蔭杭等設譯書彙編於東京，爲改革中國政學之説，尚未明言革命也。然陰與由倫敦歸横濱興中會首領孫逸仙先生聲氣呼應，協謀合作矣。會庚子事變，江、鄂不奉朝命，保皇、革命兩黨各運動西南總督，宣佈獨立。元丞回鄂，陰爲指示革命黨聯合動作，與保皇黨共同舉事矣，事敗返日本。元丞利用日本女子貴族學校校長下田歌子資本，欲宣傳改革文化於長江。孫先生亦壯其行，乃設作新社於上海。首刊其《東語正規》《日本文字解》諸書，導中國人士能讀日本書籍，溝通歐化，廣譯世界學術政治諸書。元丞遂爲滬上革命黨之交通重鎮矣。清振貝子赴日，首攜留學生陸宗輿以歸，後曹汝霖、章宗祥、金邦平亦相繼來京，均有大用。元丞爲元老學生，亦被召入京。沉潛計算，唯袁世凱深知其意，袁於光緒三十三年（一九〇七）奏參戢翼翬交通革命黨，危害朝廷。廷諭：戢翼翬著革職押解回籍，交地方官嚴加管束。翌年，鬱死武昌家中。（劉成禺《述戢翼翬生平》載《世載堂雜憶》）

日本小學教育制度　一册　**戢翼翬編**
光緒二十七年（一九〇一）鉛印本（中目、總目）
國圖

政治學（一題國家學）　二册　**前日本帝國大學教授德國博士那特硜講述　房縣戢翼翬、東湖王慕陶合譯**
光緒二十八年（一九〇二）七月　商務印書館（經眼、涵目、中目）
北大　天津　中山大學

萬國憲法比較　一册　**日本辰巳小二郎著　房縣戢翼翬譯**
光緒二十八年（一九〇二）出洋學生編輯所編（提要、中目、涵目）
上圖　人大

萬國興亡史二卷　二册　**日本松村介石著　房州戢翼翬譯**
光緒二十九年（一九〇三）六月出版　大宣書局藏版（經眼）

俄國情史（一題花心蝶夢録） 一册 **日本高須治助譯述 房州戳翼翬重述**

光緒二十九年（一九〇三）六月 開明書店、文明書局（經眼、涵目）

國圖

英國政治沿革史 一册 **戳翼翬元成父譯述**〔一〕

光緒二十九年（一九〇三）八月中浣出版 大宣書局藏版

華東師大

未見一種詳附表： 憲法要義。

王季點（一八七九—一九六六）

字琴希。江蘇長洲人。頌蔚次子。附生。畢業日本東京高等工業學校。歷任清政府内閣中書、農工

〔一〕 此據卷首，書後版權頁署「譯述者：日本高田早苗。重述者：四川黄大暹。」

商部主事、京師大學堂提調、漢冶萍公司監督、北京政府工商部礦務局僉事、農商部礦務局技正等職。能填詞，熟諳宋人律吕家去上聲精義。（王謇《續補藏書紀事詩》）

製羼金法二卷　二册　**日本橋本奇策輯譯　吴縣王季點譯**

光緒辛丑年（一九〇一）刊於上海製造局（局記）

華東師大　南師大　北大

小學理科新書　一册　**王季點譯稿**

光緒壬寅年（一九〇二）六月中旬蘇州開智書室印行　便蒙叢書初二集本

上圖　復旦

新編東洋史教科書　一册　**日本開成館編　長洲王季點譯**

光緒二十八年（一九〇二）七月廿五日發行　明德譯書局發行　商務報館印刷（涵目）

孔網

理財學精義　一册　**日本法學博士田尻稻次郎著　吴縣王季點譯**[一]

光緒二十八年（一九〇二）十月上海商務印書館印行　政學叢書第一集第六編（經眼、提要）

上圖

國債論　一册　**日本文學士土子金四郎著　吴縣王季點譯**

光緒二十九年（一九〇三）五月上海商務印書館印行　財政叢書弟一集弟三編（經眼、涵目）

上圖　北大　人大

新式物理學教科書　一册　**日本本多光太郎、日本田中三四郎合著　吴縣王季點譯述**

庚戌年（一九一〇）三月上海商務印書館印行

北師大

中學鑛物界教科書　一册　**長洲王季點譯述**

宣統二年（一九一〇）七月　商務印書館

[一]　卷端及版權頁均作「王秀點」。

北師大

未見一種詳附表： 世界史

趙必振（一八七三—一九五六）

原名厚屏、廷飂，字曰生，號星庵。湖北武陵人。「在滬兩年，譯出之書四十餘種，綜爲二百數十萬言，皆不脛而走[一]。」有《自立會紀實史料》[二]。（田伏隆《趙必振傳略》載《常德縣文史資料》第三輯）

東亞將來大勢論（一題支那問題與日本國民之覺悟）　一册　**日本法學士持地六三郎原著**

中國武陵趙必振譯意

光緒二十八年（一九〇二）六月　廣智書局（經眼、提要、涵目）

上圖　復旦

[一] 錢仲聯《清詩紀事》光宣朝卷引潘飛聲《在山泉詩話》，江蘇古籍出版社，一九八九年，唯潘氏、錢氏俱誤「武陵」爲「武林」。

[二] 稿本未刊，藏湖南省圖書館。

日本維新慷慨史二卷　二册　**日本西村三郎編輯　中國趙必振譯述**

光緒二十八年（一九〇二）七月發行　廣智書局（經眼、提要）

國圖　上圖　復旦　華東師大　實藤

二十世紀之怪物帝國主義　一册　**日本土佐幸德秋水述　中國武陵趙必振曰生譯**

光緒二十八年（一九〇二）八月發行　上海廣智書局印行（提要）

國圖　上圖　復旦　蘇州大學

精神之教育　二册　**日本隅谷己三郎編輯　武陵趙必振譯述**

光緒二十八年（一九〇二）九月發行　上海廣智書局印行（涵目、中目）

國圖　北師大　天津

最近揚子江之大勢（一題揚子江航路記）　一册　**日本國府犀東著　中國武陵趙必振譯**

光緒二十八年（一九〇二）十一月　廣智書局（經眼、提要）

國圖　上圖　復旦　蘇州大學　川大

土耳機史一卷　一册　**日本北村三郎編述　中國武陵趙必振筆譯**

光緒二十八年（一九〇二）十二月發行　上海廣智書局印　史學小叢書（經眼、提要、涵目）

上圖　復旦　南大　北師大

亞西里亞巴比倫史一卷　一册　**日本北村三郎著　趙必振譯**

光緒二十八年（一九〇二）廣智書局鉛印本　史學小叢書（經眼、提要）

國圖　上圖　中山大學　實藤

社會改良論一卷　一册　**日本烏村滿都夫著　趙必振譯**

光緒二十八年（一九〇二）廣智書局鉛印本（提要、涵目）

國圖　上圖

世界十二女傑一卷　一册　**日本岩崎徂堂、日本三上寄鳳合著　中國武陵趙必振譯**

光緒二十九年（一九〇三）新正月發行　廣智書局（經眼、涵目）

浙江

猶太史　一册　**日本北村三郎編著　武陵趙必振譯**

光緒二十九年（一九〇三）正月　廣智書局　史學小叢書弟五種（經眼、提要、涵目）

上圖　北大　實藤

腓尼西亞史　一册　**日本北村三郎編著　武陵趙必振譯**

光緒二十九年（一九〇三）二月　廣智書局　史學小叢書弟六種（經眼、中目）

國圖　上圖　北師大

實用衛生自强法　一册　**日本醫學得業士崛井宗一著　中國武陵趙必振譯**

光緒二十九年（一九〇三）二月　廣智書局（經眼）

鄭州大學　福建

戈登將軍　一册　**日本法學士赤松紫川著　中國武陵趙必振曰生譯**

光緒二十九年（一九〇三）二月　新民譯印書局藏版　世界歷史之二（經眼、提要）

浙江

拿破崙一卷　一册　**日本文學士土井林吉著　中國武陵羅大維曰生父譯**〔一〕

光緒二十九年（一九〇三）三月益新譯社發行　作新社印刷局印刷（經眼、提要）

上圖　浙江

亞歷山大一卷　一册　**日本文學士幸田成友編著　中國武陵趙必振曰生父譯**

光緒二十九年（一九〇三）四月新民譯印書局藏版　世界歷史之一（經眼、提要）

上圖　浙江

女學生　一册　**日本佐藤竹藏著　中國武陵趙必振節譯**

光緒二十九年（一九〇三）四月廣智書局發行（涵目）

上圖

新世界倫理學（一題最新倫理學）　一册　**日本乙竹巖造著　中國武陵趙必振曰生父譯**

光緒二十九年（一九〇三）四月發行　新民譯印書局藏版（經眼）

〔一〕浙江圖書館據此著録爲「土井林吉著，羅大維、趙必振譯」。按，該書書後版權頁署「譯者：武陵趙必振」。

上圖

内地雜居續論 一册 日本井上哲次郎口述 澤定教、笹原貫軒筆記 武陵趙必振翻譯

光緒二十九年（一九〇三）四月 廣智書局（總目）

國圖 北大 中山大學

東洋女權萌芽小史一卷 一册 日本鈴木光次郎編輯 趙必振譯

光緒二十九年（一九〇三）五月 新民譯印書局（經眼）

上圖 實藤

英國地方政治論一卷 一册 英國希西利洛度利科著 日本文學士久未金彌譯 中國武陵趙必振重譯〔一〕

光緒二十九年（一九〇三）閏月新民譯印書局藏版（經眼）

上圖 天津

〔一〕 該書書後版權頁署「譯者：中國林廷玉」。

萬國教育志（一題教育制度）　一册　**日本寺田勇吉著　武陵趙必振曰生父譯**

光緒二十九年（一九〇三）六月　上海進化譯社（經眼、涵目、浙目）

浙江

德意志文豪六大家列傳　一册　**日本大橋新太郎編輯　武陵趙必振曰生父譯述**〔一〕

光緒二十九年（一九〇三）七月發行　作新社藏版（涵目）

上圖

倫理教育：人圓主義　一册　**日本法學士藤本充安著　中國武陵趙必振曰生父譯**

光緒二十九年（一九〇三）七月出版　上海進化譯社印行　上海開明書店總發行

上圖　浙江

波斯史一卷　一册　**日本北村三郎編著　武陵趙必振譯**

光緒二十九年（一九〇三）廣智書局　史學小叢書第七種（經眼、提要、涵目）

〔一〕　版權頁署「作新社譯」。

上圖　北大　南開　實藤

亞剌伯史一卷　一册　**日本北村三郎編著　武陵趙必振譯**

光緒二十九年（一九〇三）廣智書局　史學小叢書第九種（經眼、提要）

國圖　川大　中山大學

埃及史一卷　一册　**日本北村三郎著　趙必振譯**

光緒二十九年（一九〇三）廣智書局　史學小叢書（經眼、提要、涵目）

上圖　人大　實藤

近世社會主義　二册　**日本福井準造著　中國武陵趙必振譯**

光緒二十九年（一九〇三）上海廣智書局印行（涵目）

上圖　復旦　北大

邵羲（一八七四—一九一八）

原名孝義，字仲威，號蕙孫。浙江仁和人。懿辰孫、章弟[一]。廩貢生兼襲雲騎尉世職。奏辦京師大學堂上海譯書分局譯員。（《清代硃卷集成》第八十九册邵章項下）

學校管理法問答　一册　**仁和邵羲仲威編輯**

光緒二十八年（一九〇二）十一月商務印書館印行　普通學問答全書之五（涵目）

國圖　民目

中國歷代疆域沿革考　一册　**日本重野安繹、河田羆同著　滌盦居士譯**[二]

光緒二十八年（一九〇二）十二月初版　商務印書館印刷　振東室發行（浙目）

孔綱

[一] 見邵章《倬盦自訂年譜》。

[二] 《浙江藏書樓乙編書目》著録「邵羲」，未知何據。

中國歷史問答　一册　**仁和邵羲仲威譯輯**

光緒二十八年歲次壬寅（一九〇二）上海商務印書館首次刊印　普通學問答全書之一

復旦　蘇州大學

十九世紀列國政治文編十四卷　十二册　**仁和邵羲選輯**

光緒癸卯年（一九〇三）仲春教育世界社出版（經眼、涵目、中目）

復旦　蘇州大學　人大

地文學問答　一册　**仁和邵羲仲威譯述**

光緒三十二年（一九〇六）商務印書館印行　普通學問答全書之六（經眼、涵目）

天津　民目

日本憲法詳解　一册　**日本城數馬述　仁和邵羲譯**

光緒三十四年（一九〇八）十月預備立憲公會發行（涵目）

上圖

城鎮鄉地方自治制講義〔一〕　一册　**仁和邵羲仲威述**

宣統元年（一九〇九）十一月風漪閣發行（涵目）

上圖

商法調查案理由書第二編總則　一册　**編輯主任：上海商務總會、預備立憲公會、上海商學公會　編輯員：青浦張家鎮、陽湖孟森、無錫秦瑞玠、仁和邵羲、武進湯一鶚、陽湖孟昭常**

宣統元年（一九〇九）十一月出版　預備立憲公會編輯所發刊（涵目）

上圖

行政法　一册　**邵羲、李光第**

宣統三年（一九一一）政法學社出版　政法述義第五種

孔網

行政法總論　仁和邵羲仲威述

行政法各論　邵陽李光第編輯

〔一〕　鄭孝胥題籤作「城鎮鄉地方自治章程講義」。

虞和寅（一八八四—？）〔二〕

字自畏。浙江鎮海人。和欽弟。早歲留學東瀛，專攻鑛科，眈思研精，聲譽斐然。逮策名農部，益勵所學。凡重要勘查之舉，君躬任之。（林大閭《鑛業報告序》）

博物學教科書　二册　**鎮海虞和寅自畏編輯**

光緒二十八年（一九〇二）五月發行　上海理科書社出版（經眼、涵目）

國圖　常州　民目

世界百傑略傳　一册　**日本谷口政德編次　鎮海虞和寅譯稿**

光緒二十八年（一九〇二）六月發行第一版　上海科學儀器館印　科學館小叢書（涵目、總目）

復旦

〔二〕 生年據畢苑《清末民初的博物教科書與進化論的傳播》，載《中國社會科學院近代史研究所青年學術論壇》二〇〇九年卷。

最近之滿洲　一册　**日本小藤文次郎撰　虞和寅譯**

光緒二十八年（一九〇二）鉛印本（總目）

南圖

動物學教科書　一册　**日本理學博士箕作佳吉著　明州自畏虞和寅譯**

光緒三十三年（一九〇七）十月發行　上海理科書社藏版　上海新學會社發行（涵目）

國圖

近世化學教科書　一册　**日本理學博士池田菊苗原著　明州自畏虞和寅編譯**

光緒三十三年（一九〇七）十一月發行　上海科學儀器館藏版（涵目）

民目　孔網

未見一種詳附表：生物汎論

楊志洵

字景蘇。江蘇金匱人。南洋公學師範生[一]。

作戰糧食給養法概意 一册 **日本陸軍經理學校原本 無錫楊志洵譯述 日本稻村新六校訂 閩縣鄭孝檉覆校**

光緒二十八年（一九〇二）二月南洋公學譯書院第二版（涵目、中目、總目）

北大 中山大學

中國學術史綱 一册 **日本文學士白河次郎、國府種德著 中國楊志洵譯**

光緒二十八年（一九〇二）六月發行 華洋印書局印刷 開明書店發行（涵目）

上圖 浙江 天津

日本軍隊給與法一卷 一册 **陽湖孟森、無錫楊志洵譯述 日本稻村新六參訂 閩縣鄭孝檉覆**

光緒二十八年（一九〇二）十月南洋公學譯書院第二版（書録、中目）

[一] 《交通大學校史資料選編》第一卷引《南洋公學師範班學生名單》載「光緒廿三年三月進學」。

蘇州大學　北大　中山大學

軍隊内務書　一册　**日本陸軍省撰　楊志洵譯**

光緒二十八年（一九〇二）南洋公學譯書院（涵目、中目、總目）

上圖

中等修身教科書　一册　**金匱楊志洵編述**

光緒三十二年（一九〇六）四月初版　上海文明書局發行（涵目）

北師大　民目

各國警察制度　一册　**無錫楊志洵編譯　仁和錢承鋕、烏程章宗祥覆校**

光緒三十二年（一九〇六）十二月發行　北京第一書局出版（涵目、總目）

上圖

水運[一]　一册　無錫楊志洵譯述　寶坻李湛田校訂

宣統二年（一九一〇）夏五月郵傳部圖書通譯局印（涵目、總目）

上圖　浙江　北大　北師大　南開

范褘（一八六六—一九三九）

字子美，號皕誨，室名古歡室。江蘇元和人。光緒癸巳舉人。天資穎異，年十三，初應童子試即入泮。十五歲就館於滬上宋姓。平日於潛心理學外，更博覽諸史九通，故爲文豪邁恣肆，不同凡響。光緒癸巳（一八九三），獲捷南闈。迨戊戌政變，繼以庚子事變，蒿目時艱，無復科名之想，乃移居滬上，投身報界，藉文字以振導輿論，開通風氣。曾歷任《蘇報》《實學報》《中外日報》記者，旋又佐美國林樂知先生編輯《萬國公報》，於介紹新學外，又評騭時政得失。所著政論切中時弊，一時傳誦甚廣。更注力於教育事業，曾辦振華學校，學生最多時達一百數十人。復在中西女學任教職，先後約有十年，造就甚多。宣統三年，得謝洪賚先生之介，先後主編《進步》及《青年進步》雜誌。生平抱二大希望：一以精湛文理，翻譯《聖經》；二彙集教會著述，編成《景藏》，仿佛《佛藏》《道藏》之意。著有《老學蛻語》一卷、《古歡夕簡》一卷、《還齋脞録》一卷、《青年國學需要》一卷、《青年文學探檢》一卷、《飣古》一卷、《鞭今》一卷、

[一]　題下注「譯日本支那經濟全書」。

《演孔》一卷、《青年座右録》一卷、《適道編》一卷、《道之桴》一卷、《少年弦韋》一卷及《茝誨詩集》二卷。(編者《紀念范子美先生》載《同工》一九三九年第一百八十三—一百八十四期,《范子美先生退休紀念》載《興華》一九三五年第三十二期)

支那　一册　**著者美國魏禮森　譯者香山黄斌、東吴范禕**

光緒二十九年(一九〇三)九月發行　廣智書局印(經眼)

上圖　浙江

中等學堂課本書:美國治法要略　一册　**美國林樂知譯　東吴范禕述**

光緒二十九年歲次癸卯(一九〇三)上海廣學會藏板、上海商務印書館代印(雷目、總目)

北師大　山東大學

俄國歷皇紀略二卷附録一卷　一册　**美國林樂知譯　東吴范禕述**

光緒二十九年歲次癸卯(一九〇三)上海廣學會藏板　上海商務印書館代印(雷目)

上圖　南大　北師大

最新之哲論：人學一卷　一册　**美國李約各原本　美國林樂知譯意　東吴范禕述辭**

光緒三十年（一九〇四）廣學會印行　上海華美書局擺印（雷目）

上圖　浙江

德國最近進步史三卷　一册　**美國林樂知譯　范子美述**

光緒三十年（一九〇四）廣學會（雷目、涵目）

北大　北師大

俄國政俗通考續編一卷　一册　**美國林樂知撰　范禕譯**

光緒三十二年（一九〇六）上海廣學會鉛印本（總目）

新疆

中等地理教本　二册　**英國漢勃森原著　吴江任廷旭、元和范禕譯述**

光緒三十三年（一九〇七）元月初版　上海廣智書局印行（涵目、總目）

上圖　浙江

蔡元培（一八六八—一九四〇）

字鶴廎，改字孑民。浙江山陰人。以進士授編修。戊戌間主變法，爲掌院學士徐桐等所惡，遂南歸。後章炳麟、鄒容等《蘇報》獄興，傳者詞連元培，乃適青島居久之，通德人語文。還鄉爲勸學會會長，其副會長杜某者頗攬權，元培不直所爲，辭去，至柏林，習哲學。辛亥革命事作，還國，共汪兆銘充專使，迓袁世凱南下就任，以兵變中止，仍任教育總長。所著書多論哲理，如《妖怪學講義》之類。又有《紅樓夢索隱》。（沃丘仲子《當代名人小傳》卷上，陶英惠《蔡元培》載秦孝儀主編《中華民國名人傳》第一册）

哲學要領　一册　**德國科培爾講　日本下田次郎述　紹興蔡元培譯**〔一〕

光緒二十九年（一九〇三）九月首版　上海商務印書館印行　哲學叢書第一集第一編（涵目、總目）

國圖

妖怪學講義録總論　一册　**日本井上圓了原著　紹興蔡元培譯述**

光緒三十二年歲次丙午（一九〇六）八月初版　上海商務印書館藏版（涵目、總目）

〔一〕蔡元培《傳略》（上）：「孑民在青島不及三月，由日文譯德國科培氏《哲學要領》一册，售稿於商務印書館。」載《蔡元培全集》第三卷，中華書局，一九八四年。

上圖

中學修身教科書[一]　五册　**山陰蔡振編纂**

光緒三十三年（一九〇七）十二月初版　商務印書館發行（涵目）

上圖　孔綱　民目

倫理學原理　一册　**德國泡爾生腓立著　蔡振譯**

宣統元年（一九〇九）九月初版　商務印書館（涵目、總目）

上圖

中國倫理學史　一册　**紹興蔡振編纂**

宣統二年（一九一〇）七月初版　上海商務印書館（涵目）

[一] 蔡元培《傳略》（上）：「在柏林一年……第二年，遷居萊比錫，進大學聽講，凡三年。……此四年中，編《中學修身教科書》五册，《中國倫理學史》一册，譯包爾生《倫理學原理》一册。」載《蔡元培全集》第三卷，中華書局，一九八四年。

北大

未見一種詳附表：學堂教科論

高鳳謙（一八七〇—一九三六）

號夢旦，晚年以字行。福建長樂人。澹於榮利，偶應童子試，得補博士弟子員，即不復進取，以教讀自給。生平好爲實用之學，所爲文亦自創寫實體，偶登諸雜誌報章，署名崇有，蓋有取晋裴頠之《崇有論》，以矯正時俗浮虚爲己任也。辛丑（一九〇一），求是書院改爲浙江大學堂，勞玉初乃宣作監督，聘君爲總教習。翌年大學堂選派學生赴日本，君乃任留學監督，在日年餘，考察日本所以興盛之由，端在教育，而教育根本在小學，因發編輯小學教科書之志願，解職而歸。癸卯（一九〇三）之冬，張菊生聘君入商務，任國文部長。君對於小學國文教科書，先定全部計劃，然後著手編輯。採用合議制，列席者除君外，有張菊生、莊百俞、蔣竹莊及日本顧問長尾槙太郎、小谷重二人，而劉君子楷崇傑爲翻譯。當時全國人士，懷抱革新思想，咸感法律知識之需要，而本國舊法律又不適用。留日歸國之學生，偶譯法政書籍，東鱗西爪，供不應求。君審此時機，創議翻譯《日本法規大全》，聘譯員十餘人，以劉子楷主其事。三載成書，發售預約。國中自官署以到公共機關，幾于每處訂購一部。厥後商務印書館日益擴充，張君菊生主持總公司，君乃實任編譯所所長。君口既不言，文亦多不留稿。所刊行者僅有《十三個月曆法》《泰西格言集》兩小册耳。（蔣維

喬《高君夢旦傳》載《民國人物碑傳集》卷五）

泰西格言集　一册　**長樂高鳳謙輯譯**

光緒二十九年（一九〇三）二月發行　閩學會叢書之一（涵目）

上圖

最新高等小學國文教科書　八册　**武進蔣維喬、長樂高鳳謙、海鹽張元濟編纂**

光緒三十二年丙午（一九〇六）十二月　商務印書館（涵目）

國圖　首都　民目

諮議局章程表解　一册　**長樂高鳳謙編**[一]

戊申（一九〇八）十月再版　商務印書館印行（涵目）

上圖

[一]　原書無題名，此處據《涵芬樓新書分類目録》。

九年籌備憲政一覽表　一册　**編輯者長樂高鳳謙**

己酉（一九〇九）十月三版　商務印書館（涵目）

上圖

未見一種詳附表： 推廣政法學私議

孫毓修（一八七一——一九二三）[一]

字星如，别字留庵，自署小緑天主人。世居無錫西郭外孫巷。祖某始賈滬上，所業頗足積貲，特以好義急公，僅足衣食而止。君幼時體羸多病，迨九歲始就外傅受經，而學問根柢得之庭訓爲多。二十，丁外艱，服闋，應試補博士弟子員，旋食餼。聞譽蒸蒸，大可扶摇直上，而君則謂科舉已成弩末，神州多故，非開徑自行，決不足以問世，於是力治西文以爲灌輸新智識惟一之關鍵。壬寅（一九〇二）春，從蘇州上津橋美國女士賴昂學英文法。著有《中英文字比較論》一卷。丁未（一九〇七），就上海商務印書館編輯之事。譯著之餘，篤好版本目録之學，遂成《中國雕版源流考》一卷、《永樂大典考》四卷、《事略》二卷。在館十

[一] 榮吉人《清授修職郎候選訓導廩貢生孫君行狀》：「君生於同治十年辛未六月二十九日辰時，卒於中華民國十二年一月二十二日。」

數年，凡出君經意之書，靡不風行海内。所譯《謙本圖旅行記》尤爲通人所賞，國學中頗多用爲地理讀本者。中間勞力最多，厥功最偉，尤以辦理涵芬樓圖書館，蒐印四部叢刊兩事爲足垂之久遠，津逮方來。涵芬樓，館之金匱石室，君以鑒别甚精，故所藏善本極多。其蒐印四部叢刊也，往來江南圖書館暨常熟鐵琴銅劍樓先後三年中不下十餘次，所成江南閲書記一卷，詳叙本末，足資考證。（榮吉人《清授修職郎候選訓導廪貢生孫君行狀》載《成思室遺稿》）

地理讀本甲編：謙本圖旅行記歐羅巴洲　一册　**美國謙本圖原著　無錫孫毓修譯述**

光緒二十九年（一九〇三）商務印書館（涵目）

浙江　天津

地理讀本乙編：謙本圖旅行記北美洲　一册　**美國謙本圖原著　無錫孫毓修譯述**

光緒三十四年（一九〇八）五月　商務印書館（涵目）

浙江　天津

無貓國　一册　**無錫孫毓修編譯**

戊申年（一九〇八）十一月初版　商務印書館印　童話第一集第一編（涵目）

國圖　辭書出版社

三問答　一册　**無錫孫毓修編譯**

戊申年（一九〇八）十一月初版　商務印書館印行　童話第一集第二編（涵目）

國圖　辭書出版社

大拇指　一册　**孫毓修譯**

宣統元年（一九〇九）二月　商務印書館　童話第一集第三編（涵目）

辭書出版社

絶島漂流　一册　**孫毓修譯**

宣統元年（一九〇九）商務印書館　童話第一集第四編（涵目）

辭書出版社

小王子　一册　**孫毓修譯**

宣統元年（一九〇九）三月　商務印書館　童話第一集第五編（涵目）

辭書出版社

夜光璧　一册　**無錫孫毓修編纂**

己酉年（一九〇九）五月初版　上海商務印書館印行　童話第一集第六編（涵目）

國圖

紅綫領　一册　**無錫孫毓修編纂**

己酉年（一九〇九）五月初版　上海商務印書館印行　童話第一集第七編（涵目）

國圖

啞口會　一册　**孫毓修譯**

宣統元年（一九〇九）六月　商務印書館　童話第一集第八編（涵目）

辭書出版社

世界讀本　三册　**無錫孫毓修編纂**

己酉年（一九〇九）八月初版　商務印書館

孔網

人外之友　一册　**孫毓修譯**
宣統元年（一九〇九）十月　商務印書館　童話第一集第九編（涵目）
辭書出版社

小人國　一册　**無錫孫毓修編譯**
己酉年（一九〇九）九月初版　上海商務印書館印行　童話第二集第一編（涵目）
國圖　辭書出版社

大人國　一册　**無錫孫毓修編譯**
庚戌年（一九一〇）正月初版　上海商務印書館印行　童話第二集第二編（涵目）
國圖　辭書出版社

風雪英雄　一册　**無錫孫毓修編纂**
庚戌年（一九一〇）八月初版　上海商務印書館印行　童話第二集第三編（涵目）

國圖　辭書出版社

女軍人　一册　**無錫孫毓修編纂**

庚戌年（一九一〇）九月初版　上海商務印書館印行　童話第一集第十編（涵目）

國圖

義狗傳　一册　**無錫孫毓修編譯**

庚戌年（一九一〇）九月初版　上海商務印書館印行　童話第一集第十一編（涵目）

國圖　辭書出版社

非力子　一册　**無錫孫毓修編纂**

辛亥年（一九一一）正月初版　上海商務印書館印行　童話第一集第十二編（涵目）

國圖　辭書出版社

夢遊地球　二册　**無錫孫毓修編譯**

辛亥年（一九一一）二月初版　上海商務印書館印行　童話第二集第四編（涵目）

國圖　辭書出版社

辛亥年（一九一一）五月初版　上海商務印書館印行　童話第一集第十三編（涵目）

國圖　辭書出版社

驢史　一册　**無錫孫毓修編譯**

杜亞泉（一八七三—一九三三）　附：亞泉學館

原名煒孫，字秋帆，號亞泉，筆名傖父、高勞，自赴滬設立亞泉學館，發行《亞泉雜誌》，遂以别字亞泉行[一]。浙江山陰人。幼習舉業，光緒十五年（一八八九）入山陰縣泮。翌年晋郡城，從何桐侯受業，致力清初大家之文。二十年（一八九四）春，肄業省垣崇文書院。次年改習疇人術，初習中算，旋改西法，習代數。二十四年（一八九八）任紹興中西學堂算學教員，並兼習理化與日文，購置製造局所譯諸書，雖無師能自覓門徑，得理化學之要領。二十六年（一九〇〇）秋，中西學堂停辦，赴上海，提倡科學，設亞泉學館，

[一]　蔡元培《書杜亞泉先生遺事》：「先生語余：『亞泉者，氩綫之省寫；氩爲空氣中最冷淡之原素，綫則在幾何學上爲無面無體之形式。我以此自名，表示我爲冷淡而不體面之人而已。』」載《新社會半月刊》一九三四年第六卷第二號。

發行《亞泉雜誌》，吾國之有科學期刊，此爲嚆矢。二十七年（一九〇一），設普通學書室於上海，編譯科學史地政治諸書，兼發行《普通學報》，而自爲主撰。後因經營乏人，頗多虧折。二十八年（一九〇二），任南潯龐氏潯溪公學校長，爲學生參考、學習計，闢圖書、儀器二館。又以傳達文化恃印刷物，勸龐君購置印機及鉛字以備用。不幸潯校未及一年，以學潮停辦。二十九年（一九〇三）回紹興，與同人創越郡公學，自任理化博物教員。未幾，以款絀停辦。三十年（一九〇四）秋，應張元濟、夏粹芳邀赴滬，任商務印書館編譯所理化部主任，自是終其身凡二十八年。此後所致力研究者爲政治、法律、哲學、音韻、西文、醫藥。館中出版博物理化教科參考圖籍，什九皆出其手，其篇帙最巨者，如《動物學大辭典》與《植物學大辭典》，皆爲主編。民國元年（一九一二），商務印書館刷新《東方雜誌》，請其主編，乃擴大篇幅，於世界大勢，國家政象，社會演變，學術思潮，無不搜集編載，研究討論，以貢獻國人。歷時八年，銷行激增。亞泉雖以著作爲業，而對於教育事業，未嘗去懷。十三年（一九二四），在滬創設中華中學，與子姪等均任教職。支持兩年餘，卒以無力繼續而停辦。二十一年（一九三二）一二八之役，所居爲日軍炮火所毁，倉皇歸里，家遂赤貧，仍在鄉招集離館舊同事，編譯有用書籍，又到稽山中學任義務講師。二十二年（一九三三）秋，患肋膜炎，醫藥累月，卒告不治。（章錫琛《杜亞泉傳略》載《民國人物碑傳集》卷八、劉紹唐主編《民國人物小傳》）

蒙學堂用：繪圖文學初階六卷〔一〕　六册　**山陰杜亞泉編輯**

光緒二十八年壬寅（一九〇二）第二次刊印　上海商務印書館印行（涵目）

南京曉莊　首都　民目

普通鑛〔二〕**物學**　二册　**亞泉學館編**

癸卯（一九〇三）五月上海普通學書室版

民目　孔綱

最新中學教科書：植物學　一册　**亞泉學館編譯**

光緒二十九年（一九〇三）六月首版　商務印書館（涵目）

浙江　民目

〔一〕書後牌記：「此書計共六大卷，係專爲蒙學堂所用，計學生約半年讀一卷，三年可以讀畢。嗣後將本館所刊小學堂用之文學進階授之，獲益匪淺焉。」

〔二〕版心作「礦」。

新撰植物學教科書 一册 **日本理學博士三好學原著 山陰杜亞泉譯述**

癸卯年（一九〇三）六月初版 上海商務印書館印行

天津 民目

中學化學新教科書 一册 **山陰杜亞泉纂譯 山陰杜就田參訂**

光緒三十一年歲次乙巳（一九〇五）九月出版 商務印書館（經眼、涵目）

北師大 民目

最新筆算教科書教授法〔一〕 四册 **福建侯官王兆枏、浙江山陰杜亞泉纂輯**〔二〕

光緒三十一年歲次乙巳（一九〇五）季秋月初版 上海商務印書館印行（涵目）

津博 民目

簡易格致課本 一册 **山陰杜亞泉編纂**

光緒三十二年歲次丙午（一九〇六）四月初版 上海商務印書館印行（涵目）

〔一〕 書後版權頁作「高等小學筆算教科書教授法」。

〔二〕 書後版權頁作「會稽壽孝天、山陰杜亞泉編纂」。

上圖　南京曉莊　民目

理化示教　一册　**亞泉學館編譯**[一]

光緒三十二年歲次丙午（一九〇六）閏四月初版　商務印書館（書録、涵目、總目）

上圖　華東師大

最新中學教科書：礦物學　一册　**亞泉學館編譯**

光緒三十二年（一九〇六）六月初版　商務印書館

北師大　民目

最新初等小學格致教科書教授法[二]　三册　**山陰杜亞泉編纂**

光緒三十二年（一九〇六）十月初版　商務印書館（涵目）

天津

[一] 書後版權頁作「山陰杜亞泉編譯」。

[二] 封面書名作「初等小學教員用：最新格致教科書教授法」，版權頁書名作「初等小學最新格致教授法」。

最新初等小學格致教科書　三册　**山陰杜亞泉編輯**

光緒三十二年丙午（一九〇六）十一月初版　上海商務印書館印行（涵目）

天津　民目

中學植物教科書　一册　**日本理學博士松村任三、齋田功太郎原著　山陰杜亞泉、杜就田譯訂**

會稽壽芝蓀翻譯

光緒三十三年歲次丁未（一九〇七）三月初版　上海商務印書館藏版（涵目）

北師大

物理新教科書　一册　**日本理學士中村清二著　山陰杜亞泉譯述**

丁未年（一九〇七）五月初版　上海商務印書館印行（涵目）

天津

中學生理學教科書　一册　**紹興杜亞泉、杜就田編**

丁未年（一九〇七）五月初版　上海商務印書館印行（涵目）

孔綱

生理衛生新教科書　一册　**日本三島通良著　山陰杜亞泉、杜就田譯訂**〔一〕

光緒三十三年（一九〇七）六月初版　上海商務印書館印行（涵目）

上圖

初等礦物界教科書　一册　**日本理學博士橫山又次郎原著　山陰杜亞泉、杜就田譯訂**〔二〕

光緒三十三年（一九〇七）九月初版　上海商務印書館藏版（涵目）

孔綱

師範學堂用：博物學教授指南　一册　**日本山内繁雄、野原茂六原著　陽湖嚴保誠、侯官陳學郢、山陰杜亞泉譯述**

光緒三十四年（一九〇八）七月初版　上海商務印書館印行（涵目）

〔一〕據封面，書後版權頁作「譯述者山陰孫佐，校訂者山陰杜亞泉、就田」。

〔二〕書後版權頁：「翻譯者：會稽壽芝蓀。」

各省諮議局章程箋釋附議員選舉章程箋釋　一册　**陽湖孟森、山陰杜亞泉編纂　長樂高鳳謙、秀水陶葆霖參訂**

光緒三十四年（一九〇八）冬月初版　上海商務印書館印行（涵目）

上圖　天津

蓋氏對數表附用法　二册　**德國 F. G. Gauss 原編　日本宫本藤吉原譯　山陰杜亞泉、會稽壽孝天重譯**

宣統元年（一九〇九）六月初版　上海商務印書館發行（涵目）

上圖　天津

訂正中外度量衡幣比較表　一册　**諸暨趙秉良、山陰杜亞泉、山陰駱師曾編輯**

宣統二年（一九一〇）七月初版　上海商務印書館印行（涵目）

上圖　吉大

實驗植物學教科書　一册　**日本三好學著　杜亞泉譯**

宣統三年（一九一一）二月初版　商務印書館（涵目）

浙江　北師大　民目

動物學講義　一册　**山陰杜亞泉、杜就田述**

清末刊本　師範講習社師範講義

上圖　民目

博物學初步講義　一册　**山陰杜亞泉、山陰杜就田述**

民國元年（一九一二）十二月初版　上海商務印書館藏版　師範講習社師範講義（涵目）

復旦

礦物學講義　一册　**山陰杜亞泉述**

民國元年（一九一二）十二月初版　上海商務印書館藏版　師範講習社師範講義

上圖

徐念慈（一八七五—一九〇八）

原名蒸乂，字念慈，以字行；後又改字彦士，别號覺我、東海覺我。江蘇昭文人。諸生。生而穎悟，讀書不求甚解，論事富判斷力。弱冠淹貫中外學術，擅算術，能文章，以時譽鳴於鄉。旋補博士弟子，食廪餼，然于帖括之學，輒鄙夷不屑道。丁酉（一八九七）戊戌（一八九八）間，新學潮流，輸入内地，先生每慨海濱風氣痼蔽，士人狃於科舉之陋習，沈溺不知返，用是投身學界，殫力提倡之。適丁祖蔭與諸同志組織學社成，先生日夕與儕輩討論學術，靡間寒暑。乙巳（一九〇五）歲，曾樸創立書社於海上，招先生爲編輯之主任。暇仍從事於教育，先後任小學師範、競存公學、愛國女校、尚公小學諸校教科，而於尚公一校，尤有經締造之力。丁未（一九〇七），憬然於時事之急，知開設議會之不容緩，奔馳虞、滬，提議組織邑議會之方法，邑人士皆服其先見。生平所著書籍，有《中國歷史講義》、《中國地理講義》、算術教科暨小説家言，不下數十種。蓋先生明於教育原理，其於語言風世之旨，尤三致意焉。（丁祖蔭《徐念慈先生行述》載《小説林》第十二期、蔣維喬《徐念慈傳》載《教育雜誌》、《常昭教育會公祭徐先生文》載《小説林》第十二期、楊世驥《徐念慈》〔二〕載《文苑談往》）

〔二〕楊世驥謂：「他的翻譯小説多半是純粹的白話或淺近的文言譯成的，而且有意要保持西洋小説原有的體裁，這一特點對於後來翻譯界的影響至大，實非林譯小説所可企及。」

冒險小説：海外天十六回　一册　**英國馬斯他孟立特原著　昭文徐念慈譯**
光緒二十九年（一九〇三）十月發行　海虞圖書館出版
國圖

軍事小説：新舞臺　一册　**日本押川春浪著　昭文東海覺我譯述**
甲辰（一九〇四）六月初版　小説林總發行（涵目）
上圖　浙江

美人妝　一册　**昭文東海覺我講演**
甲辰（一九〇四）十月初版　女子世界社發行兼編譯
上圖　浙江　民刊

軍事小説：新舞臺二編　一册　**日本押川春浪著　昭文東海覺我譯述**
乙巳（一九〇五）五月初版　小説林總發行
上圖　浙江

科學小說：新法螺先生譚　一册　**昭文東海覺我戲撰**〔一〕

乙巳（一九〇五）六月初版　小説林總發行

孔網

科學小說：黑行星　一册　**西蒙紐加武著　東海覺我譯述**

乙巳年（一九〇五）七月初版　小説林總發行（涵目）

上圖　浙江

初級師範學校教科書：中國地理　一册　**昭文徐念慈編纂**

光緒三十二年歲次丙午（一九〇六）三月初版　上海商務印書館印行（涵目、總目）

孔網

初級師範學校及中學校用：近世算術　二册　**徐念慈編纂**

光緒三十二年（一九〇六）九月初版　上海商務印書館發行（涵目）

〔一〕附「法螺先生譚」「法螺先生續譚」，俱「吴門天笑生譯」。

國圖　天津　民目

博物大辭典〔一〕　一册　**常熟曾樸、昭文徐念慈編纂校閱　常熟丁祖蔭審訂**

光緒三十三年（一九〇七）四月發行　上海宏文館總發行

國圖　浙江

中國歷史講義　一册　**昭文徐念慈著述**

光緒三十四年（一九〇八）正月發行　宏文館出版（涵目）

上圖

情天債四回　一册　**徐念慈撰**

光緒間鉛印本（總目）

吉大

〔一〕　封面作「博物大詞典」。

英德戰争未來記 二册 **英國衛梨雅原著 東海覺我譯述 吴門天笑校補**

己酉年（一九〇九）二月上海中國圖書公司和記印行

浙江

未見三種詳附表：魔海、生理衛生教科書、生理衛生教科書教授法

包公毅（一八七六——一九七三）

本名清柱，小名德寶，後改名公毅，號朗孫、包山，筆名笑、天笑、朗生、秋星、且樓、曼妙、愛嬌、拈花、微妙、餘翁、老兵、釧影、染指翁、天笑生、吴門天笑生。江蘇吴縣人。年十七，於喪父後以處館授徒爲生。年十九，中秀才。二十年（一八九四），值甲午戰後，與友人組勵學社，又設東來書莊於蘇州，出版《勵學譯編》月刊，是時開始譯寫小説，第一部爲與皤溪子合譯之半部《迦因小傳》。二十六年（一九〇〇），從前南京高等學堂監督蒯光典於南京，後佐蒯氏主持金粟齋譯書處，印行嚴復譯之《穆勒名學》，迨譯書處結束後，先後任職於啓秀編譯局、廣智書局編譯所、珠樹園譯書處，又嘗主編《蘇州白話報》。宣統元年（一九〇九），與陳景韓合編《小説時報》，嘗兼小説林編譯所事，又歷充上海女子蠶業學校、城東女學、民立女中學國文教員、江蘇教育總會幹事等職務。民國元年（一九一二），任職上海商務印書館編譯所，負責編寫教科書，同年編有《中華民

國大事記》[一]。抗戰勝利後，一度由上海移居臺灣，後轉往香港。有《釧影樓回憶録》《釧影樓回憶録續編》。（包天笑《釧影樓回憶録》、劉紹唐主編《民國人物小傳》）

迦因小傳　一册　**蟠溪子翻譯　天笑生參校**[二]

光緒二十九年（一九〇三）四月發行　上海文明書局

上圖　復旦

科學小説：鐵世界　一册　**法國迦爾威尼原著　吴門天笑生譯述**

光緒二十九年（一九〇三）六月發行　上海文明書局　科學小説（涵目）

上圖　天津

[一]《涵芬樓新書分類目録》：「民國元年三月，有正書局，一册。」

[二] 書前「譯者蟠溪子曰：……適天笑生歸自金陵，道海上，攜稿去，囑稍加删補焉。」鄭逸梅《書報話舊》：「天笑……便相約一同把它譯出。」沈慶會《包天笑及其小説研究》：「由此可以得知爲蟠溪子和天笑生合譯」。可知包天笑爲同譯人之一。

衛生工事新論[一]　一册　**日本南部常次郎著　包公毅譯**

光緒二十九年（一九〇三）上海廣智書局鉛印本（涵目、總目）

南圖

地理小説：秘密使者二卷　二册　**法國迦爾威尼原著　吴門天笑生譯述**

甲辰（一九〇四）六月、八月初版　小説林社總發行（涵目）

上圖　復旦

小説林國民小説之一：無名之英雄　三册　**法國迦爾威尼原著　吴門天笑生譯述**[二]

甲辰（一九〇四）八月、乙巳（一九〇五）三月、乙巳（一九〇五）六月初版　小説林總發行（涵目）

上圖

哲理小説：千年後之世界　一册　**吴門天笑生編譯**

光緒甲辰年（一九〇四）十二月初版　群學社藏版　説部叢書（涵目、浙目）

[一]《中國古籍總目》作「衛生工部事新論」，「部」字疑衍。

[二] 該書版權頁署「小説林社發行兼編譯」。

上圖

科學小説：新法螺先生譚[一]　一册　**昭文東海覺我戲撰、吴門天笑生譯**

乙巳（一九〇五）六月初版　小説林社

上圖　浙江

教育小説：兒童修身之感情　一册　**吴門天笑生譯著**

光緒三十一年（一九〇五）六月初版發行　上海文明書局（經眼、涵目）

北師大

歷史小説：俠奴血上卷　一册　**法國囂俄原著　吴門天笑生譯述**

乙巳（一九〇五）十一月初版　小説林總發行所發行（涵目）

上圖　天津

〔一〕　該書題署「新法螺先生譚」，爲「昭文東海覺我戲撰」。後附「法螺先生譚」「法螺先生續譚」，爲「吴門天笑生譯」。

一捻紅三十七回　一册　**吴門天笑生譯**

丙午年（一九〇六）正月初版　小説林總發行所發行（涵目）

上圖　浙江

身毒叛亂記二十四章[一]　二册　**英國麥度克原著　吴門皤溪子、天笑生同譯**

丙午年（一九〇六）閏四月初版　小説林總發行所發行（涵目）

上圖　浙江

毒蛇牙　一册　**笑譯**[二]

光緒三十二年（一九〇六）九月時報館印行　小説叢書第一集第九編

復旦

霧中案　一册　**英國哈定達維著　支那笑我生譯**

丁未（一九〇七）正月初版　小説林總發行所發行　小本小説第一集第七册（涵目）

[一] 僅卷上、卷中。

[二] 該書版權頁署「上海時報館記者譯述」。

上圖

滑稽旅行八回　一册　**上海時報館記者譯述**[一]

光緒三十三年（一九〇七）九月初版　時報館發行（涵目）

上圖　天津

銷金窟　一册　**時報館記者譯**[二]

光緒三十四年（一九〇八）有正書局、時報館（涵目）

復旦

言情小説：情網　二册　**吴門天笑生譯述**

宣統元年（一九〇九）四月出版　有正書局活版部印刷

[一] 連載時署名爲「笑」。

[二] 包天笑「預告讀者」：「《毒蛇牙》今日竣譯，明日擬譯登《銷金窟》，用白話體。」載光緒三十二年五月二十日《時報》，轉引自陳大康《晚清小説與白話地位的提升》。

國圖　復旦　華東師大

短篇小説：冷笑叢談　一册　陳冷血、包天笑譯著

宣統元年（一九〇九）七月初版　上海群學社出版　説部叢書第三十六種(一)

上圖

一、乞食女兒（冷血）

二、破産（冷血）

三、女偵探（冷血）

四、爆烈彈（冷血）

五、殺人公司（冷血）

六、俄國皇帝（冷血）

一、諸神大會議（天笑）

二、世界末日記（天笑）

三、空中戰争未來記（天笑）

(一)　該書版心有「月月小説，第某號」。

四、赤斗篷（天笑）
五、古王宫（天笑）
一、孤宦碧血記（天僇生附）
二、學究教育談（天僇生附）

哲理小説：鐵窗紅淚記　一册　**法國囂俄原著　天笑生譯述**
宣統二年（一九一〇）三月發行　群學社圖書發行所發行　説部叢書（涵目）
孔網

教育小説：馨兒就學記　一册　**吴門天笑生著**
宣統二年（一九一〇）八月初版　商務印書館發行（涵目）
上圖　復旦

碧海情波記七章　一册　**吴門天笑生譯**
宣統二年（一九一〇）九月初版　秋星社發行、時中書局印刷（涵目）
上圖　復旦　華東師大

悲劇：犧牲五幕　一册　**法國囂俄原本　天笑、卓呆同譯述**

宣統二年（一九一〇）十二月初版　秋星社總發行

上圖　復旦

莊俞（一八七六—一九三八）

原名良，又名亦望，字百俞，又字我一，别號夢枚樓主。江蘇陽湖人。年十八，時學風漸變，君知帖括無裨實用，乃兼讀史地諸科。二十四，補陽湖縣學附生。當辛丑（一九〇一）和議之後，海禁大開。有識之士皆知本國文化遠遜歐西，君乃與嚴練如、謝仁冰、胡君復諸君，設立人演譯社於上海，譯印東西文新書，以事溝通。旋由蔣竹莊君紹介，入商務印書館爲編譯員。君之著作，除各種教科書外，已刊行者有《我一遊記》《應用聯語粹編》二種。（莊適《莊俞家傳》載《民國人物碑傳集》卷五、《莊百俞先生年譜》[一]）

最近俄羅斯海軍考（一題最近俄國海軍考）　一册　**日本窪田重弌撰　陽湖莊俞譯**

光緒二十九年（一九〇三）七月發行　人演社出版（總目）

國圖

[一] 上海圖書館藏稿本。

蒙學修身教科書　一册　**陽湖莊俞著**

光緒二十九年（一九〇三）九月　文明書局（涵目）

民目

初級蒙學修身教科書　二册　**陽湖莊俞著**

光緒二十九年（一九〇三）十月初版　文明書局（涵目）

民目

最新初等小學國文教科書　十册　**江蘇武進蔣維喬、江蘇陽湖莊俞編纂**

光緒三十年歲次甲辰（一九〇四）二月二十二日初版　上海商務印書館印行（涵目）

民目　天津　南京曉莊

最新初等小學國文教科書教授法　十册　**江蘇武進蔣維喬、江蘇陽湖莊俞編纂**

光緒三十年歲次甲辰（一九〇四）仲秋月初版　上海商務印書館印行（涵目）

南京曉莊　民目

蒙學修身教科書〔一〕　二册　**陽湖莊俞編纂　樂群編譯所校閲**

光緒三十二年（一九〇六）九月初版　樂群圖書局（涵目）

民目

女子國文教科書　八册　**杭縣戴克敦、武進蔣維喬、武進莊俞、武進沈頤編纂　長樂高鳳謙、海鹽張元濟校訂**

丁未年（一九〇七）六月初版　商務印書館

孔綱

初等小學簡明國文教科書　八册　**錢唐戴克敦、陽湖莊俞、武進蔣維喬、陽湖沈頤編纂**

光緒三十三年（一九〇七）六月初版　商務印書館

民目　孔綱

〔一〕　卷端題：「高等蒙學修身教科書。」

最新國文教科書詳解[一]　八册　**陽湖莊俞、嘉興沈秉鈞編纂　長樂高鳳謙、武進蔣維喬校訂**

光緒三十三年（一九〇七）八月初版[二]　商務印書館（涵目）

孔綱　民目

高等小學簡明國文教科書　八册　**武進蔣維喬、陽湖莊俞、陽湖沈頤、錢塘戴克敦編纂**

宣統元年（一九〇九）六月初版　商務印書館（涵目）

孔綱

初等小學簡易國文教科書　六册　**錢塘戴克敦、武進蔣維喬、陽湖莊俞、陽湖沈頤編纂**

宣統元年（一九〇九）七月初版　商務印書館（涵目）

孔綱

滿蒙漢三文合璧教科書　十册　**蔣維喬、莊俞編定**

宣統元年（一九〇九）石印本

[一] 封面作「高等小學教員用：最新國文教科書詳解」，書後版權頁作「高等小學最新國文詳解」。

[二] 據第三册，第一册未見。

未見兩種詳附表：最新初等女學堂國文教科書、南洋華僑國文教科書

弘一（一八八〇——一九四二）

上人俗姓李，初名廣侯，繼名岸，字息霜，號叔同；喪母後改名哀，字哀公；既又易名息，字息翁；試驗斷食後，改名欣，字俶同，旋又易名嬰；釋名演音，號弘一；别署甚多，將欲與法數百八同其目云。天津人，系出浙之平湖。年近弱冠，奉母氏王太夫人南下，寓滬濱，入南洋公學肄業，固已文采斐然。時光緒二十六七年間，滬上初興學堂，有許幻園者，居上海城南，顏所居曰城南草堂，家富厚而人慷慨，設學社曰强學會，常懸獎徵文。上人投稿，名冠其曹者三次，許君奇之，恨相見晚，特闢城南草堂之一部，俾上人奉其母居焉。從此相交至篤，情同管鮑。居無何，母故，上人脱無掛礙，乃東渡留學。此光緒三十一年（一九〇五）事也。既東渡，肄業於東京國立美術專門學校，習繪畫，同時從諸專家習音樂，學理與技巧並進，造詣皆甚深。聯合留東同學曾延年、李道衡、吴我尊輩創組春柳劇社於東京，有清末葉，上人學成歸國，社亦移滬。歸國後執教鞭於天津工業專門學校。辛亥鼎革以後，赴滬爲太平洋報社主筆。（姜丹書《傳》、僧睿《傳》、嘯月《傳》載《弘一大師永懷録》）

法學門徑書　一册　**日本玉川次致著　李廣平譯**

光緒二十九年（一九〇三）上海開明書店（經眼、浙目）

浙江

國際私法　一册　**李廣平譯**

光緒二十九年（一九〇三）東京譯書彙編社　政法叢書第六編（經眼）

浙江　天津

國學唱歌集初編　一册　**李叔同著**

光緒乙巳年（一九〇五）五月[一]時中書局（涵目）

上圖

〔一〕息霜《昨非録》："「去年，余從友人之請，編《國學歌唱集》，迄今思之，實爲第一疚心之事。前已函囑友人毋再發售，并毁板以謝吾過。」《音樂小雜誌》一九〇六年第一期，見《李叔同全集》第六册第五卷，哈爾濱出版社，二〇一四年。

吴檮

字丹初，號亶中，别署天涯芳草、芳草館主人。浙江錢塘人。革命家，又文學家也。七八歲即能作擘窠大字，力據上流，魄力雄俊。篆隸真草愈大愈佳。（黄興、蔡元培、吴敬恒、岑春煊《民國大書家吴亶中潤例》載《申報》一九一三年三月一日第四版）

社會改良家列傳 一册 **日本松村介石著 中國錢唐吴檮譯**

光緒二十九年（一九〇三）閏五月發行 上海河南路通社 通社叢書之一（總目）

上圖

支那帝國主義第一人成吉思汗少年史一卷 一册 **日本阪口瑛次郎撰 吴檮譯**

光緒二十九年（一九〇三）上海文明書局鉛印本（浙目、總目）

國圖 常州

賣國奴十六回　一册　**德國蘇德蒙原著**[一]

光緒三十一年（一九〇五）十一月首版　中國商務印書館譯印　説部叢書（涵目、總目）

上圖

偵探小説：車中毒針十四回　一册　**英國勃拉錫克原著　錢塘吴檮譯述**

光緒三十一年歲次乙巳（一九〇五）季冬初版　商務印書館譯印　説部叢書（涵目）

上圖

偵探小説：寒桃記三十二回　二册　**日本黑巖淚香原著　錢塘吴檮譯述**

光緒三十二年歲次丙午（一九〇六）二月初版　中國商務印書館譯印　説部叢書（涵目、總目）

上圖

哀情小説：寒牡丹二十四回　二册　**日本尾崎紅葉原著　錢塘吴檮譯述**

光緒三十二年（一九〇六）三月首版　中國商務印書館譯印　説部叢書（總目）

[一]　按該書版權頁署：「中國商務印書館編譯所編譯，日本登張竹風原譯，杭縣吴檮重譯」，據《中國古籍總目》。

上圖

立志小説：美人煙草　一册　**日本尾崎德太郎原著　錢塘吴檮譯述**

光緒三十二年歲次丙午（一九〇六）季夏首版　商務印書館譯印　説部叢書（涵目、總目）

上圖

義俠小説：俠黑奴　一册　**日本尾崎德太郎原著　錢塘吴檮譯述**

光緒三十二年歲次丙午（一九〇六）季夏首版　商務印書館譯印　説部叢書（涵目、總目）

上圖

繪圖蒙學唱歌實在易　二册　**吴丹初撰**

光緒三十二年（一九〇六）上海彪蒙書室印行（總目）

遼大

袖珍小説：薄命花　一册　**日本柳川春葉原譯　錢塘吴檮譯述**

光緒三十三年（一九〇七）六月初版　上海商務印書館（涵目）

上圖

袖珍小說：銀鈕碑　一册　**俄國萊門忒甫原著　錢塘吴檮譯述**
光緒三十三年（一九〇七）六月初版　商務印書館印行（涵目）
上圖

袖珍小說：黑衣教士　一册　**俄國溪崖霍夫原著　日本薄田斬雲譯述　錢塘吴檮重譯**
光緒三十三年（一九〇七）六月初版　上海商務印書館（涵目、總目）
北師大

袖珍小說：五里霧　一册　**日本上村左川原譯　錢塘吴檮重譯**
光緒三十三年（一九〇七）七月初版　上海商務印書館（涵目）
上圖

偵探小說：虛無黨真相　二册　**德國摩哈孫著　中國芳草館主人重譯**
光緒三十三年（一九〇七）十一月印行　廣智書局藏版

上圖　浙江

裁判小説：棠花怨　一册　**法國雷科著　中國天涯芳草館主海陽吴檮亶中譯**

光緒三十四年（一九〇八）十一月出版　中國圖書公司譯印（涵目）

孔綱

陳昌緒（？—一九一三）

字雪居，號梅卿[一]，别署息影廬主。粵之附城人也。少聰穎，風流倜儻，憶力最强，讀書過目即能成誦。十四青一衿，即遊學歐美日諸國。曾隨李鴻章爲通譯員，頗爲李所器重。後以國事沉淪，人情遷變，陳君睥睨一切，遂辭職而隱於市，大有陶令歸來之慨，蓋不復作出山之想矣。生平著作頗多，尤好艷情野史。譯《紅淚影》一書，是其得意之作也。近因民國甫成，外患頻來，内訌繼起，恒鬱鬱不樂，更見一般争權攘利、各持黨見、不顧公益者尤爲忿抑難申，故藉《申報自由談》以洩其牢騷之氣。（關廷彬來函引自《自由談話會》載《申報》一九一三年一月三十日第十版）

[一] 楊耀文《本校四十年來之重要變遷》載陳昌緒爲南洋公學譯書院譯員，轉引自朱有瓛《中國近代學制史料》第一輯。

計學平議　一册　**美國蘭德克略原本　番禺陳昌緒梅卿譯**〔一〕

光緒二十九年（一九〇三）南洋公學譯書院（總目）

浙江

言情小説：紅淚影四卷　四册　**英國巴達克禮著　息影廬主翻譯**

宣統元年（一九〇九）二月初版　廣智書局印行

上圖　浙江

張元濟（一八六七—一九五九）

字筱齋，號菊生。浙江海鹽人。光緒壬辰進士。早歲清華，蜚聲翰苑。光緒甲午（一八九四）散館改主事，籤分刑部。約丙戌年（一八九六）與陳昭常、夏偕復等在北京創立通藝學堂，習英文算學，京官子弟來學者甚衆。戊戌（一八九八）政變，罣名黨籍，褫職南旋。一意從事教育，先總教南洋公學，繼入商務印書館，主持編譯，培養新知，董理舊籍，孜孜不倦，四十年如一日。倭寇爲虐，先生蟄伏滬上，清貧自矢，年屆八旬，鬻書爲活。（《張菊生太史元濟鬻書潤例》載《蘇訊月刊》第八十一、八十二、八十三期，張元濟

〔一〕　按該書序署：「光緒癸卯閏五月既望番禺陳昌緒識於南洋公學。」

《爲華東軍政委員會人事部「幹部履歷表」擬草》載張樹年主編《張元濟年譜》）

最新中學教科書：西洋歷史地圖 一册 **日本小川銀次郎著 浙江張元濟校訂**

光緒三十年（一九〇四）十二月 上海商務印書館（經眼）

浙江 北師大

最新高等小學國文教科書 八册 **武進蔣維喬、長樂高鳳謙、海鹽張元濟編纂**

光緒三十二年丙午（一九〇六）十二月 商務印書館（涵目）

國圖 首都 民目

江浙士民會争蘇杭甬鐵路事代表函電録要一卷外郵部摺片合同問答記録一卷 一册 **張元濟輯**

光緒三十四年（一九〇八）鉛印本暨抄本（總目）

上圖

學部審定：訂正立憲國民讀本　二册　**張元濟、陶葆霖、陳承澤校訂**

宣統三年（一九一一）商務印書館（涵目）

國圖

蔣維喬（一八七三—一九五八）

字竹莊，别號因是子。江蘇武進人。年二十歲，入泮，益廢棄八股，從事樸學，兼習算術輿地。是時上海製造局譯出科學書籍，先生見而喜之，從事研究，向者所好之小學詞章，亦稍稍捐置矣。二十三歲，入江陰南菁書院。嗣隨理化教習鍾觀光至上海，見蔡元培。蔡方主辦愛國學社，君即受請至社中任國文教員，任一、二年級，章太炎任三、四年級。校中僅供膳宿，君與章俱恃翻譯日文以自給。《蘇報》案後入商務書館編譯所，編譯國文、歷史等教科書，并研究教育、心理、論理諸學。民元後，歷官至江蘇教育廳長。（蔣維喬《因是先生自傳》載《民國人物碑傳集》卷五、蔣維喬《竹翁自訂年譜》[一]）

最新初等小學國文教科書　十册　**江蘇武進蔣維喬、江蘇陽湖莊俞編纂**

光緒三十年歲次甲辰（一九〇四）二月二十二日初版　上海商務印書館印行（涵目）

[一] 上海圖書館藏稿本。

民目　天津　南京曉莊

最新初等小學國文教科書教授法　十册　**江蘇武進蔣維喬、江蘇陽湖莊俞編纂**

光緒三十年歲次甲辰（一九〇四）仲秋月初版　上海商務印書館印行（涵目）

南京曉莊　民目

祕密海島　三册　**法國焦士威奴著　元和奚若譯述　武進蔣維喬潤辭**[一]

乙巳（一九〇五）四月、五月、十一月初版　小説林總發行

上圖　浙江

最新高等小學國文教科書　八册　**武進蔣維喬、長樂高鳳謙、海鹽張元濟編纂**

光緒三十二年丙午（一九〇六）十二月　商務印書館（涵目）

國圖　首都　民目

[一] 卷三卷端題「法國典士威奴著」。

女子國文教科書　八册　**杭縣戴克敦、武進蔣維喬、武進莊俞、武進沈頤編纂　長樂高鳳謙、海鹽張元濟校訂**

丁未年（一九〇七）六月初版　商務印書館

孔綱

初等小學簡明國文教科書　八册　**錢唐戴克敦、陽湖莊俞、武進蔣維喬、陽湖沈頤編纂**

光緒三十三年（一九〇七）六月初版　商務印書館

民目　孔綱

簡明中國歷史教科書　二册　**武進蔣維喬編**

戊申年（一九〇八）十月初版　上海商務印書館出版（涵目）

南京曉莊　民目

中學堂師範學堂用：新教育學　一册　**日本吉田熊次原著　武進蔣維喬編譯**

己酉年（一九〇九）四月初版　商務印書館藏版（涵目、蘇二、總目）

孔綱

高等小學簡明國文教科書　八册　**武進蔣維喬、陽湖莊俞、陽湖沈頤、錢塘戴克敦編纂**

宣統元年（一九〇九）六月初版　商務印書館（涵目）

孔綱

初等小學簡易國文教科書　六册　**錢塘戴克敦、武進蔣維喬、陽湖莊俞、陽湖沈頤編纂**

宣統元年（一九〇九）七月初版　商務印書館（涵目）

孔綱

論理學講義　一册　**蔣維喬述**

民國元年（一九一二）三月　商務印書館　師範講習社師範講義（涵目）

上圖

史學門輿地類　藝學門天文類　一册　**蔣維喬撰**

抄本

上圖

未見一種詳附表：學堂表簿説明書

許家惺（一八七三—一九二五）[一]

字警叔，號默齋，别號東雷。浙江上虞人。光緒庚子辛丑恩正併科舉人。上海《中外日報》主筆，倡辦杭州群學輯譯社。有《問高齊齋集》待梓。（《清代硃卷集成》第二百九十八册）

十九周新學史[二]　一册　**英國華麗士原著　三水梁瀾勳譯述　上虞許家惺纂輯**

光緒甲辰（一九〇四）五月山西大學堂譯書院印　上海華美書局擺印（雷目）

上圖　浙江

[一] 生年據《清代硃卷集成》第二百九十八册：「同治癸酉年正月初三日吉時生。」卒年據霞《代友輓許東雷先生》載《新月》一九二五年第一卷第一期。

[二] 原書題下注：「原名 *The Wonderful Century* Reader，譯即百年奇異紀，兹改用今名。」

初等小學女子國文讀本　三册　**上虞許家惺編輯**

光緒三十一年（一九〇五）四月初版　群學社總發行（涵目）

首都

繪圖蒙學衛生實在易白話講義　一册　**上虞許家惺演**

光緒三十一年（一九〇五）五月初版　上海彪蒙書室總發行　白話講義蒙學叢書

首都　南京曉莊　民目

動物學教科書　一册　**日本丘淺治郎原著　日本西師意譯述　上虞許家惺校潤**

光緒三十一年（一九〇五）十一月出版　山西大學堂譯書院編輯兼發行

孔網

最新女子修身教科書　四册　**許家惺編輯**

光緒三十二年（一九〇六）三月初版　上海群學社（涵目）

民目

宇宙進化論　一册　**英國湯穆森原著　英國莫安仁述義　上虞許家惺達旨**
宣統三年辛亥（一九一一）五月初版　上海廣學會譯印（雷目）
上圖　浙江

進化真詮　一册　**美國杜爾原著　英國莫安仁譯　許家惺述文**
宣統三年（一九一一）上海廣學會（總目）
天津

英國立憲鑑附英國憲政鞏固史　一册　**英國莫安仁譯　上虞許家惺述**
民國元年壬子（一九一二）春　上海廣學會
上圖

奚若（一八八〇—一九一四）

字伯綬。江蘇元和人。弱冠後畢業東吴大學，遊學美國，得文學士學位[一]。辛亥（一九一一）冬間返國，任《進步》雜誌編輯歷三載有奇。（《天翼奚君遺像》載《進步》一九一四年六期）

偵探小説：大復仇[二]　一册　**昭文黄人潤辭　元和奚若譯意**[三]

甲辰（一九〇四）六月初版　小説林社總發行（涵目、總目）

上圖　浙江

昆蟲學舉隅　一册　**美國祁天錫著　元和奚伯綬述**

大清光緒三十年歲次甲辰（一九〇四）上海美華書館擺印（涵目、雷目）

[一] 一九一〇—一九一一年間在Oberlin Theological Seminary以Richard Pai-Shou Yie注册，一九一一年完成學業，授予文學碩士學位。見Oberlin College Annual Reports，1914－15～1915－16。轉引自李凱《被遺忘的東吴名人——翻譯家奚若》。

[二] 題下括號注「福爾摩斯偵探第一案」。

[三] 該書版權頁署「小説林社發行兼編譯」。

北大

祕密海島　三册　**法國焦士威奴著　元和奚若譯述　武進蔣維喬潤辭**〔一〕

乙巳（一九〇五）四月、五月、十一月初版　小説林總發行（涵目）

上圖　浙江

愛河潮三卷三十章　三册　**英國哈葛得著　元和奚若譯、武進許毅述**

乙巳（一九〇五）十一月初版　小説林（涵目）

上圖　浙江

馬丁休脱偵探案三卷十一案　三册　**英國瑪利孫原著　元和奚若譯**

乙巳（一九〇五）十二月、丙午年（一九〇六）二月、丙午年（一九〇六）三月初版　小説林總發行所發行（涵目）

上圖　浙江

〔一〕　卷三卷端題「法國典士威奴著」。

最新中學教科書：地文學　一册　**美國忻孟原著　無錫王建極、元和奚若譯訂**

光緒三十二年（一九〇六）新正月　商務印書館總發行

上圖　北師大

髑髏杯三卷　三册　**英國楷陵著　元和奚若譯**

丙午年（一九〇六）四月初版　小説林總發行所發行（涵目）

上圖　浙江

天方夜譚　四册　**元和奚若翻譯**

光緒三十二年歲次丙午（一九〇六）四月首版　中國商務印書館譯印（涵目、總目）

上圖

秘密隧道二十六章　二册　**英國和米著　元和奚若譯**

丙午年（一九〇六）四月、閏四月初版　小説林總發行所發行（涵目）

上圖　浙江

最新中學教科書：計學　一册　**美國羅林氏原著　元和奚若譯述**

光緒三十二年歲次丙午（一九〇六）孟夏月初版　商務印書館總發行（涵目、總目）

浙江　北師大　民目

福爾摩斯再生一至五案　一册　**元和奚若譯意　昭文黄人潤辭**〔一〕

丙午年（一九〇六）五月五版　小説林總發行所發行（涵目）

上圖

福爾摩斯再生案六之十　一册　**元和奚若譯述　武進蔣維喬潤辭**〔二〕

光緒三十二年（一九〇六）十月六版　小説林總發行所發行（涵目）

上圖

世界新輿圖　一册　**元和奚若編纂**

宣統元年（一九〇九）十一月初版　上海商務印書館發行（總目）

〔一〕「探案之二」爲「上海周桂笙譯述」。

〔二〕其中探案之九「陸聖書院竊題案」署「上海周桂笙譯」，探案之十「虚無黨案」署「上海周桂笙譯述」。

浙江

華英會話文件辭典　一册　**元和奚若編纂**

宣統二年（一九一〇）八月初版　商務印書館（蘇二）

孔綱

胡爾德氏植物學教科書　一册　**美國胡爾德原著　元和奚若、武進蔣維喬譯述**

宣統三年（一九一一）七月初版　上海商務印書館印行（涵目）

國圖

讀經指南二卷　一册　**美國韜雷撰　奚若譯**

宣統三年（一九一一）上海基督教青年會鉛印本（總目、雷目）

國圖

成功寶訣不分卷　一册　**美國馬爾騰撰　奚若譯**

民國元年（一九一二）基督教青年合會總委辦處鉛印本（總目）

上圖

未見三種詳附表： 耶穌與學生、中國與紙煙、勝罪秘訣

蘇曼殊（一八八四—一九一八）

原名戩，字子穀，小名三郎，後改名玄瑛，法名博經，號曼殊。廣東香山人。在港從西班牙莊湘氏習西洋文學，從暹羅喬悉長老研究梵文，又在日學西洋美術於上野，學政治於早稻田，亦曾學陸軍八月。故長文藝，工繪事，通英文、梵文，又熱心革命。任上海《國民日日報》譯員。與黄興、趙聲、張繼、章炳麟諸氏均爲肝膽之交。（章太炎《曼殊遺畫弁言》、易持恒《曼殊上人身世考》載《暢流》第二十四卷第十一、十二期）

社會小説：慘世界十四回　一册　**法國大文豪囂俄著　中國蘇子穀、陳由己合譯**

光緒三十年[一]（一九〇四）東大陸圖書譯印局印刷兼發行（涵目）

[一] 柳亞子編《蘇曼殊全集》北新書局一九二八年版第二册，《慘世界》後「編者記」：此書原名「慘社會」，一九〇四年由上海鏡今書局刊成單行本，共十四回，改名爲「慘世界」。一九二一年，曼殊的友人胡寄塵把鏡今本交給上海泰東圖書局翻印，又把書名改做「悲慘世界」，但内容却經寄塵寫信給錢玄同，證明一字未改。

杜就田

字秋孫、綜大，號憶蓴、農隱，别署味六。浙江山陰人。任商務印書館編輯有年。性耽金石書畫，有《就田印譜》。字專魏碑，接武悲庵。畫山水極疏澹有致，從未設色。（張處德《五十年間紹興書畫家列舉》載《紹興文史資料選輯》第一輯）

最新初等小學珠算入門　二册　**山陰杜秋孫纂輯**

光緒三十一年（一九〇五）八月初版　上海商務印書館印行

天津　孔網

最新珠算教科書教授法〔一〕　二册　**杜綜大編纂**

光緒三十一年（一九〇五）十一月初版　商務印書館

南京曉莊　民目

〔一〕　封面題：「初等小學堂教員用、最新初等小學珠算教科書教授法。」

初等小學珠算教科書　四册　**杜綜大編纂**

光緒三十二年（一九〇六）二月　商務印書館

民目

訂正理化學大意　一册　**紹興杜就田編譯**

丙午年（一九〇六）四月初版　商務印書館印行（涵目）

孔綱

博物學大意　一册　**紹興杜就田編譯**

光緒三十二年（一九〇六）五月初版　商務印書館（涵目）

孔綱

博物示教　一册　**紹興杜就田編譯**

光緒三十二年歲次丙午（一九〇六）八月初版　上海商務印書館印行（涵目）

華東師大

實驗化學教科書　一册　**杜就田編輯　杜亞泉校訂**
光緒三十四年（一九〇八）五月初版　商務印書館（涵目）
北師大　民目

新撰礦物學教科書　一册　**山陰杜就田編譯　山陰杜亞泉校訂**
光緒三十四年（一九〇八）七月初版　上海商務印書館印行（涵目）
北師大

初級師範學校教科書：動物學　一册　**山陰杜就田、合肥蒯壽樞編譯　山陰杜亞泉校訂**
光緒三十四年（一九〇八）七月初版　商務印書館印行（涵目）
孔網

動物新論　一册　**日本箕作佳吉原著　紹興杜就田、上虞許家慶譯述　紹興杜亞泉校訂**
庚戌年（一九一〇）九月初版　商務印書館（涵目）
上圖　天津

未見一種詳附表：初級師範學校教科書植物學

陸費逵（一八八六—一九四一）

字伯鴻，號少滄。浙江桐鄉人，生於漢中。六歲，隨家遷南昌。母氏吴，課讀經史。性敏慧，五年即能執筆爲文。自後刻意自修，廣覽新舊書。十七歲，入熊育錫純如所辦熊氏英文學塾附設日文專修科，深爲教師吕烈煌星如所器，同時設正蒙學堂，任堂長。十八歲，吕挈之至武昌，創新學界書店。二十歲，任楚報主筆，以言論忤當道，逃往上海，爲昌明書店經理。翌年，就文明書局編輯，兼文明小學堂長。二十三歲，入商務印書館任編輯，旋長出版部。主編《教育雜志》，與蔡元培等討論革新事業之本要，以爲莫重於教育文化，人服其遠識，逵並即以教育文化救國爲己任焉。宣統辛亥（一九一一），與戴克敦、沈知方、陳協恭趕編教科書，同時籌組中華書局，民元元旦竟告成立。所羅致與共事者如梁啓超、王寵惠、范源濂、徐寒松、歐陽溥存、黎錦熙等，皆學術耆宿。有《國民之修養》《教育文存》《青年修養雜談》《婦女問題雜談》。（陸費執《陸費伯鴻先生傳略》、中華書局同人《陸費伯鴻先生生平略述》、瞿立鶴《陸費逵》載秦孝儀主編《中華民國名人傳》第二册）

本國地理　一册　**陸費逵編**

光緒丙午年（一九〇六）八月初版　昌明公司（涵目）

民目

初等小學修身書　一册　**桐鄉陸費逵編**

光緒三十三年（一九〇七）六月　文明書局（涵目）

民目

最新初等小學修身教授書　二册　**陸費逵編**

光緒三十三年（一九〇七）六月　文明書局

民目

中學校及師範學校用書：算術新教科書　二册　**陸費逵編纂**

光緒三十四年（一九〇八）四月初版　文明書局（涵目）

民目

高等小學商業教科書〔一〕　三册　**桐鄉陸費逵編纂**

宣統元年（一九〇九）三月初版　商務印書館（涵目）

民目　孔網

倫理學大意講義　一册　**桐鄉陸費逵述**

庚戌年（一九一〇）二月初版　上海商務印書館藏版　師範講習社師範講義

上圖　天津　民目

修身講義　一册　**桐鄉陸費逵述**

宣統二年（一九一〇）二月初版　上海商務印書館藏版

北師大

教育雜誌臨時增刊：世界教育狀況　一册　**桐鄉陸費逵編輯**

宣統三年（一九一一）閏六月初版　商務印書館

〔一〕封面題「高等小學用：最新商業教科書」。

上圖　浙江

未見二種詳附表：東語正則教科書、初等小學算術書

倪覺民

字與三。江蘇吴江人。向有音樂癖。壬寅（一九〇二）冬，東游日本。時江户清國留學生會館有風琴一，購其一，歸滬上，以無人教授爲憾。甲辰（一九〇四）春，沈慶鴻設音樂會於滬上，始入而學焉。不數年間，滬上各學校均添置音樂一門，今更有推行全國之勢。（倪覺民《初等樂典教科書》自序）

初等樂典教科書　一册　**吴江倪覺民著**〔一〕

光緒三十二年（一九〇六）十月發行　上海科學書局印行（涵目）

北師大　民目

未見二種詳附表：女學唱歌、女學唱歌集

〔一〕按該書《序》署：「丙午仲春與三倪覺民識於滬上厲樓。」

孫延庚（一八六九—？）[一]

字經笙，號警僧，一號今身。江蘇吴江人。爲文一遵桐城義法。任教上海民立中學。曾任《新世界小説社報》編輯。有《最近日鮮遊記》《中國文學史集説及著作》。（郭建鵬、陳穎《南社社友録》）

掌中珠　一册　**英國傑而克著　警僧、無我譯**

光緒三十三年（一九〇七）九月中旬發行　新世界小説社

浙江

陳承澤（一八八五—一九二二）[二]

字慎侯，號説難、洗心。福建閩縣人。光緒癸卯舉人。天性純篤，思力超越。弱冠舉於鄉，旋游學日本，習法政兼治哲理。畢業歸國，先後任商務印書館編譯員及《民立報》《時事新報》《獨立週報》《救國日報》《法政雜誌》《甲寅雜誌》《東方雜誌》《學藝雜誌》編輯。君著述宏富，而尤致力於國文法，探討字

[一] 生年據《南社入社書》。

[二] 鄭貞文《陳慎侯先生事略》：「君生於清光緒十一年三月十六日，卒於民國十一年八月八日，年三十八歲。」

義，尋繹文範，窮源竟委，比附參證，以發見國文固有之通則者垂十年。既著《國文法草創》，又依國文規律及字義系統編纂字典，稿亦粗具。生平以整理國故、傳宣文化爲己任，而於政治之窳敗、社會之墮落，則力思有以拯之。辛亥革命，君在里多所擘畫，光復後任福建政務院秘書長、南京參議院福建代表、國會議員，旋即辭職。袁氏竊國，君得密電數十通揭諸報端，世始獲帝制之確證。葬上海徐家匯萬國公墓。（鄭貞文《陳慎侯先生事略》載《孤軍》創刊號、陳孟端《商務編輯、國文法草創著者陳承澤》載《商務印書館九十五年》）

日本六法全書　一册　**閩縣陳承澤覆校**[一]

光緒三十三年（一九〇七）四月初版　上海商務印書館

孔網

各國憲法源泉三種合編　一册　**德國挨里捏克原著　侯官林萬里、閩縣陳承澤重譯**

光緒三十四年戊申（一九〇八）四月出版　中國圖書公司編輯印行（總目）

國圖　北大

[一] 鄭貞文《陳慎侯先生遺著目録》亦收録此書。

資政院院章箋釋附資政院選舉章程、原定資政院院章、資政院院内規則　一册　**閩縣陳承澤編纂**

宣統元年（一九〇九）十二月初版　上海商務印書館印行

國圖　天津

府廳州縣地方自治章程箋釋　一册　**閩縣陳承澤編纂**

宣統二年（一九一〇）四月初版　上海商務印書館印行

上圖

法院編制法講義　一册　**閩縣陳承澤編纂**

宣統二年（一九一〇）六月初版　商務印書館

上圖　浙江　天津

法學名著：日本民法要義物權編　一册　**日本梅謙次郎原著　閩縣陳承澤、鄞縣陳時夏譯述**

庚戌年（一九一〇）十二月　上海商務印書館印行（涵目）

國圖

日本刑法通義　一册　**日本牧野英一原著　閩縣陳承澤譯述**

宣統二年（一九一〇）十二月初版　上海商務印書館印行（涵目）

上圖　浙江　天津

各省諮議局章程講義附各省諮議局議員選舉章程　一册　**陳承澤編**

宣統二年（一九一〇）商務印書館

天津

鄒華民

丁未（一九〇七），任上海龍門師範學堂樂歌科教員。君之治樂歌，二十有餘年矣。始受之於基督教某西士，刻自研求。復時與西士之通學者，討論而権商之。近又博徵夫東邦樂歌之書，而于音程之關於兒童心理者，尤加意焉。（俞復《修身唱歌書》序）

修身唱歌書　一册　**鄒華民**

光緒三十三年（一九〇七）十二月版

南圖〔一〕

徐兆熊

江蘇長洲人。生平不詳。

電學測算　一册　**長洲徐兆熊譯述　烏程王汝駧、江寧陳炳華校勘**

光緒三十四年（一九〇八）江南製造局（書録、陳目）

復旦　華東師大　北師大

無機化學教科書三卷　三册　**英國瓊司原著　長洲徐兆熊譯述**

光緒戊申（一九〇八）夏四月江南機器製造總局譯刻本

華東師大　清華

〔一〕　機索目録未見，據張静蔚編選校點《中國近代音樂史料彙編：一八四〇—一九一九》，人民音樂出版社，一九九八年。

徐珂（一八六九—一九二八）[一]

字仲可。浙江杭縣人。有端操，能文章。舉於鄉，數試禮部不第，試爲内閣中書，改同知，未嘗一日爲也。少嘗從項城袁君練兵小站，爲將校講經史大義。平生鬻所著書换米鹽自給，常不能有餘。六通四闢，好學深思，與人談讌，雖一事之微，一物之細，有可録者，歸必書之，故晚歲所成筆記尤多。所著凡文詩詞集若干卷、《大受堂札記》五卷、《可言》十四卷、《五刑考略》一卷、《清稗彙鈔》四十八卷，其他校輯者凡百數十卷。（夏敬觀《杭縣徐仲可先生墓誌銘》）

商業文件舉隅[二]　一册　**杭縣徐珂編**

宣統二年（一九一〇）十一月初版　上海商務印書館發行（涵目）

上圖　人大

[一] 夏敬觀《杭縣徐仲可先生墓誌銘》：「年六十，以戊辰二月十一日卒。」

[二] 民國三十六年七月第七版書名爲「訂正新撰商業尺牘」。

劉必振（一八四三—一九一二）[一]

字德齋，號梧桐書屋伺者，聖名西默盎。江蘇昭文人。

繪事淺説　二册　**劉必振**

光緒三十三年（一九〇七）仲秋上海土山灣排印

孔網

德育小説：燭仇記　二册　**琴川竹梧書屋伺者**

宣統三年（一九一一）四月　上海土山灣印書館五彩石印

上圖

[一] 此處參考張偉《畫館主任劉德齋家世探源》，載氏著《紙邊閒草》，廣西師範大學出版社，二〇一七年出版。